普通高等教育新文科经济管理与航空复合型创新人才培养数字化精品教材

编委会

主　任

郭正华　　孙延鹏

副主任

王龙锋　　高长银　　王国富　　宋　斌

委　员（以姓氏拼音为序）

邓砚谷　　胡剑芬　　黄　蕾　　计宏伟　　雷　轶

李文川　　刘元洪　　陆　音　　麦思超　　梅晓文

潘建树　　邱国斌　　舒长江　　吴桂平　　严　红

于锦荣

AUDITING: THEORY AND PRACTICE

审计学：理论与实务

主 编 ◎ 梅晓文 黄智

华中科技大学出版社
http://press.hust.edu.cn
中国·武汉

内 容 提 要

本书是在数字财务兴起的背景下,以财政部、中国注册会计师协会发布的最新审计准则与应用指南为基础,为契合新准则、新形势下高等院校审计教学需要,在吸收高等院校审计教学的最新成果、总结高等院校审计教学经验的基础上编写而成的。本书的特点在于以言简意赅的语言解释晦涩难懂的审计理论,重点关注实务操作中的准确应用。本书分为审计基本理论、理论应用及航空制造业审计案例三大部分,三个部分层层递进,把风险导向意识贯穿于审计课程教学的全过程,帮助学生掌握审计的基本理论和基本技能,尤其注重培养学生的审计思维。

本书可以作为高等院校应用型本科财务会计类专业教材,也可以作为备考中国注册会计师执业资格考试《审计》科目的复习指导书,同样可以作为审计工作人员和其他企业管理人员的学习参考书。

图书在版编目(CIP)数据

审计学:理论与实务/梅晓文,黄智主编.—武汉:华中科技大学出版社,2023.1
ISBN 978-7-5680-8148-1

Ⅰ.①审… Ⅱ.①梅… ②黄… Ⅲ.①审计学-高等学校-教材 Ⅳ.① F239.0

中国国家版本馆 CIP 数据核字(2023)第 011915 号

审计学:理论与实务 梅晓文 黄 智 主编
Shenjixue: Lilun yu Shiwu

策划编辑:陈培斌 周晓方 宋 焱
责任编辑:黄 军
封面设计:廖亚萍
版式设计:赵慧萍
责任校对:张汇娟
责任监印:周治超
出版发行:华中科技大学出版社(中国·武汉) 电话:(027) 81321913
　　　　　武汉市东湖新技术开发区华工科技园 邮编:430223
录　　排:华中科技大学出版社美编室
印　　刷:武汉开心印印刷有限公司
开　　本:787mm×1092mm　1/16
印　　张:14.75　插页:2
字　　数:329 千字
版　　次:2023 年 1 月第 1 版第 1 次印刷
定　　价:49.80 元

本书若有印装质量问题,请向出版社营销中心调换
全国免费服务热线:400-6679-118　竭诚为您服务
版权所有　侵权必究

总 序

INTRODUCTION

  当前，我国高等教育进入了内涵发展、提质创新的新阶段。党的十九届五中全会明确了"建设高质量教育体系"的政策导向和重点要求，并提出到2035年建成教育强国的目标。2019年，教育部、中央政法委、科技部、工业和信息化部等13个部门联合启动"六卓越一拔尖"计划2.0，全面振兴本科教育，大力推动新工科、新医科、新农科、新文科建设。2020年11月，由教育部新文科建设工作组主办的新文科建设工作会议在山东大学威海校区召开，会议发布了《新文科建设宣言》，明确了新文科建设的共识，并对新文科建设作出了全面部署。经济管理类专业作为文科的重要组成部分，其专业点数和在校学生数在新文科中占比最高、覆盖面最广，应主动在新文科建设中承担历史使命，履行时代责任，培养适应经济社会高质量发展需要的"新经管"人才。

  航空产业是国家综合国力的集中体现和重要标志，是推动国防建设、科技创新和经济社会发展的战略性领域。加强航空类专业教育，培养一大批具有航空报国精神、创新意识和创新能力的专业人才，特别是经济管理类人才，服务于航空类企业管理创新，是推动我国航空事业高质量发展的重要保障和基础。从20世纪50年代到70年代，我国航空类企业逐步建立和完善了企业管理基础框架；20世纪70年代末到90年代，开始学习借鉴发达国家的先进管理理念和方法，并开展了多种管理创新活动；进入21世纪以来，为应对经济全球化、数字经济等挑战，提升企业竞争力，持续推进了管理创新工作，各种先进的管理理念、方法和工具在企业得到了更深入、更全面的应用，涌现出了各具特色的管理创新活动和实践。整体来看，经过70余年的发展，我国航空类企业的创新意识、创新能力和管理水平不断提升并达到较高水准。与此同时，国内航空类高校及职业院校纷纷创办了经济管理类学院，为我国航空类企业管理创新和航空事业快速发展输送了充裕的经管类人才。为适应"十四五"时期开启全面建设社会主义现代化国家新征程对高等教育、落实新文科建设的教材内容创新等新要求，南昌航空大学等高校立足新阶段、贯彻新理念、服务新格局，围绕新文科背景下经济管理与航空复合型创新人才的培养出版本套教材，旨在打造沟通交流平台，与业内同仁探讨、分享切实提高新文科经管类人才培养质量和水平的教材体系。

本套教材力求体现四个特色：一是立足中国高等教育质量革命大背景，紧扣新文科建设要求，以教材为载体，实现课程知识体系的重构；二是把握数字经济发展趋势和规律，在教材内容设计上体现航空类企业数字化转型升级和管理创新对学生知识和能力的新需求；三是将航空元素、思政要素有机融入课程知识体系和课程资源建设中，深入挖掘其中思想价值和思想内涵，落实立德树人根本任务；四是打破传统纸质教材的局限，建设富媒体内容，加强学生与学习内容、学习资源的互动，提高学习效率和教学质量。

参与本套教材编写的有南昌航空大学、沈阳航空航天大学、郑州航空工业管理学院、桂林航天工业学院、张家界航空工业职业技术学院等院校的教师，他们具有经济管理和航空类企业管理创新领域丰富的教学和科研经验，深刻理解高等教育内涵发展和新文科建设要求；同时得到所在高校教务处的大力支持，共同确保本套教材高质量地完成编写。

2022 年 8 月

前　言　PREFACE

审计学是一门综合性和实践性很强的技术应用型学科，随着我国社会主义市场经济的不断发展和审计监督体系的逐步完善，审计在保证会计信息公允性和真实性方面的作用日益凸显，审计理论与实务受到了社会公众前所未有的关注和重视。新审计准则的颁布和实施，标志着我国审计理论与实务走向国际趋同。

现代高等教育提倡以学生的学习成果为导向，反向设计我们的教学内容与教学方法，同时重视实践教学环节，把实践性教学贯穿于人才培养的全过程。实践教学是提高人才培养质量的关键。本书正是基于培养复合型创新人才的目标，针对我国目前高等教育的特点，为满足新理念下审计教学需要，在吸收审计教学的最新成果，总结审计教学经验的基础上编写的。

本书有以下特点：

1. 以注册会计师审计流程为主线，比较全面地涵盖了注册会计师审计的执业规范、审计理论、审计程序、审计报告、业务循环审计等问题。因此，本书不仅适合作为高校财会专业的教材，而且适合作为注册会计师执业资格考试《审计》科目的复习指导用书。

2. 以某航空制造企业2021年度审计为例，全面讲解注册会计师审计在航空类企业审计实践中的具体运用。

3. 以最新发布的注册会计师执业准则与企业会计准则为指导，全面引入风险导向审计理念，充分体现现代风险导向审计模式的要求。

4. 为加强理论联系实际，突出对学生技能的培养，提高学生实际应用能力，每章章首设有技能目标，章中穿插案例，章后附有案例实训项目。

5. 将晦涩难懂的审计专业术语表述得言简意赅，每节后都附有"学习本节收获"，便于学生理解、掌握所学内容的实质。

6. 紧跟时事步伐与时代要求，将思政内容与审计专业知识有机融合，在传授专业知识的同时，提升学生的思想道德修养。

本书在编写过程中参考了大量的相关教材、专著、论文文献和网络资料，吸取和借鉴了同行的相关成果，在此谨向有关作者表示诚挚的谢意和敬意！限于编者水平，书中难免有不妥和疏漏之处，敬请读者批评指正。

编　者
2022 年 11 月

目 录   CONTENT

第一章　认识审计 ·· — **001**
　　第一节　审计的定义和体系　　　　　　　　　— 002
　　第二节　现代风险导向审计　　　　　　　　　— 008
　　第三节　审计目标与审计流程　　　　　　　　— 012

第二章　注册会计师管理 ·· — **020**
　　第一节　注册会计师职业　　　　　　　　　　— 021
　　第二节　注册会计师执业准则　　　　　　　　— 024

第三章　审计计划 ·· — **034**
　　第一节　初步业务活动　　　　　　　　　　　— 035
　　第二节　审计计划　　　　　　　　　　　　　— 037
　　第三节　重要性及错报　　　　　　　　　　　— 041

第四章　审计方法 ·· — **050**
　　第一节　审计程序　　　　　　　　　　　　　— 051
　　第二节　审计抽样　　　　　　　　　　　　　— 057

第五章　审计证据与审计工作底稿 ·· — **075**
　　第一节　审计证据　　　　　　　　　　　　　— 076
　　第二节　审计工作底稿　　　　　　　　　　　— 079

第六章　审计风险评估 ·· — **083**
　　第一节　风险识别和评估概述　　　　　　　　— 084
　　第二节　了解被审计单位及其环境　　　　　　— 088
　　第三节　了解被审计单位的内部控制　　　　　— 093
　　第四节　评估重大错报风险　　　　　　　　　— 099

第七章　风险应对 ·· — **102**
　　第一节　重大错报风险应对措施　　　　　　　— 103

第二节　控制测试 ———————————————————— 106
　　　第三节　实质性程序 ——————————————————— 110

第八章　审计流程在业务循环审计中的应用 ———————————— 113
　　　第一节　销售与收款循环审计 ————————————————— 115
　　　第二节　采购与付款循环审计 ————————————————— 129
　　　第三节　生产与存货循环审计 ————————————————— 137
　　　第四节　货币资金审计 ———————————————————— 145

第九章　完成审计工作 ———————————————————————— 157
　　　第一节　完成审计工作概述 —————————————————— 158
　　　第二节　期后事项 —————————————————————— 161
　　　第三节　书面声明 —————————————————————— 164

第十章　审计报告 —————————————————————————— 169
　　　第一节　形成审计意见和出具审计报告 ————————————— 170
　　　第二节　审计意见与审计报告类型 ——————————————— 178

第十一章　内部控制审计 ——————————————————————— 189
　　　第一节　内部控制审计的概念 ————————————————— 190
　　　第二节　内部控制审计的主要步骤 ——————————————— 191
　　　第三节　内部控制审计报告 —————————————————— 200

第十二章　航空制造类企业审计实务 ————————————————— 210
　　　第一节　航空制造类企业的特征 ———————————————— 212
　　　第二节　洪都航空审计案例 —————————————————— 215

参考文献 —————————————————————————————— 225

后记 ———————————————————————————————— 226

第一章
认识审计

知识目标

1. 理解审计的定义与特征；
2. 了解注册会计师审计的发展史及审计模式的变迁；
3. 掌握审计风险模型、管理层认定及具体审计目标。

技能目标

1. 能运用审计风险的相关理论定性与量化企业的审计风险；
2. 能运用审计目标的相关理论确定企业的具体审计目标。

本章引例

一位信贷经理的决策逻辑

李经理是某银行的信贷经理，他正在考虑是否接受某企业的贷款申请。申请贷款的企业是否具备还本付息的能力，这是信贷决策的关键因素。那么，接下来的问题就是，如何辨别申请企业的经营能力以及如何正确地评估客户的经营风险？这些辨别与评估的信息基础来源于申请企业的财务报表。由此看来，财务报表数据失真的可能性是导致李经理信贷决策信息风险的一个重要因素。因此，李经理目前的工作重点在于如何降低信贷决策的信息风险。

经过考虑，他认为在理论上有三种解决途径：第一，由他自己亲自验证贷款申请人的财务报表信息；第二，让银行和借款人共同分担信息风险；第三，要求借款人提供已审计的财务报表。很明显,前两种途径都是不可取的:第一种途径下,虽然他可以直接去借款企业检查相关的记录,以取得有关报表可靠性的信息,但这并非他的专长,成本也高得不可接受;第二种途径下,如果因依赖不正确的财务报表而遭受损失,虽然可以对企业管理层提起诉讼,但企业一旦破产,就不可能有足够的资金偿还贷款。因此,他认为还是第三种途径最为稳健,如果借款人的财务报表已经经过审计,表明审计人员认可其信息风险微小,他的贷款决策风险将因信息风险微小而大大降低。

如果是你,你也会这样考虑吗?

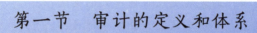

第一节 审计的定义和体系

 ### 一、审计的定义

审计的定义是对审计实践的科学总结,是对审计这一客观事物特有属性的揭示。各国审计界专家对审计的定义有不同的表述,内容也不尽相同。现将比较有代表性的几种审计定义表述如下。

(1)美国会计学会基本审计概念委员会的表述是:"审计是指对有关经济活动和经济事项的认定,客观地获取和评价证据,以确定那些认定符合既定标准的程度,并传达结果给利害关系人的一个系统过程。"

(2)中国审计学会于1989年提出如下审计定义:"审计是由专职机构和人员,依法对被审计单位的财政、财务收支及其有关经济活动的真实性、合法性、效益性进行审查,评价经济责任,用以维护财经法纪,改善经营管理,提高经济效益,促进宏观调控的独立性经济监督活动。"

(3)中国注册会计师协会在组织编写的《审计》教材中指出,财务报表审计是注册会计师的传统核心业务。财务报表审计是指注册会计师对财务报表是否不存在重大错报提供合理保证,以积极方式提出意见,增强除管理层之外的预期使用者对财务报表的信赖程度。

(4)审计理论界趋于一致的表述是:"审计是由国家授权或接受委托的专职机构和人员,依照国家法规、审计准则和会计理论,运用专门的方法,对被审计单位的财政、财务收支、经营管理活动及其相关资料的真实性、正确性、合规性、合法性、效益性进行审查和监督，评价经济责任，鉴证业务，用于维护财经法纪、改善经营管理、提高经济效益的一项经济监督活动。"

综上所述，审计定义应包含以下几个要素：审计主体、审计关系、审计对象、审计的目标和本质。现分述如下。

审计主体是指专职机构或人员。专职机构是指政府审计机关、内部审计机构和会计师事务所，专职人员是指专门从事政府审计、内部审计工作的人员和依法经批准执业的注册会计师。

审计关系由"接受委托或授权"形成。一般来说，我国的注册会计师审计业务都是通过接受委托来进行的，而政府审计和内部审计多为同级政府或上级管理部门授权。

审计对象是指"被审计单位特定时期的财务报表及其他有关资料以及经济活动"。审计对象具体为被审计单位的财务收支及其有关的经济管理活动，但这种活动要通过财务报表和其他有关资料等信息载体反映出来。

审计的目标是审查和评价审计对象的真实性、公允性、合法性、合规性、合理性和效益性。

二维码 1-1
审计与会计的
关联性

审计的本质是一种经济监督活动，而独立性是审计的灵魂。

对于审计的定义，各家表述不尽相同，但抽离出各家共有的因子，可以构成审计的基本含义，如图 1-1 所示。读者可以通过以上内容的学习，尝试着自己来表述审计的定义。

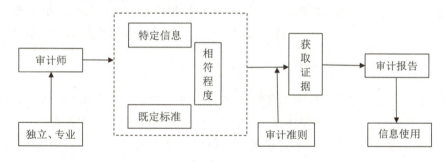

图 1-1 审计的基本含义

二、审计体系的构成

审计是将特定信息与既定标准进行核对后给出判断结果的行为。了解了这一点后，为了更加深刻地理解这门技术，我们有必要了解一下目前的审计体系以及相关的历史背景。审计是一个历史范畴，是社会经济发展到一定阶段的产物，并随着社会经济的发展而发展。随着社会的发展和经济的繁荣，当前审计体系业已形成政府审计、民间审计和内部审计并存共生且相互促进的格局，审计已经成为经济社会中的一个独立监督行业，成为当今国家治理、公司治理、市场治理中不可或缺的监督、鉴证和评价工具，对于维护市场经济安全运行、促进市场经济协调发展起到了重要作用。审计组织体系亦称"审计工作体系""审计工作体制（模式）"，是由政府审计、民间审计和内部审计三部分组成的审计网络。

（一）政府审计

政府审计是由国家审计机关实施的审计，又称为国家审计。政府审计的主体是中央和地方各级政府的审计机关。审计机关是国家为了依法对财政和财务收支等活动进行审计监督而专门设立的国家机关。审计监督是审计机关的法定权力和必须履行的义务。审计机关依据法律规定，对被审计单位主动实施强制审计。

（二）民间审计

民间审计是指经有关部门审核批准的、由注册会计师组成的会计师事务所进行的独立审计，又称为注册会计师审计、独立审计和社会审计。民间审计的委托人或授权人通常是各类资源财产的所有人或主管人，包括政府审计机关、国家行政机关、企事业单位和个人等。民间审计组织接受其委托或经其授权，代表他们依法对被审计单位的经济活动进行审计。

（三）内部审计

内部审计是指组织内部专职审计机构或人员实施的审计，是组织内部独立、客观的监督和评价活动，它通过审查和评价经营活动及内部控制的适当性、合法性和有效性，促进组织目标的实现。内部审计的目的是监督和评价本单位及所属单位财政收支、财务收支及经济活动的真实性、合法性和效益性，确保内部控制及风险管理的有效性。

（四）三种类型审计的联系与区别

政府审计、民间审计以及内部审计各司其职却又相辅相成，共同构成我国的审计体系，对政府部门、企事业单位的财务状况、经营管理活动给予不同程度、不同维度的监督与甄别。我国审计体系占据着国家经济监督体系的龙头地位。为了更深入了解我国的审计体系，本书将三种类型审计的区别归纳见表1-1。

表1-1 政府审计、民间审计与内部审计的区别

比较项目	政府审计	民间审计	内部审计
审计主体	国家审计机关	会计师事务所	内部审计部门
审计依据	政府审计准则	审计准则	内部审计准则
审计对象	财政、财务收支的真实性、合法性和效益性	财务报表的真实性、公允性	会计及相关信息、经营绩效、经营合规性
对被审计单位是否具有处罚权	是（体现为审计决定书）	否	否

续表

比较项目	政府审计	民间审计	内部审计
是否需要接受委托后才能提供审计服务	否（提前向被审计单位送达审计通知书）	是	否
是否需要收费	否	是	否

三、我国审计组织体系的特点

在我国，审计组织体系呈现出如下特点。

（一）以国家审计为主导，纵横联贯

纵向方面，中央和地方各级审计机关保持业务和部分行政的领导与被领导关系。横向方面，国家审计对同级组织或单位内部审计，保持业务的指导和接受指导关系；对所在地区民间（社会）审计保持部分业务的委托和受托、监督和被监督关系。

（二）能全面适应各种所有制经济共同发展的需要

国有经济主体主要由国家审计机关审计；各种形式经济主体的内部审计由各自的内部审计机构或专职内部审计人员进行；国有经济以外的各种形式的经济主体，尤其是中外合资、中外合作、国外独资和横向联合经济主体，则主要由民间审计接受委托承办，诸如公证性的审计。

（三）各种审计机构充分发挥各自优势，互相配合、各有侧重

一般而言，国家审计倾向于事后的财政、财务审计和财经法纪审计，视需要和条件进行经济效益审计；内部审计尤其是效益审计应贯穿于事前、事中和事后审计全过程，并为外部审计提供协作、协调条件，至于民间审计，则可根据条件和能力接受委托承办各种审计。

由于我国经济的迅速发展，注册会计师审计（即民间审计）在社会中的作用和影响越来越大。鉴于此，本书主要介绍注册会计师审计，书中以下内容涉及的审计如果没有特别注明，仅指注册会计师审计。

四、注册会计师审计的产生与发展

审计是在一定的经济关系下，基于经济监督的需要而产生的。当财产所有者将其

财产交付其他人代管或者代为经营时，由于客观上存在着查错防弊、监督他人以维护财产所有者利益的需要，因而委派或委托另一机构和人员，对他人代管或者代为经营的业绩进行审查和评价，进而产生了审计这项经济监督活动。下面可从西方的注册会计师审计的发展过程中窥其一斑。

（一）注册会计师审计的产生

注册会计师审计也称民间审计，最早产生于意大利的地中海沿岸，并在西方资本主义国家中得到了迅速的发展。

民间审计起源于意大利合伙企业制度。16 世纪，意大利商业城市威尼斯出现了最早的合伙企业。在合伙企业中，有的合伙人不参与经营管理，所以就希望能有一个独立的第三人对合伙企业的经营情况进行监督与检查，于是就有了对民间审计的最初需求。1581 年，一批具有良好会计知识、专门从事查账和公证工作的专业人员在威尼斯创立了威尼斯会计协会，这是世界上第一个会计职业团体。

民间审计虽然起源于意大利，但对后来民间审计事业的发展影响不大。英国在创立和传播民间审计职业的过程中发挥了重要的作用。

工业革命开始后的 18 世纪下半叶，资本主义国家的生产力得到了迅速发展，生产的社会化程度大大提高，企业的所有权与经营权分离。企业主希望由外部独立的会计师来检查他们所雇用的管理人员是否忠诚，是否存在舞弊行为。于是，英国出现了第一批以查账为职业的独立会计师。但此时的审计尚为任意审计，他们受企业主委托，对企业会计账目进行逐笔检查，检查的目的是查错防弊，检查的结果也只是向企业主报告。

股份公司的兴起使企业的所有权与经营权进一步分离，大多数股东已完全脱离经营管理。股东及潜在投资者非常关心企业的经营成果，将基于此作出是否继续持有或购买公司股票的决定。了解公司经营管理等方面情况的主要依据是会计报表信息，因此在客观上进一步促进了独立会计师对公司会计报表进行审计，以应对保证会计报表信息真实可靠的需求。1721 年，英国的"南海公司事件"成为民间审计产生的催化剂。对南海公司进行审计的斯内尔先生成为世界上第一位注册会计师。斯内尔先生以会计师的名义提出了查账报告书，宣告了独立会计师——注册会计师的诞生。

二维码 1-2
"南海公司事件"始末

1844 年，英国颁布《公司法》，规定股份公司必须设监察人，负责审查公司的账目。1845 年，英国又对《公司法》进行了修订，规定股份公司的账目必须经董事以外的人员审计，从而极大地促进了独立审计业务的发展。1853 年，世界上第一个注册会计师的专业团体——苏格兰爱丁堡会计师协会的成立，标志着注册会计师职业的诞生。

（二）审计产生的动因

1. 审计存在的前提——两权分离

受托经济责任是由财产的所有者将自己经济资源的经营权转移至受托者所引起的委托受托双方相关权利、义务和责任的契约关系。在这种关系下，委托人为保护自身的经济利益，需要对受托人提供报告的真实性及履行受托责任的情况进行审核、检查监督，以便确认或解除受托责任。但是，由于经济关系的日益复杂化和经济管理的客观需要，财产委托人出于能力、检查技术、法律、地域和经济等方面的限制，不能或不便亲自审核、查实受托人的活动，于是需要一个具有相对独立身份的第三者加以检查和评价，这就是审计。因此，受托责任关系的存在是审计产生的客观动因。

2. 审计存在的充分条件

1) 利益冲突

企业规模的发展，导致企业的所有权与经营权开始分离。特别是股份公司的兴起，使所有权与经营权进一步分离，绝大多数股东不能参与企业的经营管理。对于股份公司来说，不参加经营管理的股东为了保证自己的资产安全和获得稳定回报，自然十分关心公司的财务状况和经营成果。拟购买股票的潜在的投资者，为了作出正确的决策，避免"一失足成千古恨"，也很关注公司的经营状况和获利前景，而公司的财务状况和经营成果是通过其财务报表来反映的。公司编报的财务报表是否公允，经营管理人员是否存在舞弊、欺诈行为，自己当然不能予以证明。财务报表编制者和财务报表使用者利益关注点不一致，二者之间有可能发生利益冲突，使得具有独立于两者性质的第三方对信息质量的检查成为必要。

2) 信息复杂

随着对经济事项处理和传递难度的加大，使用者亲自评价信息质量变得越来越困难。由于经济事项越来越复杂，会计信息中无心之错慢慢增加，在此情况下，对会计信息质量的专业审计需求就增加了。而投资者本人由于缺乏必要的专业知识或受其他因素制约（如审计成本、不能影响企业正常经营活动等），也难以亲自履行审查公司财务报表的责任。这就需要委托社会上具有专业知识的、专门的、独立的第三方代替其对公司财务报表进行审计。

3) 经济后果

财务信息的传递通常用来帮助使用者作出决策，这些信息对使用者作出决策有显著的影响。如果财务信息是带有偏见的、误导的、不相关的、不完全的，则会误导使用者作出损害自身经济利益的决策。因此，使用者对信息质量的要求就会增加对审计业务的需求。

4) 距离遥远

有时存在一些客观原因，会出现使用者即使有能力评价但也无法实施评价行为的情况，我们称之为距离遥远，它是由信息使用者和经济事项、财务报告准备者之间的分离引起的。这种分离包括空间上的分离、法律或制度上的障碍以及成本和时间的限制等等，或者诸多因素的综合影响使得亲自评价不可能实现。只要使用者无法亲自评价信息质量，那么，他要么就得信任信息质量，要么就得依赖于第三方来帮助其评估信息质量。

【学习本节收获】

　　从注册会计师审计的产生与发展，到对审计起源深层次的剖析，我们越来越清晰地明白：审计的本质是一种经济监督活动，主要体现为独立的第三方利用他们的专业知识和职业判断对经济信息和对应标准之间的符合程度给出结论。

第二节　现代风险导向审计

　　现代审计是风险导向型审计，以评估、控制审计风险为导向，分配审计资源，开展审计工作，最终将审计风险控制在可接受的水平之下。但风险导向审计模式不是天然生成的，同样是在经历了经济环境的种种变化之后，为适合经济需求而不断淬炼而成的。

一、审计模式的变迁

　　审计模式是审计目标、审计范围、审计方法等要素的组合。随着经济的不断发展，审计模式也相应地不断变化和发展着，越来越科学与完善。按照历史顺序，审计模式的发展大致可分为三个阶段，即账项基础审计阶段、制度基础审计阶段、风险导向审计阶段。

（一）账项基础审计

　　账项基础审计又称详细审计，一般以会计凭证与账簿核对为重心，以查错防弊为主要审计目标，以详细审计为特征。对于详细审计，审计师虽耗时费力但有时也可能遗漏重要项目，造成审计失败。在账项基础审计阶段，社会对审计的要求比较低，审计风险并没有引起足够重视。发达国家在20世纪40年代以前基本上采用账项基础审计。我国在1992年之前,市场经济不发达,审计尚处于起步阶段,主要应用的也是账项基础审计。

(二)制度基础审计

随着企业经济规模不断扩大,业务日益复杂,社会公众更加关注财务报告的合法性、公允性、真实性,而企业为了管理需要建立了内部控制制度,这些内部控制制度是否健全有效,直接影响着单位财务会计报告的公允性。为了保证审计质量,更为可靠、有效的审计方法——制度基础审计产生了。

制度基础审计是以内部控制测试为基础的抽样审计方法,其重点在于要求审计师了解、测试和评价被审计单位的内部控制的合理性和执行的有效性。对于可以信赖的内部控制环节,对其涉及的交易和账户余额进行抽样审计;而对于内部控制存在缺陷的环节,将其涉及的交易和账户余额作为审计重点,甚至进行详细审计。制度基础审计在保证审计结论具有一定的可靠水平的前提下大大减少了审计师的工作量,提高了审计效率,也降低了企业承担的审计费用。这种审计模式从20世纪40年代诞生以来便流行于世界各国审计界。

制度基础审计模式过于关注被审计单位的内部控制制度即控制风险,相对忽视了引发审计风险的其他因素,缺乏通过一种可接受的量化方法来汇集各种信息的手段,凭此作出的主观判断可能与实际发生较大偏差,使得审计师面临较大的审计风险,更未能做到有限审计资源的合理分配。

(三)风险导向审计

20世纪60年代以来,针对审计师服务的诉讼日益频繁。国内外一些公司如国内的银广夏、黎明股份,国外的安然、世通、帕马拉特等,均出现过会计舞弊事件,提供审计服务的会计师事务所也牵涉其中,有的陷入旷日持久的法律诉讼,有的被迫关闭,如中天勤、沈阳华伦、安达信等。在这样的背景下,审计界加快了探讨和试行风险导向审计的步伐。最大限度地降低审计风险,已成为注册会计师行业面临的重大课题。国内外有关机构先后制定颁布了有关指导风险导向审计的审计准则(或征求意见稿),用以规范风险导向审计实务。由于传统审计风险模型和审计方法有其局限性,国外一些大型会计师事务所开始探索新的审计方法。新的审计方法注重从企业宏观层面了解财务报表存在的重大错报风险,这就是国内外审计职业界所称的风险导向审计。风险导向审计作为一种重要的审计理念和方法,随着国内外审计失败事件的曝光,受到了审计行业和社会有关方面的高度关注。为了降低审计风险,在合理的职业怀疑假设的基础上,审计师不只依赖对被审计单位管理层所设计和执行的内部控制制度的检查与评价,而且实事求是地对公司管理层是否诚信、是否有舞弊造假的驱动始终保持一种合理的职业警觉,将审计的视野扩大到被审计单位所处的经营环境,将风险评估贯穿于审计工作的全过程。

风险导向审计以风险为导向，在审计全过程中，不仅对被审计单位的内部控制状况进行检查和评价，判断控制风险，还对产生风险的其他各个环节进行评价，不仅重视内部环境，还关注外部环境，通过综合分析，根据评价结果确定审计风险水平，最终目的是要将审计风险控制在可接受、可容忍的水平之下。审计的全过程也就是一个不断克服和降低审计风险的过程。

二、与审计风险相关的几个重要概念

风险导向审计为更有效地控制审计风险和提高审计效率提供了完整的审计结构，有利于进一步弥合审计实务与公众期望的差距，也有利于减轻审计师的责任，审计人员由被动地承受审计风险转变为主动地控制审计风险。目前，全球的审计普遍采用风险导向审计模式。为了更深入全面地了解风险导向模式审计，我们有必要进一步学习与审计风险有关的几个概念。

（一）审计风险模型

注册会计师审计是指注册会计师对财务报表是否不存在重大错报提供合理保证，以积极方式提出意见，增强除管理层之外的预期使用者对财务报表的信赖程度。而审计风险是指当财务报表存在重大错报时，注册会计师出具不恰当审计意见的可能性。例如，当被审计单位的财务报表中存在重大错报而注册会计师没有查找出来，让报表使用者对这份存有重大错误的财务报表产生信任，基于此作出了错误决策，从而导致审计失败。这是最高的审计风险。在本书中，审计风险指的是一个与审计过程相关的技术术语。

二维码 1-3
什么是积极方式？
什么是消极方式？
（语音）

风险导向审计自产生以来经历了两个阶段，理论界把以传统审计风险模型为基础进行的审计称为传统风险导向审计模式。在该模式下，审计风险可表示为：

$$审计风险＝固有风险×控制风险×检查风险$$

而 20 世纪 90 年代后期开始在国际会计师事务所内部推行并逐渐被审计理论界与实务界接受的，以被审计单位的经营风险为导向的审计被称为现代风险导向审计模式。在该模式下，审计风险可表示为：

$$审计风险＝重大错报风险×检查风险$$

按照审计准则的要求，我国现在运用的是现代风险导向审计模式。注册会计师为了将审计风险控制在一个可接受、可容忍的水平之下，必须弄清楚决定审计风险的因素有哪些。而审计风险主要取决于重大错报风险与检查风险。

（二）重大错报风险

重大错报风险是指财务报表在审计前存在重大错报的可能性。重大错报风险包括两个层次。一是财务报表层次重大错报风险，它与财务报表整体相关，影响多个报表项目。此类风险通常与被审计单位的内部控制环境薄弱有关。例如，一个规章制度不健全、业务流程漏洞百出或者内部管理十分混乱的企业，其管理层编制的财务报表中的错报可能比比皆是。财务报表层次的重大错报风险还可能与其他因素有关，如经济萧条。二是各类交易、账户余额和披露的具体项目层次重大错报风险，这主要是指财报中的某一个或几个报表项目，例如利润表中的营业收入项目，管理层出于舞弊动机很可能对此项目进行修饰从而导致该项目的重大错报风险较高。考虑具体项目层次的重大错报风险，有助于注册会计师确定具体的审计程序的性质、时间安排和范围。

重大错报风险的特点是与被审计单位的风险相关，且独立于财务报表审计而存在。可用一句话来描述重大错报风险的"自述"："你查与不查，我都在这里。"因此，注册会计师对于被审计单位的重大错报风险无法控制，而只能进行评估。在审计实务中，注册会计师未必用定量方法描述重大错报风险评估结果，而应用职业判断将其定性描述为"高""中"或"低"。

(三) 检查风险

检查风险是指注册会计师实施了相关针对性的审计程序后却没有发现财务报表中重大错报的可能性。检查风险取决于审计程序设计的合理性和执行的有效性。一般来说，检查风险不可能为零，因为注册会计师通常并不对所有的交易、账户余额和披露进行检查。检查风险的产生还可能来源于注册会计师采用了不恰当的审计程序，审计过程执行不当，或者错误解读了审计结论等其他原因。检查风险可以通过制定恰当的审计计划、在项目组成员之间进行恰当的职责分配、保持职业怀疑态度，以及监督、指导和复核项目组成员执行的审计工作得以控制。

(四) 重大错报风险与检查风险的反向关系

在既定的审计风险水平下，可接受的检查风险水平与重大错报风险的评估结果呈反向关系。评估的重大错报风险越高，可接受的检查风险越低；评估的重大错报风险越低，可接受的检查风险就越高。

假设针对货币资金这个报表项目，注册会计师将可接受的审计风险水平设定为5%，注册会计师实施风险评估程序后将重大错报风险评估为25%，则根据这一模型，可接受的检查风险为20%。在实务中，注册会计师不一定用绝对数量表达这些风险水平，而是选用"高""中""低"等文字进行定性描述。

在审计风险、重大错报风险与检查风险三者中，审计风险一般是约定俗成的，例如对上市公司审计的审计风险一般要控制在5%以下，最高不能超过10%；而对于重大错报风险，注册会计师无法控制它只能评估它，在三者中注册会计师能掌控的就只有检查风险了。在审计实务中，注册会计师就是通过控制检查风险从而将审计风险控制在一个可接受、可容忍的水平之下，而对财务报表是否存在重大错报给出合理保证。

二维码1-4
审计风险模型
在审计实务中的
应用——以
"营业收入"为例

审计学：理论与实务

> **【学习本节收获】**
> 注册会计师审计的模式是风险导向审计，而风险导向审计是从评估被审计单位的重大错报风险开始，以把审计风险控制在一个可接受、可容忍的水平之下为目标，分配审计资源，开展审计工作，最后出具审计报告而结束审计工作的完整过程。

第三节 审计目标与审计流程

 一、审计的目标

审计目标分为两个层次：总目标和具体目标。注册会计师为了达成审计总目标而将它分解、细化成一系列具体审计目标。

（一）审计总目标

注册会计师审计的总目标是对财务报表整体是否不存在由于舞弊或错误导致的重大错报提供合理保证，并对财务报表的真实性和公允性发表审计意见。

从整个社会的角度来说，尤其是从证券市场的角度来说，注册会计师的审计意见旨在提高财务报表的可信性，但是它不应被视为对被审计单位未来生存能力或管理层经营效率、效果提供的保证，审计工作不能对财务报表不存在重大错报提供绝对担保。提高财务报表可信性的含义是，注册会计师要合理保证财务报表整体不存在重大错报。这里要强调的是合理保证而不是绝对保证。合理保证是指注册会计师通过积累必要的审计证据得出财务报表整体不存在重大错报的结论，对财务报表使用者提供一种高度但非绝对保证。

（二）管理层认定

在了解了审计总目标之后就应该学习审计的具体目标，但在这之前，我们必须先了解一个概念：管理层认定。

管理层认定是管理层在财务报表中作出的明确或隐含的表达，它是管理层对财务报表各组成要素进行确认、计量与报告的结果展示。

【例1-1】 ABC公司2021年12月31日部分资产负债表如表1-2所示。

表1-2 ABC公司资产负债表（部分）　　　　　　　　　　单位：元

流动资产：	
货币资金	6 000 000

表1-2展示的就是ABC公司管理层对于其货币资金的认定。该认定作出了明确和隐含的表达，明确的认定包括：记录的货币资金是存在的，记录的货币资金的正确余额是6 000 000元。隐含的认定包括：所有应列报的货币资金都包括在财务报表中；记录的货币资金全部归本公司所拥有，对其使用不受任何限制。

管理层认定分为两大类：关于所审期间各类交易、事项及相关披露的认定；关于期末账户余额及相关披露的认定。

1. 关于所审期间各类交易、事项及相关披露的认定

（1）发生：记录或披露的交易和事项已发生，且这些交易和事项与被审计单位有关。

（2）完整性：所有应当记录的交易和事项均已记录，所有应当包括在财务报表中的相关披露均已包括。

（3）准确性：与交易和事项有关的金额及其他数据已恰当记录，相关披露已得到恰当计量和描述。

（4）截止：交易和事项已记录于正确的会计期间。

（5）分类：交易和事项已记录于恰当的账户。

（6）列报：交易和事项已被恰当地汇总或分解且表述清楚，相关披露在适用的财务报告编制基础下是相关的、可理解的。

2. 关于期末账户余额及相关披露的认定

（1）存在：记录的资产、负债和所有者权益是存在的。

（2）权利与义务：记录的资产由被审计单位拥有或控制，记录的负债是被审计单位应当履行的偿还义务。

（3）完整性：所有应当记录的资产、负债和所有者权益均已记录，所有应当包括在财务报表中的相关披露均已包括。

（4）准确性、计价和分摊：资产、负债和所有者权益以恰当的金额包括在财务报表中，与之相关的计价和分摊调整已恰当记录，相关披露已得到恰当计量和描述。

（5）分类：资产、负债和所有者权益已记录于恰当的账户。

（6）列报：资产、负债和所有者权益已被恰当地汇总或分解且表述清楚，相关披露在适用的财务报告编制基础下是相关的、可理解的。

（三）具体审计目标与管理层认定的关联性

具体审计目标是审计总目标的具体化，将审计总目标与管理层各项认定相对应，便形成了具体审计目标。达成具体审计目标就是注册会计师确定被审计单位管理层对

其财务报表的认定是否恰当的过程。注册会计师在了解管理层认定后，就很容易确定每个项目的具体审计目标，并以此作为评估重大错报风险以及设计和实施进一步审计程序的基础。

1. 针对所审期间各类交易、事项及相关披露认定的具体审计目标

（1）针对发生认定的具体审计目标：由发生认定推导出的审计目标是确认已记录的交易是真实的。例如，在销售明细账中记录了并没有发生过的销售交易，管理层则违反了该发生目标。

发生认定所要解决的问题是管理层是否把那些不曾发生的项目列入财务报表，它主要与财务报表项目的高估有关。

（2）针对完整性认定的具体审计目标：由完整性认定推导出的审计目标是确认已发生的交易确实已经记录，所有应包括在财务报表中的相关披露均已包括。例如，采购了原材料但没有支付款项而又没有在负债项目中记录与反映的话，则违反了该目标。

完整性目标所要解决的问题是管理层漏记交易，它主要与财务报表组成要素的低估有关，与发生目标恰好相反。

（3）针对准确性认定的具体审计目标：由准确性认定推导出的审计目标是确认已记录的交易是按正确金额反映的，相关披露已得到恰当计量和描述。

（4）针对截止认定的具体审计目标：由截止认定推导出的审计目标是确认接近于资产负债表日的交易记录于恰当的期间。例如，违背权责发生制原则将本期的交易推到下期记录，或将下期交易提前到本期记录，均违反了截止目标。

（5）针对分类认定的具体审计目标：由分类认定推导出的审计目标是确认被审计单位的交易经过适当分类。例如将广告费计入管理费用，则导致交易分类的错误，违反了分类目标。

（6）针对列报认定的具体审计目标：由列报认定推导出的审计目标是确认被审计单位的交易和事项已被恰当地汇总或分解且表述清楚，相关披露在适用的财务报告编制基础下是相关的、可理解的。

2. 针对期末账户余额及相关披露认定的具体审计目标

（1）针对存在认定的具体审计目标：由存在认定推导出的审计目标是确认记录的金额确实存在。例如，如果不存在某类型的存货，在存货的明细账中却记录了该类型的存货，则违反了存在目标。

（2）针对权利与义务认定的具体审计目标：由权利与义务认定推导出的审计目标是确认资产归属于被审计单位或由被审计单位控制，负债属于被审计单位的义务。例如，将替他人代管的存货列入被审计单位的存货项目，违反了权利目标；将不属于被审计单位的债务列入债务项目，则违反了义务目标。

（3）针对完整性认定的具体审计目标：由完整性认定推导出的审计目标是确认已存在的金额均已记录，所有应包括在财务报表中的相关披露均已包括。例如，某项应付账款未列入报表项目中，则违反了完整性目标。

（4）针对准确性、计价和分摊认定的具体审计目标：由准确性、计价和分摊认定推导出的审计目标是确认资产、负债和所有者权益以恰当的金额包括在财务报表中，与之相关的计价或分摊调整已恰当记录，相关披露已得到恰当计量和描述。

（5）针对分类认定的具体审计目标：由分类认定推导出的审计目标是确认资产、负债和所有者权益已记录于恰当的账户。

（6）针对列报认定的具体审计目标：由列报认定推导出的审计目标是确认资产、负债和所有者权益已被恰当地汇总或分解且表述清楚，相关披露在适用的财务报告编制基础下是相关的、可理解的。

通过上面的介绍可知，认定是确定具体审计目标的基础。注册会计师通常将认定转化为能够通过审计程序予以实现的具体审计目标。针对财务报表所表现出的各项认定，注册会计师相应地确定一项或多项具体审计目标，然后通过执行一系列审计程序获取充分、适当的审计证据以实现具体审计目标。以销售业务为例，管理层认定、审计目标和审计程序之间的关系如表1-3所示。

表1-3　管理层认定、审计目标和审计程序之间的关系举例——销售业务

认定	审计目标	审计程序
发生	所记录的销售是否确实已经发生	审查销售交易发生时的凭证
完整性	已发生的销售业务均已入账	检查发货单和销售发票并核对销售明细账
准确性	已入账的销售业务金额是正确的	比较价格清单与发票上的价格、发货单与销售订单上的数量是否一致，重新计算发票上的金额并核对销售明细账
截止	销售业务记录在恰当的期间	比较资产负债表日前后几日的发货单日期与记账日期
分类	销售业务已经正确分类	销售收入正确分类记入主营业务收入、其他业务收入
列报	销售收入已经恰当地分解表达并表述清楚	检查附注中销售收入的描述是否易于理解

二、审计流程

随着审计模式从早期的账项基础审计演变到今天的风险导向审计，审计的基本流程也发生了相应的变化。风险导向审计模式要求审计人员在审计过程中，以重大错报风险的识别、评估和应对作为工作主线。相应地，审计过程大致可分为以下几个阶段。

（一）接受业务委托

会计师事务所应当按照职业准则的规定，谨慎决策是否接受或保持某客户关系和

具体审计业务。在接受委托前，注册会计师应当初步了解审计业务环境，包括业务约定事项、审计对象特征、使用的标准、预期使用者的需求、责任方及其环境的相关特征，以及可能对审计业务产生重大影响的交易、事项、条件和惯例等其他事项。

受到业务邀约的会计师事务所只有在了解上述事项后，认为自身具备专业胜任能力、符合独立性和应有的职业关注等职业道德要求，并且拟承接的业务具备审计业务特征时，注册会计师才能将其作为审计业务进行承接。如果审计业务的工作范围受到重大限制，或者委托人试图将注册会计师的名字和审计对象不恰当地联系在一起，则该项业务可能不具有合理的目的。接受业务委托阶段的主要工作包括以下几点：了解和评价审计对象的可审性；决定是否考虑接受委托；商定业务约定条款；签订审计业务约定书；等等。

（二）计划审计工作

计划审计工作十分重要，计划不周不仅会导致盲目实施审计程序，无法获取充分、适当的审计证据以将审计风险降至可接受的低水平，影响审计目标的实现，还会浪费有限的审计资源，增加不必要的审计成本，影响审计工作的效率。因此，对于任何一项审计业务，注册会计师在执行具体审计程序之前，都必须根据具体情况制定科学、合理的计划，使审计业务能够有效地开展。一般来说，计划审计工作主要包括以下几点：在本期审计业务开始时开展初步业务活动；制定总体审计策略；制定具体审计计划；等等。计划审计工作不是审计业务的一个孤立阶段，而是一个持续的、不断修正的过程，贯穿于整个审计业务的始终。

（三）实施风险评估程序

根据审计准则的规定，注册会计师必须实施风险评估程序，并以此作为评估财务报表层次和认定层次重大错报风险的基础。风险评估程序是必要程序，了解被审计单位及其环境将为注册会计师在许多关键环节作出职业判断提供重要基础。了解被审计单位及其环境是一个连续和动态的收集、更新与分析信息的过程，贯穿于整个审计过程。注册会计师应当运用职业判断确定了解被审计单位及其环境的必要程度。一般来说，实施风险评估程序的主要工作如下：了解被审计单位及其环境；识别和评估财务报表层次以及各类交易、账户余额、列报认定层次的重大错报风险，包括确定需要特别考虑的重大错报风险，以及仅通过实质性程序无法应对的重大错报风险；等等。

（四）实施控制测试和实质性程序

注册会计师实施风险评估程序本身并不足以为发表审计意见提供充分、适当的审计证据，注册会计师还应当实施进一步审计程序，包括实施控制测试（必要时或决定测试时）和实质性程序。因此，注册会计师对财务报表重大错报风险进行评估后，应当运用职业判断，针对评估的财务报表层次重大错报风险确定总体应对措施，并针对评估的认定层次重大错报风险设计和实施进一步审计程序，以将审计风险降至可接受的低水平。

（五）完成审计工作和编制审计报告

注册会计师在完成财务报表所有循环的进一步审计程序后，还应当按照有关审计准则的规定做好审计完成阶段的工作，根据所获取的各项审计证据，合理运用专业判断，形成适当的审计意见。

审计流程的全过程如图 1-2 所示。

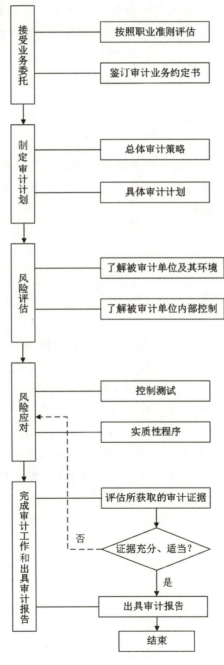

图 1-2　审计流程

> **【学习本节收获】**
> 　　注册会计师的审计目标是对被审计单位的财务报告是否不存在重大错报获取高程度的保证，那么就需要注册会计师采用审计方法鉴证被审计单位财务报告中的所有报表项目以及报表附注（即被审计单位管理层认定）与相关会计准则要求是否一致。注册会计师通过完成具体审计目标来达到审计总体目标。

一、单选题

1. 对于下列存货认定，通过向生产和销售人员询问是否存在过时或周转缓慢的存货，注册会计师认为最可能证实的是（　　）认定。
   A. 准确性、计价和分摊
   B. 权利和义务
   C. 存在
   D. 完整性

2. 关于可接受的检查风险水平与评估的认定层次重大错报风险之间的关系，下列说法中，正确的是（　　）。
   A. 在既定的审计风险水平下，两者存在反向变动关系
   B. 在既定的审计风险水平下，两者存在正向变动关系
   C. 在既定的审计风险水平下，两者之和等于100％
   D. 在既定的审计风险水平下，两者没有必然联系

3. 下列关于重大错报风险的说法中，错误的是（　　）。
   A. 重大错报风险是指如果存在某一错报，该错报单独或连同其他错报可能是重大的，注册会计师为将审计风险降至可接受的低水平而实施程序后没有发现这种错报的风险
   B. 重大错报风险包括财务报表层次和各类交易、账户余额以及列报和披露认定层次的重大错报风险
   C. 财务报表层次的重大错报风险可能影响多项认定，此类风险通常与控制环境有关，但也可能与其他因素有关
   D. 认定层次的重大错报风险可以进一步细分为固有风险和控制风险

4. 下列与重大错报风险相关的表述中，正确的是（　　）。
   A. 重大错报风险是因错误使用审计程序产生的
   B. 重大错报风险是假定不存在相关内部控制，某一认定发生重大错报的可能性

C. 重大错报风险独立于财务报表审计而存在
   D. 重大错报风险可以通过合理实施审计程序予以控制
5. 下列各项中，不属于审计项目初步业务活动的是（　　）。
   A. 针对接受或保持客户关系和业务委托的评估程序
   B. 确定项目组成员及拟利用的专家
   C. 评价遵守职业道德守则的情况
   D. 签署审计业务约定书

二、简答题

以下是注册会计师王凯作出的有关认定的判断，请逐项指出是否正确。如不正确，说明理由。

1. 被审计单位未及时对销售退回进行会计处理，这一事项与存货的存在认定直接相关。

2. 被审计单位未在财务报表附注中披露已抵押的办公楼，这一事项与列报和披露的完整性直接相关。

3. 被审计单位未按照规定对长账龄的应收账款计提坏账准备，这一事项与应收账款的存在认定直接相关。

4. 被审计单位在资产负债表日将已发货但尚未经客户签收的订单提前确认收入，这一事项与营业收入的截止认定直接相关。

5. 被审计单位将出售经营用固定资产所得确认为营业收入，这一事项与营业收入的发生认定直接相关。

第二章
注册会计师管理

知识目标

1. 了解获取注册会计师资格的途径、注册会计师的执业场所及执业范围；
2. 掌握注册会计师职业道德基本原则。

技能目标

能够在审计实务中严格贯彻执行注册会计师执业准则。

本章引例

琼民源审计案例

海南民源现代农业发展股份有限公司（以下简称"琼民源"）于1997年1月22日、2月1日先后在《证券时报》上刊登的1996年度财务会计报告和补充公告称本公司实现利润5.7亿元，资本公积增加6.57亿元。后查明：其中5.66亿元利润是通过欺骗手段虚列四笔"其他业务收入"和"营业外收入"获得的；增加的6.57亿元资本公积则是通过资产重组的形式采用非法的手段确认的。该公司当时聘用的会计班某等人按照董事长马某的指示，将上述的5.66亿元虚假收入和6.57亿元的资本公积列入1996年度公司的合并资产负债表和合并损益表等财务报告中。

不久，东窗事发，在股市中引起巨大震动。经过1997年2月28日罕见的、巨大的成交量之后，证券交易所突然宣布：琼民源于1997年3月1日起停牌。股民损失惨重。一年多之后，中国证监会和北京市第一中级人民法院公布了对琼民源一案的处罚和判决结果。其中，中国证监会的处罚决定主要是：第一，将琼民源原董事长马某等人移交司法机关追究其刑事责任，并对琼民源处以警告；第二，建议有关主管部门撤销直接为琼民源进行审计的海南中华会计师事务所，吊销其主要负责人的注册会计师执业资格证书。对海南中华会计师事务所处以警告，暂停其从事证券业务资格6个月，对该事务所在琼民源审计报告上签字的注册会计师，暂停其从事证券业务资格3年。对海南大正会计师事务所罚款30万元，暂停其从事证券相关资产评估业务资格6个月，对负有直接责任的注册会计师，暂停其从事证券业务资格3年。1998年11月，北京市第一中级人民法院对琼民源一案作出一审判决，主要是：判处原董事长马某有期徒刑3年，原会计班某有期徒刑2年、缓刑2年。

第一节　注册会计师职业

注册会计师审计人员主要是指注册会计师及从业人员。注册会计师是指通过注册会计师执业资格考试、取得注册会计师证书并在会计师事务所执业的人员，英文全称为 Certified Public Accountant，简称 CPA。那么，如何获取注册会计师资格？会计师事务所是一个怎样的组织？其业务范围是怎样的？下面将逐一介绍。

一、注册会计师资格

取得注册会计师资格必须通过注册会计师全国统一考试。目前，我国注册会计师考试分为两个阶段。第一阶段，即专业阶段，主要测试考生是否具备注册会计师执业所需的专业知识，是否掌握基本技能和职业道德规范。现设6个考试科目：会计、审计、财务成本管理、公司战略与风险管理、经济法、税法。第二阶段，即综合阶段，主要测试考生是否具备在注册会计师执业环境中运用专业知识，保持职业价值观、职业道德与职业态度，有效解决实务问题的能力，包括在国际环境下运用英语进行业务处理的能力。现设一个考试科目：职业能力综合测试。

考生在通过第一阶段的全部考试科目后，才能参加第二阶段的考试。两个阶段的考试，每年各举行一次。第一阶段的单科合格成绩5年内有效，在连续5年内取得第一阶段6个科目合格成绩的考生，可申请领取专业阶段合格证。第二阶段考试科目应在取得专业阶段合格证后5年内完成，取得第二阶段考试合格成绩的考生，可申请领取全科合格证，并可申请加入注册会计师协会，成为注册会计师协会的非执业会员。注册会计师还必须具有两年以上的会计师事务所从事审计业务的经验，并具备相应的业务能力，才能申请注册成为中国注册会计师协会执业会员。

注册会计师只有加入会计师事务所才能接受委托承办业务，那么，会计师事务所是一个怎样的组织呢？

二、会计师事务所

会计师事务所是指经国家批准、注册登记，接受委托从事鉴证业务、咨询等相关服务业务的专业中介组织。会计师事务所由注册会计师组成，是其承办法定业务的工作机构。它不是国家机关的职能部门，经济上也不依赖国家和其他任何单位。

会计师事务所实行自收自支，独立核算，依法纳税，具有法人资格，但合伙设立和特殊普通合伙设立的会计师事务所不具有法人资格。注册会计师必须加入会计师事务所才能承办业务。按规定，成立会计师事务所应报经财政部或省级财政厅（局）审查批准，并在当地工商行政管理机关办理登记，领取执照后，方能开业。注册会计师和会计师事务所的行业管理机关，在全国为财政部，在各地区为省、自治区、直辖市财政厅（局）。注册会计师职业实行行业自律，成立行业组织。全国性的注册会计师行业组织为中国注册会计师协会。

会计师事务所的组织形式主要有以下四种。

（一）独资会计师事务所

独资会计师事务所由具有注册会计师执业资格的个人独立开业，承担无限责任。该种组织形式的优点是比较灵活，适合小型企业对注册会计师服务的需求。但近些年来，由于诉讼风险的增加，这种组织形式较少被采用。

（二）普通合伙制会计师事务所

普通合伙制会计师事务所是由两位或两位以上合伙人组成的合伙组织形成的会计师事务所。合伙人以各自的财产对事务所的债务承担无限连带责任。这种组织形式的优点是，在风险共担、利益共享的驱动下，促使事务所提高执业质量，提高控制风险的能力。但是缺点在于，整个会计师事务所可能因个别合伙人的过失或舞弊行为而受到牵连，甚至是倒闭。由于其他所有制形式能够提供法律许可的法律责任保护，这种组织形式已不再流行。

（三）有限责任公司制会计师事务所

有限责任公司制会计师事务所是由注册会计师认购会计师事务所股份，并以所认购的股份为限对会计师事务所承担责任，事务所以其全部财产对事务所的债务承担责任。它的优点是，可以通过公司制形式迅速聚集一批注册会计师，组成大型会计师事务所，承办大型业务。缺点是，降低了风险责任对注册会计师执业行为的高度制约，弱化了注册会计师的个人责任。

（四）有限责任合伙制会计师事务所

有限责任合伙制会计师事务所是由一至多名合伙人共同所有，事务所以其全部资产对其债务承担有限责任，各合伙人对个人执业行为承担无限责任，合伙人之间不相互承担连带责任的组织形式。这种组织形式融合了普通合伙和有限责任公司的优点，又摒弃了它们的不足。目前，国际"四大"会计师事务所基本采用这种形式。

根据《中华人民共和国注册会计师法》的规定，我国目前只允许设立有限责任公司制会计师事务所和合伙制会计师事务所。

三、会计师事务所的业务范围

注册会计师的业务范围也是会计师事务所的业务范围。我国注册会计师的业务范围包括鉴证业务和相关服务业务。

（一）鉴证业务

鉴证业务是指注册会计师对鉴证对象信息提出结论，以增强除责任方之外的预期使用者对鉴证对象信息信任程度的业务。鉴证业务包括：历史财务信息审计业务、历史财务信息审阅业务（如中期财务报表审阅）、其他鉴证业务（如预测性财务信息审核）等。

二维码 2-1
审计业务与
审阅业务的区别

（二）相关服务业务

相关服务业务包括注册会计师对财务信息执行商定程序、代编财务信息、税务服务、管理咨询、会计服务等。

四、中国注册会计师协会

中国注册会计师协会是在财政部领导下，经政府批准成立的注册会计师的职业组织，成立于 1988 年。一方面，它对会计师事务所和注册会计师进行自我教育和自我管理；另一方面，它又是联系政府机关和会计师事务所、注册会计师的桥梁与纽带。中国注册会计师协会作为一个独立的社会团体，对外发展与外国和国际会计职业组织之间的相互交往，为我国注册会计师步入国际舞台发挥作用；对内拟定会计师事务所管理制度和注册会计师专业标准，组织注册会计师业务培训和考试等方面的工作。

中国注册会计师协会的最高权力机构是全国会员代表大会，凡重大事项，必须经会员代表大会讨论决定。协会执行机构为理事会，理事会由全国会员代表大会选举出若干名理事组成。协会的常设办事机构由秘书长、副秘书长若干人并配备必要数量的专职人员组成。

截至 2019 年 6 月 30 日，全国具有注册会计师资质的人员超过 26 万人，其中执业会员 107 483 人、非执业会员 153 891 人，全行业从业人员近 40 万人。会计师事务所 9 118 家，其中有 40 家会计师事务所具备从事证券期货业务的资格，11 家内地大型会计师事务所获准从事 H 股企业审计业务。

【学习本节收获】

只有具备了注册会计师资格的审计人员才能主导审计工作，才能在审计报告中签字，但注册会计师个人无法直接接受委托承接业务，必须以会计师事务所的名义接受业务委托。会计师事务所及注册会计师要接受中国注册会计师协会的监管。

第二节　注册会计师执业准则

注册会计师是以独立第三方的身份实施鉴证业务，因此对注册会计师的职业道德要求和会计师事务所的质量管理要求都应高于一般的职业和组织。中国注册会计师协会制定了专门的注册会计师执业准则对其进行规范与约束。中国注册会计师执业准则框架体系如图 2-1 所示。

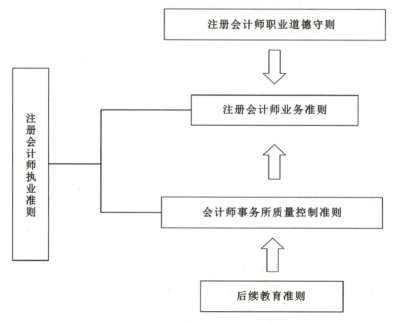

图 2-1　中国注册会计师执业准则框架体系

一、注册会计师执业准则体系

注册会计师执业准则受中国注册会计师职业道德守则的统御，包括注册会计师业务准则和会计师事务所质量控制准则两个部分。其中，注册会计师业务准则又分为鉴证业务准则和相关服务准则。

鉴证业务准则是注册会计师执行各类鉴证业务所应遵循的标准。鉴证业务准则由鉴证业务基本准则统领，按照鉴证业务提供的保证程度和鉴证对象的不同，分为审计准则、审阅准则和其他鉴证业务准则。审计准则用以规范注册会计师执行历史财务信息的审计业务，在提供审计服务时，注册会计师对所审计信息是否不存在重大错报提供合理保证，并以积极方式提出结论；审阅准则用以规范注册会计师执行历史财务信息的审阅业务，在提供审阅服务时，注册会计师对所审阅信息是否不存在重大错报提供有限保证，并以消极方式提出结论；其他鉴证业务准则用以规范注册会计师执行历史财务信息审计或审阅以外的其他鉴证业务，根据鉴证业务的性质和业务约定的要求，提供有限保证或合理保证；相关服务准则是用以规范注册会计师执行除鉴证业务以外的其他相关服务业务所应遵循的标准。

质量控制准则是会计师事务所为了保证各类业务的质量以及明确会计师事务所及其人员在保证质量中的责任应当遵循的标准。

我国注册会计师业务准则框架如图 2-2 所示。

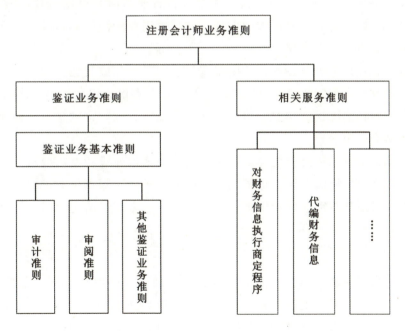

图 2-2　我国注册会计师业务准则框架

二、注册会计师职业道德

道德属于一种社会意识形态,是调整人与人之间、个人与社会之间关系的行为规范的总和,以真诚与虚伪、善与恶、正义与非正义、公正与偏私等观念来衡量和评价人们的思想和行动,通过各种形式的教育和社会舆论力量,使人们逐渐形成一定的信念习惯和传统。会计师行业需要更高的道德水准,理由有三:其一,维护公众利益是行业的宗旨,这决定了行业的会员需要超越个别客户或所在单位的利益和法律法规的最低要求,恪守更高的职业道德要求,履行好对社会公众、投资者、客户、工作单位等所肩负的职责;其二,诚信是注册会计师行业的核心价值之一,也是行业的立身之本,行业会员只有展现出较高的道德水准,才能取信于社会公众;其三,注册会计师行业是专家行业,其工作的技术复杂性决定了社会公众很难判断其执业质量,制定并贯彻严格的职业道德规范,有助于社会公众增强对行业的信心。

(一) 注册会计师职业道德基本原则

注册会计师为实现职业目标必须遵守一些与职业道德有关的基本原则,包括诚信、客观公正、独立性、专业胜任能力和勤勉尽责、保密、良好的职业行为。

1. 诚信

诚信是指诚实、守信。也就是说,一个人言行要与内心思想一致,不弄虚作假,能够履行与别人的约定而取得对方的信任。诚信原则要求注册会计师应当在所有的职业活动中保持正直、诚实可信。

注册会计师如果认为业务报告、申报资料、沟通函件或其他方面的信息存在下列问题,不得与这些有问题的信息发生关联:第一,含有虚假记载、误导性陈述;第二,含有缺乏充分根据的陈述或信息;第三,存在遗漏或含糊其词的信息,而这种遗漏或含糊其词可能会产生误导。

诚实守信是中华民族的传统美德,是现代公民道德建设的基本要求,也是社会主义核心价值观在公民层面倡导的重要内容之一。注册会计师在执业过程中遵守诚信原则,是社会主义道德在审计领域发挥作用的体现。总之,诚信是注册会计师审计职业道德建设的核心和精髓。

2. 客观公正

客观是指按照事物的本来面目去考察,不添加个人的偏见。公正是指公平正直,不偏袒任何一方。客观公正原则要求注册会计师应当公正处事、实事求是,不得由于偏见、利益冲突或他人的不当影响而损害自己的职业判断。如果存在对职业判断产生不当影响的情形,注册会计师不得从事与之相关的职业活动。

注册会计师作为企业财务信息质量的把关者,在财务报表审计中坚守客观公正原则,同样也是为建设自由、平等、公正、法治的社会添砖加瓦。

3. 独立性

独立性是指不受外来力量控制、支配，按照一定之规行事。独立性原则通常是对注册会计师而不是非职业会员提出的要求。在执行鉴证业务时，注册会计师必须保持独立性。在市场经济条件下，投资者主要依赖财务报表判断投资的风险和收益，在各种投资机会中作出选择。如果注册会计师不能保持对于客户的独立性，而是与客户存在除审计业务之外的经济利益关联，或屈从于外界压力，就很难取信于社会公众。注册会计师的独立性包括两个方面：实质上的独立和形式上的独立。注册会计师执行审计、审阅业务和其他鉴证业务时，应当在实质上和形式上保持独立性，不得因任何关系影响其客观公正地执行业务。

会计师事务所在承接审计、审阅业务和其他鉴证业务时，应当从会计师事务所整体层面和具体业务层面采取措施，以保证会计师事务所和项目团队的独立性。

4. 专业胜任能力和勤勉尽责

专业胜任能力要求注册会计师通过教育、培训和职业实践获取和保持专业性的能力。会员应当持续了解并掌握当前法律技术和实务的发展变化，将专业知识和技能始终保持在应有的水平，确保为客户提供具有专业水准的服务。

专业胜任能力的培养可以分为两个阶段，一是专业胜任能力的获取，二是专业胜任能力的保持。注册会计师应当持续了解和掌握相关的专业技术和业务的发展，以保持专业胜任能力，使自身能够胜任特定业务环境中的工作。在应用专业知识和技能时，注册会计师应当合理运用职业判断。

勤勉尽责要求注册会计师遵守法律法规和相关职业准则的要求并保持应有的职业怀疑，认真、全面、及时地完成工作任务。同时，注册会计师应当采取适当措施以确保在其授权下从事专业服务的人员得到应有的培训和督导。在适当时，注册会计师应当使客户、工作单位和专业服务的其他使用者了解专业服务的固有局限。

5. 保密

保密原则要求注册会计师应当对职业活动中获知的涉密信息保密。注册会计师从事职业活动必须建立在为客户、工作单位等利益相关主体涉密信息保密的基础上。遵循保密原则可以促进信息在会员与客户、会员与工作单位之间的自由传输。如果注册会计师遵循保密原则，信息提供者通常可以放心地向注册会计师提供其从事职业活动所需的信息，而不必担心该信息被其他方获知，这样，有利于注册会计师更好地维护公众利益。

6. 良好的职业行为

注册会计师应当遵守相关法律法规，避免发生任何可能损害其职业声誉的行为。如果某些法律法规的规定与职业道德守则的相关条款不一致，注册会计师应当注意到这些差异。除非法律法规禁止，注册会计师应当按照较为严格的规定执行。

注册会计师在向公众传递信息以及推荐自己和工作时，应当客观、真实、得体，不得损害自身和所在单位的职业形象，不得贬低或无根据地比较他人的工作，也不得夸大宣传提供的服务、拥有的资源或获得的经验。

道德与文化密不可分，中国注册会计师职业道德要想具有持久的生命力，必须深深扎根于中华优秀传统文化。社会主义核心价值观的培育和践行过程，对于注册会计师审计行业来说，就是良好审计环境的营造过程。只有真正坚持社会主义核心价值观的引领，注册会计师职业群体才能够形成价值共识，将注册会计师审计职业道德建设与国家富强和民族振兴的使命相结合，不断汇聚起奋斗新时代的正能量，为建设富强、民主、文明、和谐、美丽的社会主义现代化国家而努力奋斗。

2022年10月16日至10月22日，中国共产党第二十次全国代表大会在北京隆重召开。这次大会高举中国特色社会主义伟大旗帜，全面贯彻习近平新时代中国特色社会主义思想，擘画了全面建设社会主义现代化国家、以中国式现代化全面推进中华民族伟大复兴的宏伟蓝图，明确了新时代新征程党和国家事业发展的目标任务。注册会计师职业群体应该认真学习贯彻党的二十大精神，深刻把握新时代新征程审计工作战略定位和前进方向，依法忠实履行审计监督职责，努力发挥民间审计在社会监督体系中的重要作用，为实现中华民族伟大复兴的中国梦贡献力量。

（二）可能对注册会计师职业道德基本原则产生不利影响的因素

注册会计师职业道德基本原则的遵循可能受到多种因素的不利影响，可以归纳为五类，见表2-1。

表2-1 对遵循注册会计师职业道德基本原则的不利影响因素及示例

不利影响的因素	可能产生不利影响的具体情形示例
自身利益	（1）鉴证业务项目组成员在鉴证客户中拥有直接利益； （2）会计师事务所的收入过分依赖某一客户； （3）鉴证业务项目组成员与客户存在重要且密切的商业关系； （4）会计师事务所担心可能失去某一重要客户； （5）鉴证业务项目组成员正在与鉴证客户协商受雇于该客户； （6）会计师事务所与客户就鉴证业务达成或有收费的协议； （7）注册会计师在评价所在会计师事务所以往提供的专业服务时，发现了重大错误。
自我评价	（1）会计师事务所在对客户提供财务系统的设计或操作服务后，又对系统的运行有效性出具鉴证报告； （2）会计师事务所为客户编制原始数据，这些数据构成鉴证业务的对象； （3）鉴证业务项目组成员担任或最近曾经担任客户的董事或高级管理人员； （4）鉴证业务项目组成员目前或最近曾受雇于客户，并且所处职位能够对鉴证对象施加重大影响； （5）会计师事务所为鉴证客户提供直接影响鉴证对象信息的其他服务。

续表

不利影响的因素	可能产生不利影响的具体情形示例
过度推介	（1）会计师事务所推介审计客户的股份； （2）在审计客户与第三方发生诉讼或纠纷时，注册会计师担任客户的辩护人。
密切关系	（1）项目组成员的近亲属担任客户的董事、高级管理人员或能够对业务、财务报表施加重大影响； （2）客户的董事、高级管理人员或能够对业务、财务报表施加重大影响的员工，最近曾担任会计师事务所的项目合伙人； （3）注册会计师接受客户的礼品或款待； （4）会计师事务所的合伙人或高级员工与鉴证客户存在长期业务关系。
外在压力	（1）会计师事务所受到客户解除业务关系的威胁； （2）审计客户表示，如果会计师事务所不同意某项交易的会计处理，则不再委托其承办拟议中的非鉴证业务； （3）客户威胁将起诉会计师事务所； （4）会计师事务所受到降低收费的影响而不恰当地缩小工作范围； （5）由于客户员工对所讨论的事项更具有专长，注册会计师面临服从其判断的压力； （6）会计师事务所合伙人告知注册会计师，除非同意审计客户不恰当的会计处理，否则将影响晋升。

二维码 2-2
对独立性产生
不利影响的
案例及防范措施

二维码 2-3
对职业道德产生
不利影响的
案例及防范措施

三、会计师事务所质量管理准则

执业质量是会计师事务所的生命线，是注册会计师行业维护公众利益的专业基础和诚信义务。质量控制是会计师事务所为了确保执业质量符合注册会计师业务准则的要求而对审计等各项业务活动或行为进行有计划的监督、综合与协调的一种活动或行为。

质量控制对于会计师事务所和注册会计师而言都是至关重要的。首先，质量控制是保证业务准则得到遵守和落实的重要手段；其次，质量控制是会计师事务所管理活动的重要组成部分，也是会计师事务所内部控制的核心；最后，质量控制是会计师事务所生存和发展的基本条件，是整个注册会计师职业赢得社会信任的重要措施。也就是说，质量控制的好坏不仅关系着会计师事务所的存亡，还影响整个注册会计师职业的存亡。会计师事务所应当按照《会计师事务所质量控制准则第5101号——业务质量控制》的要求，建立健全本所的业务质量控制制度。会计师事务所质量管理体系框架如图2-3所示。

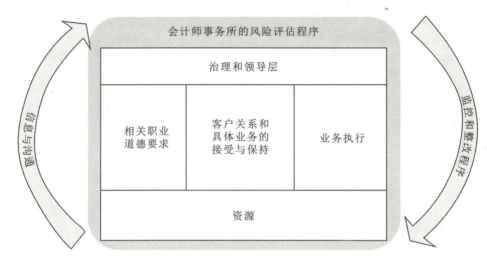

图2-3 会计师事务所质量管理体系框架

会计师事务所的质量控制制度应当包括针对下列八个要素而制定的政策和程序：风险评估程序、治理和领导层、相关职业道德要求、客户关系和具体业务的接受与保持、资源、业务执行、信息与沟通、监控和整改程序。这八个要素应当有效衔接、互相支撑、协同运行，以保障会计师事务所能够积极有效地实施质量管理。

（一）风险评估程序

按照风险导向的思路，会计师事务所应当设计和实施风险评估程序，以设定质量目标、识别和评估质量风险，并设计和采取应对措施。

（二）治理和领导层

会计师事务所的治理和领导层在全所范围内营造一种"质量至上"的文化氛围，能够为会计师事务所质量管理设定良好的"高层基调"，从而对质量管理体系的设计、实施和运行产生广泛和积极的影响。因此，治理和领导层应当为质量管理体系的设计、实施和运行提供良好的支持性环境。

（三）相关职业道德要求

对任何行业来说，职业道德与质量密切相关，注册会计师行业尤其如此。注册会计师行业的宗旨是维护公众利益，围绕这一宗旨，注册会计师必须不断提高自身的职业道德水平。会计师事务所也必须制定相关政策和程序，对本所执业人员的职业道德水平给予充分关注并积极加强管理。

（四）客户关系和具体业务的接受与保持

会计师事务所的执业质量在很大程度上受客户质量的影响。例如，如果客户的管理层和治理层缺乏诚信，不配合注册会计师执行业务，甚至蓄意实施舞弊，注册会计师将面临很高的执业风险，其执业质量难以获得保障。

会计师事务所在作出是否承接与保持某项客户关系和具体业务的决策时，应当"知己知彼"。所谓"知彼"，是指这种决策应当建立在对客户及其管理层和治理层充分了解的基础之上；所谓"知己"，是指应当充分了解本所自己的专业胜任能力，包括遵守法律法规和相关职业道德要求的情况。基于"质量至上"的原则，会计师事务所在作出相关决策时，应当优先考虑质量方面的因素，而非商业利益。

（五）资源

会计师事务所的资源包括货币资金、办公设备等各种有形资产，也包括人力资源、技术资源和知识资源。其中，人力资源如会计师事务所的合伙人和员工，包括执业人员和质量管理人员；技术资源如信息技术基础设施、信息技术应用程序等；知识资源如书面的政策和程序、业务方法论或指引等。从某种意义上说，人力资源、技术资源和知识资源与会计师事务所的整体执业质量具有更高的相关性。

（六）业务执行

会计师事务所整体的执业质量是由每个项目组实际执行业务的质量决定的，每个项目组的质量都会直接影响会计师事务所整体的执业质量。因此，会计师事务所有必要在项目层面实施质量管理，例如项目组内部复核以及项目组外部的质量控制复核。

（七）信息与沟通

会计师事务所质量管理体系能够流畅、有效地运行，有赖于会计师事务所与项目组之间以及各项目组之间有效的双向沟通，传递相关、可靠的信息。在某些情况下，会计师事务所也可能有必要与外部各方进行沟通，以支持质量管理体系的设计、实施和运行。

（八）监控和整改程序

会计师事务所通过实施监控和整改程序，能够对质量管理体系的运行情况进行定期和持续监控。如果会计师事务所发现质量管理体系存在缺陷，应当评价该缺陷的严重程度和广泛性，并考虑设计和采取恰当的整改措施。

【学习本节收获】

独立是审计的灵魂。注册会计师除了要具备过硬的专业技能外，更需要在社会主义核心价值观引领下，拥有高水平的职业素养与道德标准，严格遵守职业道德。

简答题

上市公司甲公司系 ABC 会计师事务所的常年审计客户，从事房地产开发业务。XYZ 公司是 ABC 会计师事务所的网络事务所。在对甲公司 2021 年度财务报表执行审计的过程中，发现存在下列事项：

（1）2021 年 10 月，甲公司收购了乙公司 25% 的股权，乙公司成为甲公司的重要联营公司。审计项目组经理 A 注册会计师在收购生效日前一周得知其妻子持有乙公司发行的价值 1 万元的企业债券，承诺将在收购生效日后一个月内出售该债券。

（2）2021 年 12 月，审计项目组成员 B 注册会计师通过银行按揭，按照市场价格 500 万元购买了甲公司出售的公寓房一套。

（3）甲公司聘请 ABC 会计师事务所为其提供税务服务，服务内容为协助整理税务相关资料。ABC 会计师事务所委派审计项目组以外的人员提供该服务，不承担管理层职责。

（4）甲公司拟进军新的产业，聘请 XYZ 公司作为财务顾问，为其寻找、识别收购对象。双方约定服务费为 10 万元，该项收费对 ABC 会计师事务所不重大。

（5）甲公司内审部负责对所有子公司的内部控制进行评价。由于缺乏人手，甲公司聘请 XYZ 公司对其中 3 家子公司与财务报告相关的内部控制实施测试，并将结果汇报给甲公司内审部。该 3 家子公司对甲公司不重大。

（6）甲公司的子公司丁公司从事咨询业务。2021 年 2 月，丁公司与 XYZ 公司合资成立了一家咨询公司。

要求：针对上述第（1）至（6）项（见表 2-2），逐项指出是否可能存在违反中国注册会计师职业道德守则有关独立性规定的情况，并简要说明理由。

表 2-2 审计事项判断及其理由

事项序号	是否可能违反（是/否）	理由
（1）		
（2）		

续表

事项序号	是否可能违反(是/否)	理由
(3)		
(4)		
(5)		
(6)		

第三章 审 计 计 划

知识目标

1. 了解审计初步业务活动及审计业务约定书；
2. 理解总体审计策略与具体审计计划的关系；
3. 理解重要性及重要性水平的概念及二者的关系；
4. 理解错报的概念及类型；
5. 掌握重要性水平的制定。

技能目标

能运用审计计划的相关理论编制被审计单位的总体审计策略与具体审计计划。

本章引例

美国联区金融集团审计案

美国联区金融集团是一家从事金融服务的企业，公司有可公开交易的债券上市，美国证券交易委员会要求它定期提供财务报表。经过7年的发展，联区金融集团租赁公司的雇员已超过4万名，在全国各地设有10个分支机构，未收回的应收租赁款接近4亿美元，占合并总资产的35%。

1981年底，联区金融集团租赁公司进攻型市场策略的弊端开始显现出来，债务拖欠率日渐升高，该公司不得不采用多种非法手段来掩饰其财务状况已经恶化的事实。美国证券交易委员会指控联区金融集团租赁公司没有对应收租赁款计提充足的坏账准备金。1981年，坏账准备金计提为2%。事实上，截至1982年9月，该公司应收账款中拖欠期超过90天的金额已高达20%以上。对坏账准备金缺乏应有的控制所引起的一个直接后果是：财务报表中该账户的金额被严重低估。

美国证券交易委员会对塔奇·罗丝会计师事务所在联区金融集团租赁公司1981年度审计中的表现极为不满。联邦机构指责该年度的审计"没有进行充分的计划和监督"。美国证券交易委员会宣称，事务所在编制联区金融集团租赁公司1981年度的审计计划及设计审计程序时，没有充分考虑到存在于该公司的大量审计风险因素。

事实上，美国证券交易委员会发现，1981年度的审计计划"大部分是以前年度审计计划的延续"。该审计计划缺陷如下：

第一，塔奇·罗丝会计师事务所没有对超期应收租赁款账户的内部会计控制加以测试。由于审计计划没有测试公司的会计制度是否能准确地确定应收租赁款的超期时间，审计人员无法判断从客户那里获取的账龄汇总表是否准确。

第二，塔奇·罗丝会计师事务所的审计计划只要求测试一小部分（8%）未收回的应收租赁款。由于把大部分注意力集中在金额超过5万美元、拖欠期达120天的应收租赁款上，塔奇·罗丝会计师事务所忽略了相当部分无法收回的应收租赁款。

第三，尽管审计计划要求对客户坏账核销政策进行复核，但并没有要求外勤审计人员去确定该政策是否被实际执行。据美国证券交易委员会称，某些无法收回的应收租赁款挂账多达几年。

第四，塔奇·罗丝会计师事务所无视该公司审计的复杂性以及非同寻常的高风险性。该公司的会计主管后来作证说，塔奇·罗丝会计师事务所分派了一些对租赁行业少有涉猎或缺乏经验甚至一无所知的审计人员来执行审计。

最后，美国证券交易委员会决定对该事务所进行惩罚。

思考：
本案例中，注册会计师在审计计划工作中存在哪些问题和不足？你认为应如何予以改进？

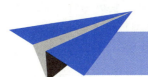

第一节 初步业务活动

 一、初步业务活动的目的与内容

会计师事务所在接到审计业务邀约后，注册会计师应当开展初步业务活动以实现以下三个目的：

（1）具备执行业务所需的独立性与能力；

（2）不存在因管理层诚信问题而可能影响注册会计师完成该业务；

（3）与被审计单位之间不存在对业务约定条款的误解。

注册会计师控制审计风险的重要环节之一便是首先针对保持客户关系和具体审计业务实施质量管理程序。评价遵守相关职业道德要求的情况也是一项非常重要的初步业务活动。质量管理准则含有包括独立性在内的有关职业道德要求，注册会计师应该按照其规定执行，虽然保持客户关系及其具体审计业务和评价职业道德的工作贯穿审计业务的全过程，但是这两项活动需要安排在其他审计工作之前，以确保注册会计师已具备执行业务所需要的独立性和专业胜任能力，且不存在因管理层问题而影响注册会计师保持该项业务的意愿等情况。在连续审计的业务中，这些初步业务活动通常是在上期审计工作结束后不久或将要结束时就已经开始了。

在作出接受或保持客户关系及具体审计业务的决策后，注册会计师应当按照相关的规定，在审计业务开始前与被审计单位就审计业务约定条款达成一致意见，签订或修改审计业务约定书，以避免双方对审计业务的理解产生分歧。

 ## 二、审计业务约定书

审计业务约定书是指会计师事务所与被审计单位签订的，用以记录和确认审计业务的委托与受托关系、审计目标和范围、双方的责任以及报告的格式等事项的书面协议。会计师事务所承接的任何审计业务都应与被审计单位签订审计业务约定书。审计业务约定书的具体内容和格式可能因被审计单位的不同而不同，但应当包括以下主要内容：

（1）财务报表审计的目标与范围；

（2）注册会计师的责任；

（3）管理层的责任；

（4）指出用于编制财务报表所适用的财务报告编制基础；

（5）提及注册会计师拟出具的审计报告的预期形式和内容，以及对在特定情况下出具的审计报告可能不同于预期形式和内容的说明。

在完成审计业务前，如果被审计单位或委托人要求将审计业务变更为保证程度更低的业务，注册会计师应当确定是否存在合理理由予以变更。合理理由主要是指：

（1）环境变化对审计服务的需求产生影响；

（2）对原来要求的审计业务性质存在误解。

但如果有迹象表明该变更要求与错误的、不完整的或者不能令人满意的信息有关，注册会计师不应认为该变更是合理的。因此，注册会计师不应同意变更业务。如果注册会计师与被审计单位僵持不下，注册会计师在法律法规规定允许的情况下，可以解除审计业务约定，或者根据情况确定是否有约定义务或其他义务向被审计单位的治理层、所有者或监管机构等报告该事项。

注册会计师同意将审计业务变更为审阅业务或相关服务业务前，还需要评估变更业务对法律责任或业务约定的影响。在将审计业务变更为审阅业务或相关服务时，为了避免引起报告使用者的误解，注册会计师不得在对相关服务业务出具的报告中提及原审计业务中已执行的程序。只有将审计业务变更为执行商定程序业务，注册会计师才可以在报告中提及已执行的业务。

【学习本节收获】
　　注册会计师在接受委托正式开展审计工作之前应当实施初步业务活动，其实质是：打量对方，打量自身，达成一致。

第二节　审计计划

凡事预则立，不预则废。审计工作也不例外。注册会计师在接受委托后应当就接下来项目组开展的审计工作制定审计计划。审计计划分为总体审计策略和具体审计计划两个层次。虽然制定总体审计策略的过程通常在具体审计计划之前，但是两项计划具有内在的紧密联系。

一、总体审计策略

注册会计师应当为审计工作制定总体策略。总体审计策略用以确定审计范围、时间安排和方向，并指导具体审计计划的制定。在制定总体审计策略时，应当考虑以下主要事项。

（一）审计范围

在确定审计范围时，注册会计师需要考虑下列具体事项：

（1）被审计单位编制财务报表所依据的财务报告基础（如企业会计准则、小企业会计准则等）；

（2）特定行业的报告要求，如某些行业监管机构要求提交的报告；

（3）预期的审计工作涵盖范围，包括所审计的集团内各组成部分的数量及所在地点；

（4）内部审计工作的可获得性及注册会计师对内部审计工作的拟依赖程度；

（5）需要阅读的含有已审计财务报表的文件中的其他信息；

（6）信息技术对审计程序的影响，包括数据的可获得性和对使用计算机辅助审计技术的预期。

（二）报告目标、时间安排及所需沟通的性质

总体审计策略的制定应当包括明确审计业务的报告目标、时间安排和所需沟通的性质，包括提交审计报告的时间要求、预期与管理层和治理层沟通的重要日期等。为确定报告目标、时间安排和所需沟通的性质，需要考虑下列事项：

（1）被审计单位对外报告的时间表；

（2）与管理层和治理层举行会谈，讨论审计工作的性质、范围和时间安排；

（3）与管理层和治理层讨论注册会计师拟出具的报告的类型和时间安排以及沟通的其他事项（口头或书面沟通），包括审计报告、管理建议书和向治理层通报的其他事项；

（4）与管理层讨论预期就整个审计业务中审计工作的进展进行的沟通；

（5）与组成部分注册会计师沟通拟出具的报告的类型和时间安排，以及与组成部分审计相关的其他事项；

（6）项目组成员之间沟通的预期性质和时间安排，包括项目组会议的性质和时间安排，以及复核已执行工作的时间安排；

（7）预期是否需要和第三方进行其他沟通，包括与审计相关的法律法规规定和业务约定书约定的报告责任。

（三）审计方向

总体审计策略的制定应当包括考虑影响审计业务的重要因素，以确定项目组工作方向，包括确定适当的重要性水平，初步识别可能存在较高的重大错报风险的领域，初步识别重要的组成部分和账户余额，评价是否需要针对内部控制的有效性获取审计证据，识别被审计单位、所处行业、财务报告要求及其他相关方面最近发生的重大变化等。

（四）审计资源

注册会计师应当在总体审计策略中清楚地说明审计资源的规划和调配，包括确定执行审计业务所必需的审计资源的性质、时间安排和范围，向具体审计领域调配的资源，向具体审计领域分配资源的多少，何时调配这些资源，如何管理、指导、监督这些资源的利用等。

二、具体审计计划

具体审计计划比总体审计策略更加详细，其内容包括为获取充分、适当的审计证据以将审计风险降至可接受的低水平，项目组成员拟实施的审计程序的性质、时间安

排和范围。可以说，为获取充分、适当的审计证据，确定审计程序的性质、时间安排和范围的决策是具体审计计划的核心。具体审计计划应当包括风险评估程序、计划实施的进一步审计程序和其他审计程序。

（一）风险评估程序

具体审计计划应当包括按照《中国注册会计师审计准则第1211号——通过了解被审计单位及其环境识别和评估重大错报风险》的规定，为了足够识别和评估财务报表重大错报风险，注册会计师计划实施的风险评估程序的性质、时间安排和范围。

（二）计划实施的进一步审计程序

具体审计计划应当包括按照《中国注册会计师审计准则第1231号——针对评估的重大错报风险采取的应对措施》的规定，针对评估的认定层次的重大错报风险，注册会计师计划实施的进一步审计程序的性质、时间安排和范围。进一步审计程序包括控制测试和实质性程序。

需要强调的是，随着审计工作的推进，对审计程序的计划会一步步深入，并贯穿于整个审计过程。例如，风险评估程序通常在审计开始阶段进行，进一步审计程序则需要根据风险评估程序的结果进行。因此，为达到制定具体审计计划的要求，注册会计师需要完成风险评估程序，识别和评估重大错报风险，并针对评估的认定层次的重大错报风险，明确进一步审计程序的性质、时间安排和范围。

另外，完整、详细的进一步审计程序的计划包括对各类交易、账户余额和披露实施的具体审计程序的性质、时间安排和范围，包括抽取的样本量等。在实务中，注册会计师可以统筹安排进一步审计程序的先后顺序。如果对某类交易、账户余额或披露已经作出计划，则可以安排先行开展工作。与此同时，再制定其他交易、账户余额和披露的进一步审计程序。

（三）其他审计程序

计划的其他审计程序可以包括上述进一步审计程序的计划中没有涵盖的、根据其他审计准则的要求注册会计师应当执行的既定程序。

在审计计划阶段，除了按照《中国注册会计师审计准则第1211号——通过了解被审计单位及其环境识别和评估重大错报风险》进行计划工作，注册会计师还需要兼顾其他准则中规定的、针对特定项目在审计计划阶段应执行的程序及记录要求。例如，《中国注册会计师审计准则第1141号——财务报表审计中与舞弊相关的责任》《中国注册会计师审计准则第1324号——持续经营》《中国注册会计师审计准则第1142号——财务报表审计中对法律法规的考虑》以及《中国注册会计师审计准则第1323号——关联方》等准则中对注册会计师针对这些特定项目在审计计划阶段应当执行的程序及其记录作出了规定。

三、总体审计策略与具体审计计划的关系

具体审计计划是依据总体审计策略制定的，是对实施总体审计策略所需要的审计程序的性质、时间安排和范围所作的详细规划与说明。虽然编制总体审计策略的过程通常在具体审计计划之前，但是两项计划活动并不是孤立的、不连续的过程，而是内在紧密联系着的，对其中一项的决定可能会影响甚至改变对另外一项的决定。例如，注册会计师在了解被审计单位及其环境的过程中，注意到被审计单位对主要业务的处理依赖复杂的自动化信息系统，因此计算机信息系统的可靠性及有效性对其经营、管理、决策及编制可靠的财务报告具有重大影响。对此，注册会计师可能会在具体审计计划中制定相应的审计程序，并相应调整总体审计策略的内容，作出利于信息技术专家的工作的决定。

计划审计工作并非审计业务的一个孤立阶段，而是一个持续的、不断修正的过程，贯穿整个审计业务的始终。由于未预期事项、条件的变化或在实施审计程序中获取的审计证据等因素的影响，注册会计师应当在审计过程中对总体审计策略和具体审计计划作出必要的更新和修改。

审计过程可以分为不同阶段，通常，前一阶段的工作结果会对后面阶段的工作计划产生影响，而后面阶段的工作过程中又可能发现需要对已制定的相关计划进行相应的更新和修改。如果注册会计师在审计过程中对总体审计策略或具体审计计划作出重大修改，应当在审计工作底稿中记录作出的重大修改及其理由。

【学习本节收获】

本节的思维导图见图 3-1。

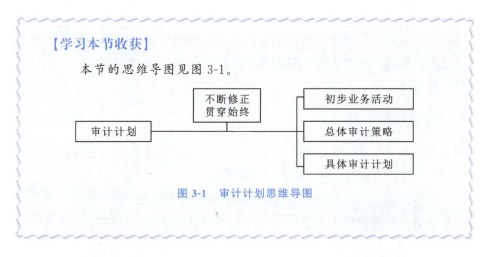

图 3-1 审计计划思维导图

二维码 3-1
某会计师事务所总体审计策略格式

二维码 3-2
某会计师事务所具体审计计划格式

第三节 重要性及错报

在整个审计过程中有两个非常重要的概念：重要性和错报。注册会计师在审计计划中应当制定审计财务报表的重要性水平，而重要性概念又与错报概念息息相关，因此，本节重点探讨这两个概念。

 一、重要性概念的理解

审计重要性是审计学的一个基本概念。在计划审计工作、执行审计工作、评价错报确定审计意见类型时，注册会计师都要运用重要性概念。

根据《中国注册会计师审计准则第1221号——计划和执行审计工作时的重要性》，重要性取决于在具体环境下对错报金额和性质的判断。财务报告编制基础通常从编制和列报财务报表的方面定义重要性概念。通常而言，重要性概念可从下列几个方面理解：

第一，如果合理预期错报（包括漏报）单独或加总起来可能影响财务报表使用者依据财务报表作出的经济决策，则通常认为错报是重大的。

第二，对重要性的判断是根据具体环境作出的，并受错报的金额或性质的影响，或受两者共同作用的影响。首先，不同的审计对象面临不同的环境。在不同的环境下，被审计单位的规模、性质、使用者对信息的需求都不尽相同，因此，注册会计师确定的重要性也不相同。从被审计单位的规模来看，某一金额的错报对一个规模较小的被审计单位的财务报表来说可能重要，而对另一个规模较大的被审计单位的财务报表来说可能就是不重要的。其次，出于金额与性质的考虑。金额无疑是判断重要性的一个重要因素。同样类型的错报或漏报，金额大的错报比金额小的错报更重要。在有些情况下，某些金额的错报从数量上看并不重要，但从性质上考虑，则可能是重要的。从性质上考虑错报的重要性要注意以下几点：

（1）错报是属于错误还是舞弊，如果属于舞弊，则性质相对严重；

（2）错报是否会引起履行合同义务，如果错报致使履行了合同义务，则相对重要；

（3）错报是否会影响收益趋势，如果改变了收益的趋势，则相对重要。

第三，判断某事项对财务报表使用者是否重大，是在考虑财务报表使用者整体共同的财务信息需求的基础上作出的。由于不同财务报表使用者对财务信息的需求可能差异很大，因此不考虑错报对个别财务报表使用者可能产生的影响。

总之，在审计开始时，就必须对重大错报的规模和性质作出一个判断，包括确定财务报表整体的重要性水平和特定交易类别、账户余额和披露的重要性水平。当错报金额高于整体重要性水平时，就很可能被合理预期将对使用者根据财务报表作出的经济决策产生影响。注册会计师使用整体重要性水平（将财务报表作为整体）的目的有：决定风险评估程序的性质、时间安排和范围；识别和评估重大错报风险；确定进一步审计程序的性质、时间安排和范围。

在整个业务过程中，随着审计工作的进展，注册会计师应当根据所获得的新信息更新重要性。在形成审计结论阶段，要使用整体重要性水平和为特定交易类别、账户余额和披露而确定的较低金额的重要性水平来评价已识别的错报对财务报表的影响和对审计报告中审计意见的影响。

二、重要性水平的确定

（一）财务报表整体的重要性

由于财务报表审计的目标是注册会计师通过执行审计工作对财务报表发表审计意见，因此，注册会计师应当考虑财务报表层次的重要性。只有这样才能得出财务报表是否实现公允反映的结论。注册会计师在制定总体审计策略时，应当确定财务报表整体的重要性。

确定重要性需要运用职业判断。通常先选定一基准，再乘以某一百分比作为财务报表整体的重要性。

1. 确定适当的基准

在选择基准时，需要考虑的因素包括：

（1）财务报表要素（如资产、负债、所有者权益、收入和费用）；

（2）是否存在特定会计主体的财务报表使用者特别关注的项目（如为了评价财务业绩，使用者可能更关注利润、收入或净资产）；

（3）被审计单位的性质、所处的生命周期阶段以及所处行业和经济环境；

（4）被审计单位的所有权结构和融资方式（例如，如果被审计单位仅通过债务而非权益进行融资，财务报表使用者可能更关注资产及资产的索偿权，而非被审计单位的收益）；

（5）基准的相对波动性。

适当的基准取决于被审计单位的具体情况，包括各类报表收益（如税前利润、营业收入、毛利和费用总额），以及所有者权益或净资产。对于以营利为目的的实体，通常以经常性业务的税前利润作为基准。如果经常性业务的税前利润不稳定，选用其他基准可能更加合适，如毛利或营业收入。就选定的基准而言，相关的财务数据通常包括前期财务成果和财务状况、本期最新的财务成果和财务状况、本期的预算和预测结果。当然，本期最新的财务成果和财务状况、本期的预算和预测结果需要根据被审计单位情况的重大变化（如重大的企业并购）和被审计单位所处行业和经济环境情况的相关变化等作出调整。例如，当按照经常性业务的税前利润的一定百分比确定被审计单位财务报表整体的重要性时，如果被审计单位本年度税前利润因情况变化出现意外增加或减少，注册会计师可能认为按照近几年经常性业务的平均税前利润确定财务报表整体的重要性水平更为合适。表 3-1 举例说明了一些在审计实务中较为常用的基准。

表 3-1 审计实务中常用的基准

被审计单位的情况	可能选择的基准
1. 企业的盈利水平保持稳定	经常性业务的税前利润
2. 企业近年来经营状况大幅度波动，盈利和亏损交替发生，或者由正常盈利变为微利或微亏，或者本年度税前利润情况因变化而出现意外增加或减少	过去 3~5 年经常业务的平均税前利润或亏损（取绝对值），或其他基准，例如营业收入
3. 企业为新设企业，处于开办期，尚未开始经营，目前正在建造厂房及购买机器设备	总资产
4. 企业处于新兴行业，目前侧重于抢占市场份额、扩大企业知名度和影响力	营业收入
5. 开放式基金，致力于优化投资组合、提高基金净值、为基金持有人创造投资价值	净资产
6. 国际企业集团设立的研发中心，主要为集团下属各企业提供研发服务，并以成本加成的方式向相关企业收取费用	成本与营业费用总额
7. 公益性的基金会	捐赠收入与捐赠支出总额

注册会计师为被审计单位选择的基准在各年度中通常会保持稳定，但是并非必须保持一贯不变，可以根据经济形势、行业状况和被审计单位具体情况的变化对采用的基准作出调整。例如，对于处在新设立阶段的被审计单位可能采用总资产作为基准，对于处在成长期的被审计单位可能采用营业收入作为基准，对于进入经营成熟期的被审计单位可能采用经常性业务的税前利润作为基准。

2. 确定合理的百分比

百分比和选定的基准之间存在一定的联系，如经常性业务的税前利润对应的百分比通常比营业收入对应的百分比要高。例如，对以营利为目的的制造业企业，注册会计师可能认为经常性业务税前利润的 5% 是适当的；对非营利组织，注册会计师可能认为收入总额或费用总额的 1% 是适当的。百分比无论是高一些还是低一些，只要符合具体情况都是适当的。

在确定百分比时，除了考虑被审计单位是否为上市公司或公众利益实体外，其他因素也会影响注册会计师对百分比的选择，这些因素包括但不限于：

（1）财务报表是否分发给广大范围的使用者；

（2）被审计单位是否由集团内部关联方提供融资或是否有大额对外融资（如债券或银行贷款）；

（3）财务报表使用者是否对基准数据特别敏感（如特殊目的财务报表的使用者）。

需要注意的是，如果同期各张财务报表的重要性水平不同，则应该选取其中最低者作为财务报表整体层次的重要性。注册会计师在确定重要性水平时，不需考虑与具体项目计量相关的固有不确定性。例如，财务报表含有高度不确定性的大额估计，注册会计师并不会因此而确定一个比不含有该估计的财务报表更高或更低的财务报表整体重要性。

另外，注册会计师应当在审计工作底稿中充分记录在选定基准和百分比时所考虑的因素，作为支持其作出的职业判断的依据。

（二）特定类别交易、账户余额或披露的重要性水平

根据被审计单位的特定情况，下列因素可能表明存在一个或多个特定类别的交易、账户余额或披露，其发生的错报金额虽然低于财务报表整体的重要性，但合理预期将影响财务报表使用者依据财务报表作出的经济决策：

（1）法律法规或适用的财务报告编制基础是否影响财务报表使用者对特定项目（如关联方交易、管理层和治理层的薪酬）计量或披露的预期；

（2）与被审计单位所处行业相关的关键性披露（如制药企业的研究与开发成本）；

（3）财务报表使用者是否特别关注财务报表中单独披露的业务的特定方面（如新收购的业务）。

在根据被审计单位的特定情况考虑是否存在上述交易、账户余额或披露时，了解治理层和管理层的看法和预期通常是有用的。

（三）实际执行的重要性

实际执行的重要性是指注册会计师确定的低于财务报表整体的重要性的一个或多个金额，旨在将未更正和未发现错报的汇总数超过财务报表整体的重要性的可能性降至适当的低水平。如果适用，实际执行的重要性还指注册会计师确定的低于特定类别的交易、账户余额或披露的重要性水平的一个或多个金额。

仅为发现单项重大的错报而计划审计工作将忽视这样一个事实，即单项非重大错报的汇总数可能导致财务报表出现重大错报，更不用说还没有考虑可能存在的未发现错报。确定财务报表整体的实际执行的重要性（根据定义可能是一个或多个金额），旨在将财务报表中未更正和未发现错报的汇总数超过财务报表整体的重要性的可能性降至适当的低水平。确定和特定类别的交易、账户余额或披露的重要性水平相关的实际执行的重要性，旨在将这些交易、账户余额或披露中未更正与未发现错报的汇总数超过这些交易、账户余额或披露的重要性水平的可能性降至适当的低水平。

确定实际执行的重要性并非简单机械的计算，需要注册会计师运用职业判断，并考虑下列因素的影响：对被审计单位的了解（这些了解在实施风险评估程序的过程中得到更新），前期审计工作中识别出的错报的性质和范围，根据前期识别出的错报对本期错报作出的预期。通常而言，实际执行的重要性通常为财务报表整体重要性的50%～75%。

如果存在下列情况，注册会计师可能考虑选择较低的百分比来确定实际执行的重要性，包括：

（1）首次接受委托的审计项目；

（2）连续审计项目，以前年度审计调整较多；

（3）项目总体风险较高，例如处于高风险行业、管理层能力欠缺、面临较大市场竞争压力或业绩压力等；

（4）存在或预期存在值得关注的内部控制缺陷。

如果存在下列情况，注册会计师可能考虑选择较高的百分比来确定实际执行的重要性，包括：

（1）连续审计项目，以前年度审计调整较少；

（2）项目总体风险为低到中等，例如处于非高风险行业、管理层有足够能力、面临较低的业绩压力等；

（3）以前期间的审计经验表明内部控制运行有效。

随着审计工作的推进，注册会计师可能需要修改财务报表整体的重要性和特定类别的交易、账户余额或披露的重要性水平。可能的原因主要有：审计过程中情况发生重大变化（如决定处置被审计单位的一个重要组成部分）；获取新信息；通过实施进一步审计程序，注册会计师对被审计单位及其经营所了解的情况发生变化。

二维码 3-3
重要性与重要性水平的区别
（语音）

三、错报

错报是指某一财务报表项目的金额、分类、列报或披露，与按照适用的财务报告编制基础应当列示的金额、分类、列报或披露之间存在的差异；或根据注册会计师的判断，为使财务报表在所有重大方面实现公允反映，需要对金额、分类、列报或披露作出的必要调整。错报可能是由于错误或舞弊导致的。

错报可能由下列事项导致：

（1）收集或处理用以编制财务报表的数据时出现错误；

（2）遗漏某项金额或披露；

（3）由于疏忽或明显误解有关事实导致作出不正确的会计估计；

（4）注册会计师认为管理层对会计估计作出不合理的判断或对会计政策作出不恰当的选择和运用。

（一）累积识别出的错报

注册会计师需要在制定审计策略和审计计划时，确定一个明显微小错报的临界值，低于该临界值的错报视为明显微小的错报，可以不累积。在确定明显微小错报的临界值时，注册会计师可能考虑以下因素：

（1）以前年度审计中识别出的错报（包括已更正和未更正错报）的数量和金额；

(2) 重大错报风险的评估结果；
(3) 被审计单位治理层和管理层对注册会计师与其沟通错报的期望；
(4) 被审计单位的财务指标是否勉强达到监管机构的要求或投资者的期望。

注册会计师可能将明显微小错报的临界值确定为财务报表整体重要性的 3%～5%，也可能低一些或高一些，但通常不超过财务报表整体重要性的 10%，除非注册会计师认为有必要单独为重分类错报确定一个更高的临界值。

（二）错报的类型

为了帮助注册会计师评价审计过程中累积的错报的影响以及与管理层和治理层沟通错报事项，可将错报区分为事实错报、判断错报和推断错报。

1. 事实错报

事实错报是毋庸置疑的错报。这类错报产生于被审计单位收集和处理数据的错误，对事实的忽略或误解，或故意舞弊行为。例如，注册会计师在审计测试中发现购入存货的实际价值为 20 000 元，但账面记录的金额却为 15 000 元。因此，存货和应付账款分别被低估了 5 000 元，这里被低估的 5 000 元就是已识别的对事实的具体错报。

2. 判断错报

判断错报是指由于注册会计师认为管理层对会计估计作出不合理的判断或不恰当地选择和运用会计政策而导致的差异。这类错报产生于两种情况：一是管理层和注册会计师对会计估计值的判断差异，例如，由于包含在财务报表中的管理层作出的估计值超出了注册会计师确定的一个合理范围，导致出现判断差异；二是管理层和注册会计师对选择和运用会计政策的判断差异，由于注册会计师认为管理层选用会计政策造成错报，管理层却认为选用会计政策适当，导致出现判断差异。

3. 推断错报

推断错报是指注册会计师对总体存在的错报作出的最佳估计数，涉及根据在审计样本中识别出的错报来推断总体的错报。推断错报通常包括两种：

(1) 通过测试样本估计出的总体的错报减去在测试中发现的已经识别的具体错报。例如，应收账款年末余额为 2 000 万元，注册会计师测试样本发现样本金额有 100 万元的高估，高估部分为样本账面金额的 20%，据此注册会计师推断总体的错报金额为 400 万元（即 2 000×20%），那么上述 100 万元就是已识别的具体错报，其余 300 万元即推断错报。

(2) 通过实质性分析程序推断出的估计错报。例如，注册会计师根据客户的预算资料及行业趋势等要素，对客户年度销售费用独立作出估计，并与客户账面金额比较，发现两者之间有 50% 的差异；考虑估计的精确性有限，注册会计师根据经验认为 10% 的差异通常是可接受的。而剩余的差异需要有合理解释并取得佐证性证据，假定注册会计师对其中的 10% 的差异无法得到合理解释或不能取得佐证，则该部分差异金额即为推断错报。

（三）对审计过程中识别出的错报的考虑

错报一般不会孤立发生，一项错报的发生还可能表明存在其他错报。例如，注册会计师识别出由于内部控制失效而导致的错报，或被审计单位广泛运用不恰当的假设或评估方法而导致的错报，均可能表明还存在其他错报。

对于在审计过程中识别出的错报，注册会计师应当及时与适当层级的管理层沟通，这是很重要的，因为这能使管理层评价这些事项是否为错报并采取必要行动，如有异议则告知注册会计师。适当层级的管理层通常是指有责任和权限对错报进行评价并采取必要行动的人员。

法律法规可能限制注册会计师向管理层或被审计单位内部的其他人员通报某些错报。例如，法律法规可能专门规定禁止通报某事项或采取其他行动，这些通报或行动可能不利于有关机构对实际存在的或怀疑存在的违法行为展开调查。在某些情况下，注册会计师的保密义务与通报义务之间存在的潜在冲突可能很复杂。此时，注册会计师可以考虑征询法律意见。

管理层更正所有错报（包括注册会计师通报的错报），能够保持会计账簿和记录的准确性，降低由于与本期相关的、非重大的且尚未更正的错报的累积影响而导致未来期间财务报表出现重大错报的风险。

> 【学习本节收获】
> 　　由于现代审计不可能也不需要查出所有的错报，所以有必要设定一个允许被审计单位财务报表出现错报的最大值。重要性水平就是注册会计师在审计过程中设定的允许被审计单位财务报表出现错报的底线。

一、单项选择题

1. 下列各项中，不属于审计项目初步业务活动的是（　　）。
   A. 针对接受或保持客户关系和业务委托的评估程序
   B. 确定项目组成员及拟利用的专家
   C. 评价遵守职业道德守则的情况
   D. 签署审计业务约定书

2. 注册会计师在确定重要性时通常选定一个基准。下列因素中，注册会计师在选择基准时不需要考虑的是（　　）。
   A. 被审计单位的性质

B. 以前年度审计调整的金额

C. 基准的相对波动性

D. 是否存在财务报表使用者特别关注的项目

3. 关于特定类别交易、账户余额或披露的重要性水平，下列说法中，错误的是（　　）。

   A. 只有在适用的情况下，才需确定特定类别交易、账户余额或披露的重要性水平

   B. 确定特定类别、账户余额或披露的重要性水平时，可将与被审计单位所处行业相关的关键性披露作为一项考虑因素

   C. 特定类别交易、账户余额或披露的重要性水平应低于财务报表整体的重要性

   D. 不需确定特定类别交易、账户余额或披露的实际执行的重要性

4. 下列关于实际执行的重要性的说法中，错误的是（　　）。

   A. 实际执行的重要性是指注册会计师确定的低于财务报表整体重要性的一个或多个金额

   B. 注册会计师应当根据对报表项目风险评估的结果，确定一个或多个实际执行的重要性

   C. 确定实际执行的重要性，旨在将未更正和未发现错报的汇总数超过财务报表整体重要性的可能性降至适当的低水平

   D. 以前年度审计调整越多，评估的项目总体风险越高，实际执行的重要性越接近财务报表整体的重要性

5. 下列关于错报的说法中，错误的是（　　）。

   A. 明显微小错报不需要累积

   B. 错报可能是由于错误或舞弊导致的

   C. 错报仅指某一财务报表项目金额与按照企业会计准则应当列示的金额之间的差异

   D. 判断错报是指由于管理层对会计估计作出不合理的判断或不恰当地选择和运用会计政策而导致的差异

二、多项选择题

1. 下列有关重要性的说法中，正确的有（　　）。

   A. 注册会计师应从定量和定性两方面考虑重要性

   B. 注册会计师应当在制定具体审计计划时确定财务报表整体的重要性

   C. 注册会计师需要恰当考虑错报对个别财务报表使用者可能产生的影响

   D. 注册会计师对财务报表发表审计意见时应当考虑财务报表整体的重要性

2. 在确定实际执行的重要性时，下列各项因素中，注册会计师认为应当考虑的有（　　）。

   A. 财务报表整体的重要性

B. 前期审计工作中识别出的错报的性质和范围

C. 实施风险评估程序的结果

D. 被审计单位管理层和治理层的期望值

3. 如果注册会计师在审计过程中调低了最初确定的财务报表整体的重要性，下列各项中，正确的有（　　）。

A. 注册会计师应当调高可接受的检查风险

B. 注册会计师应当确定是否有必要修改实际执行的重要性

C. 注册会计师应当确定进一步审计程序的性质、时间安排和范围是否仍然适当

D. 注册会计师在评估未更正错报对财务报表的影响时，应当使用调整后的财务报表整体的重要性

第四章
审 计 方 法

✈ 知识目标

1. 理解审计抽样；
2. 掌握审计程序的名称及含义；
3. 熟记函证操作的细节。

✈ 技能目标

能运用审计方法的相关理论正确实施审计抽样、函证等程序。

✈ 本章引例

外高桥的损失是怎么产生的？

　　因 2005 年巨额证券保证金被挪用并导致年度亏损，而担任年报审计的普华永道中天会计师事务所（以下简称"普华永道"）被认为负有不可推卸的责任。为此，上海外高桥保税区开发股份公司（以下简称"外高桥"）于 2006 年 5 月 9 日向中国国际经济贸易仲裁委员会上海分会提起仲裁，要求普华永道退还全部审计服务费共计 170 万元，赔偿外高桥的全部经济损失共计 2 亿元，并承担全部仲裁费用和律师费。

　　据悉，中国国际经济贸易仲裁委员会上海分会已经受理，并启动了仲裁程序。外高桥于 2005 年 6 月发现公司存放在国海证券上海圆明园路营业部证券保证金账户中的 2.2 亿元资金被挪用，且绝大部分难以追回，外高桥为此已计提特殊坏账准备。但普华永道在对外高桥 2003 年度和 2004 年度的各项财务报表进行审计后，分别于 2004 年 4 月 8 日、2005 年 4 月 1 日出具了无保留意见的审计报告。

据外高桥方面介绍，普华永道在对前述保证金账户资金余额实施函证时，均未直接向证券公司发出询证函，相反却交给外高桥的相关人员处理。询证函的发出和收回均控制在外高桥的相关人员手中，为相关人员弄虚作假掩盖挪用资金行为创造了机会。普华永道未对询证函的发出和收回保持有效控制，已表明收回的询证函不可靠，但普华永道仍没有实施其他适当的审计程序予以证实或消除疑虑。外高桥管理层认为，普华永道未保持应有的职业谨慎、未实施有效的审计程序，即出具了无保留意见的审计报告，从而使外高桥蒙受了巨额经济损失。

注册会计师在制定了审计计划后，就要采用专业的审计方法进行风险评估与风险应对，查找财务报表中可能存在的重大错报。在这一章里，我们将主要阐述针对不同报表项目的七种审计程序以及在实施审计程序中采用的审计抽样方法。

第一节　审 计 程 序

审计程序是指注册会计师在审计过程中，对将要获取的某类审计证据如何进行收集的详细方法。注册会计师通过实施审计程序，获取充分、适当的审计证据，以支持对财务报表发表审计意见。按照审计目的，审计程序可分为风险评估程序、内部控制测试、实质性程序三类总体审计程序，其中，实质性程序包括对各类交易、账户余额、列报的细节测试和实质性分析程序。按照获取审计证据的方法，审计程序可分为检查、观察、询问、函证、重新计算、重新执行和分析程序。在审计过程中，注册会计师可根据需要单独或综合运用以下审计程序，以获取充分、适当的审计证据。

 ### 一、检查

检查是指审计人员对被审计单位内部或外部生成的，以纸质、电子或其他介质形式存在的记录和文件进行审查，或对资产进行实物审查。

检查记录或文件可以提供可靠程度不同的审计证据。审计证据的可靠性取决于记录或文件的性质和来源，而在检查内部记录或文件时，其可靠性则取决于生成该记录或文件的内部控制的有效性。某些文件是表明一项资产存在的直接审计证据，如构成金融工具的股票或债券，但检查此类文件并不一定能提供有关所有权或计价的审计证据。

检查有形资产可为其存在提供可靠的审计证据，但不一定能够为权利和义务或计价等认定提供可靠的审计证据。例如，审计人员检查被审计单位存放在仓库中的存货，可为存货的存在认定提供可靠的审计证据，但该批存货的所有权是否属于被审计单位（权利和义务认定）以及该批存货的实际价值（计价认定），仅通过检查存货的程序无法确定。

二、观察

观察是指审计人员查看相关人员正在从事的活动或实施的程序以获取审计证据。例如，审计人员对被审计单位人员执行的存货盘点或控制活动进行观察。观察可以提供执行有关过程或程序的审计证据，但观察所提供的审计证据仅限于观察发生的时点，而且被观察人员的行为可能因被观察而受到影响，审计人员要考虑其所观察到的控制活动在审计人员不在场时可能未被执行的情况。

三、询问

询问是指审计人员以书面或口头方式，向被审计单位内部或外部的知情人员获取财务信息和非财务信息，并对答复进行评价的过程。作为其他审计程序的补充，询问广泛应用于整个审计过程中。一方面，知情人员对询问的答复可能为审计人员提供尚未获悉的信息或佐证证据；另一方面，对询问的答复也可能提供与审计人员已获取的其他信息存在重大差异的信息。在某些情况下，对询问的答复为审计人员修改审计程序或实施追加的审计程序提供了基础。需要注意的是，通过询问获取的审计证据证明力度较弱，询问本身并不足以发现认定层次的重大错报，也不足以测试内部控制运行的有效性。因此，审计人员还应实施其他审计程序，以获取充分、适当的审计证据。

四、函证

函证是指审计人员为了获取影响财务报表或相关披露认定的项目的信息，通过直接来自第三方的对有关信息和现存状况的声明，获取和评价审计证据的过程。因为函证源于外部独立的第三方，并且由审计人员亲自获取，所以获取的审计证据可靠性较高，函证因此成为审计过程中被广泛使用的一种审计程序。

（一）函证的决策

审计人员应当确定是否有必要实施函证来获取认定层次的充分、适当的审计证据。在作出决策时，审计人员应当考虑以下三个因素。

1. 评估的认定层次重大错报风险

评估的认定层次重大错报风险水平越高，审计人员对通过实质性程序获取的审计证据的相关性和可靠性的要求越高。在这种情况下，函证程序的运用对于提供充分、适当的审计证据可能是有效的。评估的认定层次重大错报风险水平越低，审计人员对需要从实质性程序中获取的审计证据的相关性和可靠性的要求越低。例如，被审计单位可能有一笔正在按照商定还款计划时间表偿还的银行借款，假设审计人员在以前年度已对其条款进行了函证。如果审计人员实施的其他工作（包括必要时进行的控制测试）表明借款的条款没有改变，并且这些工作使得未偿还借款余额发生重大错报风险被评估为低水平时，审计人员实施的实质性程序可能只限于测试还款的详细情况，而不必再次向债权人直接函证这笔借款的余额和条款。

2. 函证程序针对的认定

函证可以为某些认定提供审计证据，但是对不同的认定，函证的证明力度是不同的。在函证应收账款时，函证可能为存在、权利和义务认定提供可靠的审计证据，但是不能为计价和分摊认定（应收账款涉及的坏账准备计提）提供证据。对特定认定，函证的相关性受审计人员选择函证信息的影响。例如，在审计应付账款完整性认定时，审计人员需要获取被审计单位不存在重大未记录负债的证据。那么，在向主要供应商函证时，在零余额的应付账款和大金额的应付账款中，选择前者通常更有效。

3. 实施除函证以外的其他审计程序

针对同一项认定，可以从不同来源获取审计证据或获取不同性质的审计证据。如果审计人员通过实施函证以外的审计程序获取了证明力较强的审计证据，那么对于函证的范围、时间、方式等可进行相应调整。例如，如果被审计单位与应收账款存在认定有关的内部控制设计良好且有效运行，审计人员可适当减少函证的样本量。除上述三个因素外，审计人员还可以考虑下列因素，以确定是否选择函证程序作为实质性程序：第一，被询证者对函证事项的了解，如果被询证者对所函证的信息有必要的了解，其提供的回复可靠性更高；第二，预期被询证者回复询证函的能力或意愿；第三，预期被询证者的客观性，如果被询证者是被审计单位的关联方，则其回复的可靠性会降低。

（二）函证的对象

函证的对象包括银行存款、借款及与金融机构往来的其他重要信息，应收账款和其他内容。审计人员可以根据具体情况和实际需要对下列内容（包括但并不限于）实施函证：① 交易性金融资产；② 应收票据；③ 其他应收款；④ 预付账款；⑤ 由其他单位代为保管、加工或销售的存货；⑥ 长期股权投资；⑦ 应付账款；⑧ 预收账款；⑨ 保证、抵押或质押；⑩ 或有事项；⑪ 重大或异常的交易。

（三）函证的时间

审计人员通常以资产负债表日为截止日，在资产负债表日后适当时间内实施函证。如果重大错报风险评估为低水平，审计人员可选择资产负债表日前适当日期为截止日实施函证，并对所函证项目自该截止日起至资产负债表日止发生的变动实施实质性程序。

（四）管理层要求不实施函证时的处理

当被审计单位管理层要求对拟函证的某些账户余额或其他信息不实施函证时，审计人员应当考虑该要求是否合理，并获取审计证据予以支持。如果认为管理层的要求合理，审计人员应当实施替代审计程序，以获取与这些账户余额或其他信息相关的充分、适当的审计证据；如果认为管理层的要求不合理，且被其阻挠而无法实施函证，审计人员应当视为审计范围受到限制，并考虑对审计报告可能产生的影响。分析管理层要求不实施函证的原因时，审计人员应当保持职业怀疑态度，并考虑以下问题：管理层是否诚信；是否可能存在重大的舞弊或错误；替代审计程序能否提供与这些账户余额或其他信息相关的充分、适当的审计证据。

（五）设计询证函需要考虑的因素

审计人员应当根据特定审计目标设计询证函，询证函的设计服从于审计目标的需要。在设计询证函时，审计人员应当考虑所审计的认定以及可能影响函证可靠性的因素。可能影响函证可靠性的因素主要包括以下几种。

1. 函证的方式

函证的方式有积极式函证和消极式函证两种，不同的函证方式提供审计证据的可靠性不同。

2. 以往审计或类似业务的经验

在判断实施函证程序的可靠性时，审计人员通常会考虑以前年度审计中发现的错报、回函率以及回函所提供信息的准确程度。当审计人员根据以往经验认为，即使询证函设计恰当，回函率仍很低，应考虑从其他途径获取审计证据。

3. 拟函证信息的性质

审计人员应当了解被审计单位与第三方之间交易的实质，以确定需要函证哪些信息。例如，对非常规合同和交易，审计人员不仅应对账户余额或交易金额进行函证，还应当考虑对交易或合同的条款实施函证，进一步确定付款方式有无特殊安排、是否存在重大口头协议、客户是否有自由退货的权利等。

4. 选择被询证者的适当性

审计人员应当向对所询证信息知情的第三方发询证函。例如，对预付账款、应付账款，通常向供货单位发询证函；对短期投资和长期投资，通常向股票、债券专门保管或登记机构发询证函或向接受投资的一方发询证函；对委托贷款和保证、抵押或质押，通常向有关金融机构发询证函；对或有事项，通常向律师等发询证函；对重大或异常的交易，通常向有关的交易方发询证函。

<u>5. 被询证者易于回函的信息类型</u>

询证函所函证信息是否便于被询证者回答，影响到回函率和所获取审计证据的性质。例如，某些被询证者的信息系统可能便于对形成账户余额的每笔交易进行函证，而不是对账户余额本身进行函证。

五、重新计算

重新计算是指审计人员通过手工方式或电子方式，对记录或文件中的数据计算的准确性进行核对。重新计算侧重于核实相关金额（如折旧费用、存货成本、应纳税额等）是否准确，因此，更多地用于证实数据的准确性、计价和分摊等与金额相关的认定。

六、重新执行

重新执行是指审计人员独立执行原本作为被审计单位内部控制组成部分的程序或控制。和重新计算相比，重新执行侧重于政策、制度和程序，应用于控制测试中，以测试内部控制运行的有效性。

七、分析程序

分析程序是指审计人员通过分析不同财务数据之间以及财务数据与非财务数据之间的内在关系，对财务信息作出评价。分析程序还包括在必要时对识别出的、与其他相关信息不一致或与预期值差异较大的波动或关系进行调查。例如，被审计单位2020年产品毛利率为30%，审计人员根据行业报告获知被审计单位所处行业的平均毛利率为20%，即被审计单位毛利率远高于行业平均毛利率，如管理层无法给出合理解释，或审计人员无法取得相关的支持性证据，审计人员应当考虑其是否表明财务报表存在重大错报风险。

分析程序可用作风险评估程序、实质性程序和总体复核，其应用要求如表4-1所示。

表 4-1 分析程序的应用要求

应用环节	总体要求	是否必须使用分析程序
风险评估程序	实施风险评估程序时，应当运用分析程序，但了解内部控制时，一般不运用分析程序	是

续表

应用环节	总体要求	是否必须使用分析程序
实质性程序	当使用分析程序比细节测试能更有效地将认定层次的检查风险降至可接受的低水平时，可以单独或结合细节测试运用实质性分析程序	否
总体复核	为了确定财务报表整体是否与对被审计单位的了解一致，总体复核时应当运用分析程序	是

【学习本节收获】

七类审计程序的总结参见表4-2。

表4-2　七类审计程序的主要特点和应用环节

审计程序	主要特点	应用环节
检查	检查的对象是记录、文件、有形资产，取得的审计证据的可靠性取决于相关内部控制的有效性	风险评估程序、控制测试、实质性程序
观察	观察的对象是相关人员正在从事的活动或正在实施的程序。观察所提供的审计证据仅限于观察发生的时点	风险评估程序、控制测试、实质性程序
询问	询问的对象是被审计单位内部或外部的知情人员。询问本身不足以提供充分、适当的审计证据	风险评估程序、控制测试、实质性程序
函证	函证的对象是外部独立的第三方	实质性程序
重新计算	侧重于核实数据计算的准确性	实质性程序
重新执行	侧重于政策、制度和程序，以测试内部控制运行的有效性	控制测试
分析程序	分析程序的对象是不同财务数据之间以及财务数据与非财务数据之间的内在关系	风险评估程序、实质性程序

第二节 审计抽样

 一、审计抽样概述

(一) 审计抽样的定义

审计抽样，是指注册会计师对具有审计相关性的总体中低于百分之百的项目实施审计程序，使所有抽样单元都有被选取的机会，为注册会计师针对整个总体得出结论提供合理基础。总体是指注册会计师从中选取样本并期望据此得出结论的整个数据集合，抽样单元是指构成总体的个体项目。总体可分为多个层或子总体，每一层或子总体可予以分别检查。

在设计审计程序时，注册会计师应当确定用以选取测试项目的适当方法，以获取充分、适当的审计证据，实现审计程序的目标。选取测试项目的方法有三种：选取全部项目、选取特定项目和审计抽样。为正确理解审计抽样的定义，现将选取全部项目、选取特定项目和审计抽样作一比较：

1. 选取全部项目

选取全部项目是指对总体中的全部项目进行检查。当存在下列情形之一时，注册会计师应当考虑选取全部项目进行测试：

(1) 总体由少量的大额项目构成。

(2) 存在特别风险且其他方法未提供充分、适当的审计证据。存在特别风险的项目主要包括：管理层高度参与的或者错报可能性较大的交易事项或账户余额；非常规的交易事项或账户余额，特别是与关联方有关的交易或余额；长期不变的账户余额，例如滞销的存货余额或账龄较长的应收账款余额；可疑的或非正常的项目或明显不规范的项目；以前发生过错误的项目；期末人为调整的项目；其他存在特别风险的项目。

(3) 由于信息系统自动执行的计算或其他程序具有重复性，对全部项目进行检查符合成本效益原则。

2. 选取特定项目

选取特定项目是指对总体中的特定项目进行针对性测试。根据对被审计单位的了解、评估的重大错报风险以及所测试总体的特征等，注册会计师可以确定从总体中选取特定项目进行测试。选取的特定项目可能包括：

(1) 大额或关键项目；

(2) 超过某一金额的全部项目；

(3) 被用于获取某些信息的项目；
(4) 被用于测试控制活动的项目。

需要注意的是，根据判断选取特定项目，容易产生非抽样风险。

3. 审计抽样

审计抽样的基本特征包括：一是对某类交易或账户余额中低于百分之百的项目实施审计程序；二是所有抽样单元都有被选取的机会；三是审计测试的目的是评价该账户余额或交易类型的某一特征。

如果注册会计师对于需要测试的账户余额或交易事项缺乏特别的了解，在这种情况下，审计抽样比较有用。例如当控制的运行留下轨迹时，注册会计师可以考虑使用审计抽样实施控制测试。另外，当总体中项目数量太大而导致无法逐项审查，或者虽能逐项审查但需耗费大量成本时，注册会计师也可能使用审计抽样方法。例如，在实施细节测试时，注册会计师可以使用审计抽样获取审计证据，以验证有关财务报表金额的一项或多项认定（如应收账款的存在性）。

并非所有审计程序中都可使用审计抽样。例如，风险评估程序、实质性分析程序通常不涉及审计抽样。注册会计师拟实施的审计程序将对审计抽样的运用产生重要影响。

（二）审计抽样的种类

1. 统计抽样和非统计抽样

按照抽样决策的依据不同，审计抽样可分为统计抽样和非统计抽样。

1) 非统计抽样

非统计抽样是指注册会计师运用专业经验进行主观判断，有重点、有针对性地从特定审计对象总体中抽取部分样本进行审查测试，并以样本的审查测试结果来推断总体特征的一种抽样审计方法。并以样本的测试结果来推断总体的一种审计抽样方法。由于该方法是审计人员在总结自身经验的基础上形成的，因此，其成效取决于审计人员的经验和判断能力，审计过程中注册会计师的主观因素对审计结果和质量构成决定性影响。

2) 统计抽样

统计抽样方法也称随机抽样方法，是指注册会计师遵循随机原则，从审计对象总体中抽取一部分样本进行审查，然后根据样本的审查结果来推断总体特征的一种抽样审计方法。统计抽样的优点在于具有较强的科学性和准确性，主要表现在：统计抽样能够科学地确定抽取样本的规模；统计抽样中总体各项目被抽中的机会是均等的，可以防止主观臆断；统计抽样能够客观地计量抽样风险，并且通过调整样本规模精确地控制风险；统计抽样便于促使审计工作规范化。统计抽样的缺点在于操作难度较大，且不适用于资料不全的被审计单位，以揭露舞弊为目的的财经法纪审计也不宜采用。

在实际工作中，注册会计师应当考虑成本效益因素并运用职业判断，确定使用统计抽样或非统计抽样方法，也可以把统计抽样法和判断抽样法结合起来运用，以求收到较好的审计效果，最有效率地获取审计证据。

2. 属性抽样和变量抽样

按照所了解的总体特征的不同，审计抽样可分为属性抽样和变量抽样。属性抽样和变量抽样都是统计抽样方法。

1）属性抽样

属性抽样是指在精确度和可靠程度一定的条件下，为了测定总体特征的发生频率而采用的一种方法。属性抽样旨在了解总体的质量特征，其抽样的结果只有是或否两种，在审计抽样中就是根据样本的差错率来推断总体的差错率，常用于审计控制测试。

2）变量抽样

变量抽样是指通过对样本的测定结果来推断总体金额的一种抽样方法。变量抽样旨在了解总体的数量特征，在审计抽样中就是根据样本的差错额来推断总体的差错额，常用于审计细节测试。

（三）审计抽样的步骤

注册会计师在控制测试和细节测试中使用审计抽样方法，主要分为三个阶段进行。第一阶段是样本设计阶段，旨在根据测试的目标和抽样总体，制定选取样本的计划；第二阶段是选取样本阶段，旨在按照适当的方法从相应的抽样总体中选取所需的样本，并对其实施检查，以确定是否存在误差；第三阶段是评价样本结果阶段，旨在根据对误差的性质和原因的分析，将样本结果推断至总体，形成对总体的结论。

二、审计抽样在控制测试中的应用

在控制测试中运用的统计抽样技术，主要是属性抽样技术。所谓属性，是指审计对象总体的质量特征，即被审计业务或被审计内部控制是否遵循了既定的标准以及其存在的误差水平。属性抽样是指在精确度和可靠程度一定的条件下，为了测定总体特征的发生频率而采用的一种方法。属性抽样中，抽样结果只有两种："对"与"错"，或"是"与"不是"。属性抽样技术主要有三种：固定样本量抽样、停—走抽样和发现抽样。

（一）固定样本量抽样

固定样本量抽样是一种使用最为广泛的属性抽样，常用于估计审计对象总体中某种误差发生的比例。相对停—走抽样和发现抽样两种形式而言，审计人员考察的样本容量的大小是一定的，故称固定样本容量抽样。其思路是按所确定的样本容量抽取样本进行审查，获得样本差错率，再通过对样本差错率的分析和评价，确定可否接受。如可以接受则据之推断出总体差错率，作出控制测试结论。这种方法的最一般的结论

形式为：在一定可靠程度下，总体差错率不超过××。例如，用这种方法估计重复支付的单据数，审计人员最后得出的结论一般是："有95％的可信赖程度说明重复支付的单据数不超过4％。"下面举例说明一般情况下固定样本量抽样的具体应用步骤。

【例4-1】 假定审计人员拟采用抽样方法对被审计单位甲公司有关购货和付款业务的控制程序进行控制测试，以审查该企业采购货物是否有订购单，是否只有在将验收单与订购单和进货发票相核对之后，才准予支付采购货款。

审计人员对该控制程序进行控制测试所运用的抽样及评价步骤如下。

（1）**定义"误差"**。一般来讲，在属性抽样中，误差是指注册会计师认为使控制程序失去效能的所有控制无效事件。注册会计师应根据实际情况，恰当地定义误差。例如，可将"误差"定义为会计记录中的虚假账户、经济业务的记录未进行复核、审批手续不全等各类差错。本例中，对于每张发票及有关的验收单，若发现下列情形之一者，即可定义为误差：未附验收单的订购单和发票；订购单和发票后虽附有验收单，但不是该发票的验收单；订购单和发票与验收单所记载的内容不一致；订购单和发票虽附有验收单，但该验收单不合规。

（2）**确定审计对象总体及抽样单元**。进行属性抽样时，注册会计师应使总体所有的项目被选取的概率是相同的，也就是说，总体所有项目的特征应是相同的。本例中，审计对象总体为订购单。假如该企业对每笔采购业务均采用连续编号的订购单，每张订购单均附有验收单及进货发票，则抽样单元是个别的订购单。

（3）**确定可信赖程度、信赖过度风险和可容忍误差**。可信赖程度是指样本性质能够代表总体性质的可靠性程度。通常用预计抽样结果能够代表审计对象总体特征的百分比来表示。例如，抽样结果有95％的可信赖程度，就是指抽样结果代表总体特征的可能性有95％，没有代表总体特征的可能性有5％。在审计过程中，注册会计师对可信赖程度要求越高，需选取的样本量就应越大。由于风险与可信赖程度是此消彼长的，即1减去可信赖程度就是信赖过度风险。在控制测试中，可信赖程度主要取决于被审计单位的内部控制。一般可将最小可信赖程度置为90％，但当内部控制不完善、不充分或项目属性相对于其他项目是重要的，则将可信赖程度置为95％～99％，并扩大选取的样本量。在控制测试中，可容忍误差是指审计人员可以接受的、内部控制实际运行偏离规定控制要求的最大比率。可容忍误差的确定，应能确保总体误差超过可容忍误差时，使审计人员降低对内部控制的可信赖程度。本例中，审计人员认为内部控制很重要，且验收单与订购单之间的脱节导致的多支付给供应商购货款及误记进货与应付账款，均会对会计报表产生影响。但审计人员仍准备信赖内部控制，以减少实质性测试的范围。基于这些考虑，审计人员利用其执业经验和专业判断，确定可信赖程度为95％、信赖过度风险为5％、可容忍误差为4％。

（4）**确定预计总体误差率**。属性抽样的总体误差率是推断差错或舞弊的发生频率，也就是预计误差率，用百分比表示。如果被审计单位内部控制无效，则预计误差率就高，那么抽取样本的规模就要大些；反之，就可以小一些。因此，样本数量与预计误差发生率呈正比例关系。如何确定预计误差发生率,可考虑下列三种情况:① 参考以往审计资料确定;② 抽查少量样本加以测试,然后确定;③ 根据注册会计师的初步调查了解和判断来确定。本例中,假设审计人员参考以往审计工作底稿等历史资料,并运用其专业判断,将预期总体误差率确定为1.25%。

(5) **确定是否进行分层**。如果总体项目存在重大的变异性,注册会计师应当考虑分层。分层是指将一个总体划分为多个子总体的过程,每个子总体由一组具有相同特征(通常指金额)的抽样单元组成。分层可以降低每一层中项目的变异性,从而在抽样风险没有成比例增加的前提下减小样本规模。注册会计师可以考虑将总体分为若干个离散的具有识别特征的子总体(层),以提高审计效率。注册会计师应当仔细界定子总体,以使每一抽样单元只能属于一个层。本例中,审计人员不对审计对象总体加以分层。

(6) **确定选取的样本量**。上述因素确定后,审计人员可根据预先制定出的"控制测试样本量表"(见表4-3)确定样本量。

表4-3 控制测试样本量表(95%可信赖程度)

预期总体误差率/%	可容忍误差率/%									
	1	2	3	4	5	6	7	8	9	10
0.00	218 (0)	149 (0)	99 (0)	74 (0)	59 (0)	49 (0)	42 (0)	36 (0)	32 (0)	29 (0)
0.25	*	236 (1)	157 (1)	117 (1)	93 (1)	78 (1)	66 (1)	58 (1)	51 (1)	46 (1)
0.50	*	*	157 (1)	117 (1)	93 (1)	78 (1)	66 (1)	58 (1)	51 (1)	46 (1)
0.75	*	*	208 (1)	117 (1)	93 (1)	78 (1)	66 (1)	58 (1)	51 (1)	46 (1)
1.00	*	*	*	156 (1)	93 (1)	78 (1)	66 (1)	58 (1)	51 (1)	46 (1)
1.25	*	*	*	156 (1)	124 (2)	78 (1)	66 (1)	58 (1)	51 (1)	46 (1)
1.50	*	*	*	192 (3)	124 (2)	103 (2)	88 (2)	77 (2)	51 (1)	46 (0)
1.75	*	*	*	227 (4)	153 (3)	103 (2)	88 (2)	77 (2)	51 (1)	46 (1)
2.00	*	*	*	*	181 (4)	127 (3)	88 (2)	77 (2)	68 (2)	46 (1)
2.25	*	*	*	*	208 (5)	127 (3)	88 (2)	77 (2)	68 (2)	61 (2)
2.50	*	*	*	*	*	150 (4)	109 (3)	77 (2)	68 (2)	61 (2)
2.75	*	*	*	*	*	173 (5)	109 (3)	95 (3)	68 (2)	61 (2)
3.00	*	*	*	*	*	195 (6)	129 (4)	95 (3)	84 (3)	61 (2)
3.25	*	*	*	*	*	*	148 (5)	112 (4)	84 (3)	61 (2)
3.50	*	*	*	*	*	*	167 (6)	112 (4)	84 (3)	76 (3)
3.75	*	*	*	*	*	*	185 (7)	129 (5)	100 (4)	76 (3)
4.00	*	*	*	*	*	*	*	146 (6)	100 (4)	89 (4)
5.00	*	*	*	*	*	*	*	*	158 (8)	116 (6)

注:括号内是可接受的偏差数。

本例中，审计人员通过查表 4-3 可知，在可信赖程度为 95%、可容忍误差为 4%、预期总体误差确定为 1.25% 时，应选取的样本量为 156 项，样本中的预期误差数为 1。若在样本中发现两个或两个以上误差，则说明抽样结果不能支持审计人员对内部控制的预期信赖程度。

（7）**选取样本并进行审计**。样本数量确定后，接着就要确定样本的选取方法。本例中，审计人员根据连续编号的凭单，决定采用随机选样的方法来选取样本。对所选取的 156 张凭单及其附件，审计人员按所定义的"误差"进行审查。

（8）**评价抽样结果**。审计人员对选取的样本进行审查后，应将查出的误差加以汇总，并评价抽样结果，即推断总体误差。审计人员可根据预先制定出的"控制测试抽样结果评价表"（见表 4-4）来推断总体误差。

表 4-4　控制测试抽样结果评价表（信赖过度风险为 5% 时的偏差率上限）

样本规模	实际发现的误差数									
	0	1	2	3	4	5	6	7	8	9
25	11.3	17.6	*	*	*	*	*	*	*	*
30	9.5	14.9	19.6	*	*	*	*	*	*	*
35	8.3	12.9	17.0	*	*	*	*	*	*	*
40	7.3	11.4	15.0	18.3	*	*	*	*	*	*
45	6.5	10.2	13.4	16.4	19.2	*	*	*	*	*
50	5.9	9.2	12.1	14.8	17.4	19.9	*	*	*	*
55	5.4	8.4	11.1	13.5	15.9	18.2	*	*	*	*
60	4.9	7.7	10.2	12.5	14.7	16.8	18.8	*	*	*
65	4.5	7.1	9.4	11.5	13.6	15.5	17.4	19.3	*	*
70	4.2	6.6	8.8	10.8	12.6	14.5	16.3	18.0	19.7	*
75	4.0	6.2	8.2	10.1	11.8	13.6	15.2	16.9	18.5	20.0
80	3.7	5.8	7.7	9.5	11.1	12.7	14.3	15.9	17.4	18.9
90	3.3	5.2	6.9	8.4	9.9	11.4	12.8	14.2	15.5	16.8
100	3.0	4.7	6.2	7.6	9.0	10.3	11.5	12.8	14.0	15.2
125	2.4	3.8	5.0	6.1	7.2	8.3	9.3	10.3	11.3	12.3
150	2.0	3.2	4.2	5.1	6.0	6.9	7.8	8.6	9.5	10.3
200	1.5	2.4	3.2	3.9	4.6	5.2	5.9	6.5	7.2	7.8

本例中，审计人员通过表 4-4 可查出，在可信赖程度为 95% 的情况下，当样本误差数为 1 时，推断总体误差为 3.1%，小于可容忍误差 4%，而且经审查分析，确信上述样本误差确属误差，也没有发现欺诈舞弊的情况。由于发现的样本误差数未超过预期误差数，所以审计人员可据此得出结论：总体误差率不超过 4% 的可信赖程度为 95%。若样本误差数为 2，则推断的总体误差为 4%，属于可容忍误差，审计人员应重

新考虑信赖过度风险,并考虑是否有必要增加样本量或执行替代审计程序。若样本误差数为3,则推断的总体误差为5%,超过了可容忍误差4%。假如没有发现欺诈舞弊的情况,但因该误差数超过预期误差数1,从表4-3可以看出,这种情况下符合审计人员要求的样本量增至192个,预期总体误差为1.5%,因此,审计人员不能以95%的可信赖程度保证总体的误差不超过4%。这时,审计人员应减少对该内部控制的可信赖程度,考虑实施其他审计程序,如扩大实质性测试范围,增加样本量或不再进行抽样审计,代之以详细审计。

(二) 停—走抽样

停—走抽样也叫行止抽样、连续抽样,是固定样本量抽样的一种改进形式。它采用边抽样、边审查、边判断的方法,一旦能得出审计结论即可中止抽样,所以并非一定要把全部样本单位抽出才能得出审计结论。其思路是先根据零差错率确定一个初始样本容量进行抽样审查,如果未发现差错或例外,则可停止抽样,得出在一定置信水平下总体差错率不超过某一可容忍差错率;如果发现差错,则扩大样本规模继续进行抽样审查,直到原预计差错率得到肯定或否定为止。

停—走抽样一般适用于审计人员估计差错率为零或非常低的审计总体。停—走抽样以预计总体差错率为零开始,通过边抽样边审计来完成抽样审计工作,这样可以有效地提高工作效率,降低审计费用。

【例 4-2】 假定某审计人员拟采用停—走抽样方法对被审计单位甲公司有关控制程序进行控制测试,具体步骤如下。

(1) 确定可容忍误差和信赖过度风险水平。假定审计人员确定的可容忍误差为3%,信赖过度风险水平为10%。

(2) 确定初始样本量。根据上一步骤的要求,查询停—走抽样初始样本量表(见表4-5),可确定初始样本量为80。

表 4-5 停一走抽样初始样本量表(部分列示)(预期总体误差为零)

可容忍误差/%	信赖过度风险		
	2.5%	5%	10%
	样本量		
10	37	30	24
9	42	34	27
8	47	38	30
7	53	43	35
6	62	50	40
5	74	60	48

续表

可容忍误差/%	信赖过度风险		
	2.5%	5%	10%
	样本量		
4	93	75	60
3	124	100	80
2	185	150	120
1	270	300	240

（3）进行停—走抽样决策。 如果审计人员在80个初始样本中找出了1个误差（即错误数为1），则可通过查询停—走抽样样本量扩展及总体误差评估表（见表4-6），得到相应的风险系数为3.9，再将该系数除以样本量，可推断出在10%的信赖过度风险水平下的总体误差为4.9%（即3.9÷80），这比可容忍误差4%要大，因此，审计人员需要增加样本量。为了使总体误差不超过可容忍误差，在风险系数既定的情况下，将风险系数与可容忍误差相比较，则可计算出所需的适当样本量为130个（即3.9÷3%）。也就是说，审计人员需增加50个样本（即130－80）。如果对增加的50个样本进行审计后没有发现误差，则审计人员有90%的把握确信总体误差不超过3%。

表4-6 停—走抽样样本量扩展及总体误差评估表（部分列示）

发现的错误数	信赖过度风险		
	2.5%	5%	10%
	风险系数		
0	3.7	3.0	2.4
1	5.6	4.8	3.9
2	7.3	6.3	5.4
3	8.8	7.8	6.7
4	10.3	9.2	8.0
5	11.7	10.6	9.3
6	13.1	11.9	10.6
7	14.5	13.2	11.8
8	15.8	14.5	13.0
9	17.1	16.0	14.3
10	18.4	17.0	15.5

如果审计人员首次对80个样本审计后，发现有2个误差，则按上述方法推断出总体误差为7%（5.4÷80），这比可容忍误差大很多，因此，审计人员决定增加样本量至180个（5.4÷3%），即增加100个样本（180－80）。如果对增加的100个样本审计后

没有发现误差，审计人员同样可以有 90% 的把握确信总体误差不超过 3%。但如果又发现了 2 个误差，则推断总体误差为 10%（8÷80），这时审计人员应该决定是再扩大样本量至 267 个（8÷3%），还是改为选用其他抽样方法。一般来讲，样本量不宜扩大到初始样本量的 3 倍。

（三）发现抽样

发现抽样是在既定的可信赖程度下，在假定误差以既定的误差率存在于总体之中的情况下，至少查出一个误差的抽样方法。发现抽样主要用于查找重大舞弊事件或极少出现的例外事件。它能够以极高的可信赖程度（如 99.5% 以上）确保查出误差率仅在 0.5%~1% 的误差。使用发现抽样时，当发现重大的误差如贪污、挪用的凭据时，注册会计师都可能放弃抽样程序，而对总体进行全面彻底的检查。若抽样未发现任何例外，审计人员可得出在既定的误差率范围内没有发现重大误差的结论。使用发现抽样时，审计人员需确定可信赖程度及可容忍误差。然后，在预期总体误差为 0 的假设下，参阅适当的属性抽样表，即可得出所需的样本量。

[例 4-3] 假设某审计人员怀疑被审计单位存在职员伪造订购单、验收单及进货发票，以虚购进货业务而达到套取现金的舞弊行为。为了查明此种舞弊是否存在，审计人员必须在已付凭单中找出一组不实的单据。审计人员设定：如果总体中包含 2% 或 2% 以上的欺诈性项目，那么在 95% 的可信赖程度下，样本将显示出不实的凭单。查表 4-3，审计人员发现在预期总体误差为 0 及可容忍误差为 2% 时，所需的样本量为 149 个。经审计人员选取并检查 149 个凭证后，未发现有不实情况，则可以得出审计结论：审计人员有 95% 的把握确信总体中的不实凭单不超过 2%。

三、审计抽样在细节测试中的应用

在细节测试中运用的统计抽样技术，有传统变量抽样技术和 PPS 抽样技术。变量抽样是对审计对象总体的货币金额进行实质性测试时所采用的抽样方法。变量抽样技术可用于确定账户金额是多是少，是否存在重大误差等。变量抽样技术有四种常见方法：均值估计抽样、差额估计抽样、比率估计抽样和 PPS 抽样。这些方法均可通过分层来实现。

（一）均值估计抽样

均值估计抽样是通过抽样审查确定样本平均值，再根据样本平均值推断总体的平均值和总值的一种抽样方法。使用这种方法时，注册会计师应先计算样本中所有项目审定金额的平均值，然后用这个样本平均值乘以总体规模，得出总体金额的估计值。

总体估计金额和总体账面金额之间的差额就是推断的总体错报。例如，注册会计师从总体规模为 1 200 个、账面金额为 1 000 000 元的存货项目中选择了 400 个项目作为样本；在确定正确的采购价格并重新计算价格与数量的乘积之后，注册会计师将 400 个样本项目的审定金额加总后除以 400，确定样本项目的平均审定金额为 800 元；然后计算估计的存货余额为 960 000（800×1 200＝960 000）元；从而推断总体错报是 40 000（1 000 000－960 000＝40 000）元。这种方法适用范围十分广泛，无论被审计单位提供的数据是否完整、可靠，均可以使用，甚至在被审计单位缺乏基本的经济业务或事项账面记录的情况下也可以使用。

【例 4-4】 假设审计人员对 ABC 公司应收账款进行审计，账龄试算表中总共列示了 1 00 000 个应收账款明细账户，账面总金额为 6 250 000 元，审计人员打算通过抽样函证来测试被审计单位应收账款账面价值的正确性。

审计人员对应收账款账面价值进行实质性测试所运用的抽样及评价步骤如下。

(1) **定义误差**。根据审计目标，将误差定义为账面价值与实际价值的货币差额。

(2) **确定审计对象总体及抽样单元**。根据被审计单位实际情况，审计对象总体为 1 00 000 个应收账款明细账户，每一个应收账款账户均为一个抽样单元。

(3) **确定可信赖程度、误拒风险和误受风险水平及可容忍误差**。变量抽样中审计人员应明确两类风险。一类是可接受的误受风险，是指在应收账款实际错报额超过可容忍误差时，认为应收账款金额正确的风险。在实务中，审计人员依据对控制风险的评价，通常在 5%～30% 的范围内指定误受风险。误受风险水平与样本量呈反向关系，即该风险越小，样本量越大。本例中，审计人员采用 10% 的可接受的误受风险。另一类是可接受的误拒风险，是指在应收账款实际上没有发生重要错报时，认为应收账款金额不正确而拒绝接受的风险。本例中，审计人员采用 5% 的可接受的误拒风险。可容忍误差是指不至于引起财务报表错报的最大错误金额，是审计人员认为抽样结果可以达到审计目的而愿意接受的审计最大误差，也是账户层次的重要性水平。可容忍误差与样本规模呈反向关系，可容忍误差越大，需要抽取的样本规模就越小。审计人员考虑到货币金额的重要性，确定可容忍误差为 364 000 元。可信赖程度、误拒风险和误受风险水平与可信赖程度系数存在一定关系，具体见表 4-7。

表 4-7 可信赖程度系数表

可信赖程度/%	可接受的误受风险/%	可接受的误拒风险/%	可信赖程度系数（风险系数）
60	20.0	40	0.84
70	15.0	30	1.04
75	12.5	25	1.15
80	10.0	20	1.28
85	7.5	15	1.44
90	5.0	10	1.64

续表

可信赖程度/%	可接受的误受风险/%	可接受的误拒风险/%	可信赖程度系数（风险系数）
95	2.5	5	1.96
99	0.5	1	2.58

本例中，考虑到内部控制及抽样风险的可接受水平，审计人员确定可信赖程度为95%，误拒风险为5%，查表4-7，可得相应的可信赖程度系数为1.96。

(4) **确定计划抽样误差**。计划抽样误差是指可容忍误差与预期总体误差之间的差额。计划的抽样误差越大，所需的样本量越小。计划抽样误差也可按下列公式计算：

$$P = R \times 可容忍误差$$

式中，P 为计划抽样误差；R 为计划抽样误差与可容忍误差的比率，可根据特定的误拒风险和误受风险水平来确定。在实务中，该比率可通过查询计划抽样误差与可容忍误差比率表得到，见表4-8。

表4-8 计划抽样误差与可容忍误差比率表

误受风险/%	误拒风险			
	20%	10%	5%	1%
5	0.437	0.500	0.543	0.609
10	0.500	0.561	0.605	0.668
15	0.511	0.612	0.653	0.712
20	0.603	0.661	0.700	0.753
25	0.653	0.708	0.742	0.791
30	0.707	0.756	0.787	0.829

在本例中，误拒风险和误受风险分别为5%和10%，因此 R 为0.605，则计划抽样误差计算如下：

$$P = 0.605 \times 364\,000 = 220\,220 \text{（元）}$$

(5) **估计总体标准差**。为确定样本量，在均值估计抽样下，必须预先估计总体标准差。估计标准差有三种方法：一是用上次审计得到的标准差来估计本年度的标准差；二是依据可获得的账面价值资料来估计标准差；三是审计人员可预先选取30～50个较小的初始样本进行审查，再根据这些样本的标准差来估计本年度的总体标准差。估计总体标准差 S 的计算公式如下：

$$S = \sqrt{\frac{\sum_{i=1}^{N}(X_i - \overline{X})^2}{n-1}}$$

式中：X_i——各初始样本的审计价值；

$\overline{X}$——初始样本审计价值的平均值；

n——初始样本量。

本例中，审计人员依据去年审计的情况，估计总体标准差为120元，且审计人员决定不进行分层。

(6) **确定选取的样本量**。上述因素确定后，样本量可按照下列公式计算得出：

$$n = \left(\frac{U_r \times S \times N}{P}\right)^2$$

式中：U_r——可信赖程度系数；

S——估计的总体标准差；

N——总体项目个数；

P——计划抽样误差；

n——放回抽样的样本量。

所谓放回抽样是指样本选取后将其放回总体之中，还有被抽到的机会。审计工作中，一般采取不放回抽样，为消除偏差，通常在样本量和总体规模N之比大于0.05时，采用一个有限修正系数进行调整。调整后的样本量n'可通过下列公式计算：

$$n' = \frac{n}{1 + \frac{n}{N}}$$

本例中，

$$n = \left(\frac{1.96 \times 120 \times 100\,000}{220\,220}\right)^2 = 11\,406(\text{取整数})$$

由于$n \div N = 11\,406 \div 100\,000 = 0.114$，大于0.05，因此，调整后的样本量计算如下：

$$n' = \frac{n}{1 + \frac{n}{N}} = \frac{11\,406}{1 + \frac{11\,406}{100\,000}} = 10\,239(\text{取整数})$$

(7) **选取样本并进行审计**。审计人员采用随机选样方法，从应收账款明细账中选取10 239个顾客作为样本，并发出函证。假定函证结果表明，样本的审计价值总额为633 425元，平均值为61.864（633 425÷10 239＝61.864）元，实际样本标准差为100元。

(8) **评价抽样结果**。对抽样结果进行评价时，首先应推断出总体金额，并计算推断的总体误差。本例中，审计人员推断的总体金额为：

推断的总体金额＝样本平均值×总体项目个数

＝61.864×100 000＝6 186 400(元)

推断的总体误差＝账面价值－推断总体金额

＝6 250 000－6 186 400＝63 600(元)

然后，计算实际抽样误差。

实际抽样误差可按下列公式计算：

$$P_1 = N \times U_r \times \frac{S_1}{\sqrt{n}}$$

式中：P_1——实际抽样误差；

S_1——实际样本审计价值的标准差。

如果在确定样本量时使用了有限修正系数，上式就应改为：

$$P_1 = N \times U_r \times \frac{S_1}{\sqrt{n'}} \times \sqrt{1 - \frac{n'}{N}}$$

在本例中，

$$P_1 = 100\,000 \times 1.96 \times \frac{100}{\sqrt{10\,239}} \times \sqrt{1 - \frac{10\,239}{100\,000}} = 183\,385(元)$$

由于实际抽样误差 183 385 元比计划抽样误差 220 220 元要小，审计人员可得出以下结论：有 95% 的把握保证 100 000 个应收账款账户的真实总体金额落在 6 186 400 元±183 385 元之间，即 6 003 015～6 369 785 元。根据以上抽样结果，由于被审计单位应收账款账面价值 6 250 000 元落在总体估计价值范围内，表明应收账款金额没有重大的错报。这时，审计人员应将推断的总体误差 63 600 元视为审计差异，并在对会计报表发表意见时予以考虑。

有时，样本结果虽然可以支持得出账面价值无重大错报的结论，但却不位于审计人员指定的误受风险范围之内。要使样本结果保持在期望的风险范围之内，实际抽样误差则必须等于或者小于计划抽样误差。如果样本审计值的标准差大于估计总体标准差，比如，样本审计值的标准差为 130 元，则实际抽样误差将为 238 563 元（代入实际抽样误差的计算公式即可求得），大于计划抽样误差。在这种情况下，审计人员可利用以下公式来计算调整后的实际抽样误差 P_2：

$$P_2 = P_1 + 可容忍误差 \times \left(1 - \frac{P_1}{P}\right)$$

$$= 238\,563 + 364\,000 \times \left(1 - \frac{238\,563}{220\,220}\right)$$

$$= 208\,246(元)$$

根据上述计算，总体估计价值的范围为 6 186 400 元±208 246 元，即 5 978 154～6 394 646 元。应收账款账面价值 6 250 000 元恰好落在该范围内，表明应收账款金额没有重大的错报。

如果抽样结果表明被审计单位应收账款账面价值没有落入总体估计价值范围之内，审计人员应分析原因，并采取以下措施：增加样本量；要求被审计单位详细检查应收账款，并适当调整账面价值。

（二）差额估计抽样

差额估计抽样是通过样本审计价值与账面价值的差额来推断总体价值与账面价值的差额，进而对总体价值作出估计的一种变量抽样方法，一般适用于误差和账面价值不呈比例的情况。其计算公式如下：

平均差额＝样本审计价值与账面价值的差额÷样本量

估计的总体差额＝平均差额×总体项目个数

【例 4-5】 假设被审计单位的应收账款账面总金额为 2 800 000 元，共计 800 个账户。审计人员希望对应收账款总额进行估计，现选出 40 个账户，账面价值为 250 000 元，审计后认定的价值为 240 000 元。

$$平均差额 = (240\ 000 - 250\ 000) \div 40 = -250 （元）$$
$$估计的总体差额 = -250 \times 800 = -200\ 000 （元）$$
$$估计的总体价值 = 2\ 800\ 000 - 200\ 000 = 2\ 600\ 000 （元）$$

因此，该被审计单位的应收账款已审总金额为 2 600 000 元。

（三）比率估计抽样

比率估计抽样是通过样本审计价值与账面价值之间的比率关系来推断总体价值与账面价值的比率，进而估计总体价值的一种变量抽样方法，通常适用于误差和账面价值呈比例的情况。其计算公式如下：

$$比率 = 样本审计价值之和 \div 样本账面价值之和 \times 100\%$$
$$估计的总体价值 = 总体账面价值 \times 比率$$

【例 4-6】 假设被审计单位的应收账款账面总金额为 2 800 000 元，共计 800 个账户，审计人员使用比率估计抽样。审计人员选取了 90 个账户作为样本，账面价值共计 350 000 元。经审计发现，90 个账户中共有 15 个账户账面错误金额为 10 000 元。将错误金额调整后，确定样本价值为 340 000（350 000 - 10 000 = 340 000）元。

$$比率 = 340\ 000 \div 350\ 000 \times 100\% = 97.14\%$$
$$估计的总体价值 = 2\ 800\ 000 \times 97.14\%$$
$$= 2\ 719\ 920 （元）$$

因此，该被审计单位的应收账款已审总金额为 2 719 920 元。

（四）PPS 抽样

PPS 抽样就是概率比例规模抽样，是 Probability-Proportional-to-Size Sampling 的简称。PPS 抽样是一种运用属性抽样原理对货币金额而不是对发生率得出结论的统计抽样方法。PPS 抽样以货币单元作为抽样单元，有时也被称为金额加权抽样、货币单元抽样、累计货币金额抽样、综合属性变量抽样等。细节测试中，在有些情况下 PPS 抽样比传统变量抽样更实用。在该方法下，总体中的每个货币单元被选中的机会相同，所以总体中某一项目被选中的概率等于该项目的金额与总体金额的比率。项目金额越大，被选中的概率就越大。但实际上注册会计师并不是对总体中的货币单元实施检查，而是对包含被选取货币单元的余额或交易实施检查。注册会计师检查的余额或交易被称为逻辑单元或实物单元。PPS 抽样有助于注册会计师将审计重点放在较大的余额或交易。此抽样方法之所以得名,是因为总体中每一余额或交易被选取的概率与其账面金额(规模)呈比例。

注册会计师进行 PPS 抽样必须满足两个条件:第一,总体的错报率很低(低于 10%),且总体规模在 2 000 以上。这是 PPS 抽样使用的泊松分布的要求;第二,总体中任一项目的错报不能超过该项目的账面金额。这就是说,如果某账户的账面金额是 100 元,其错报金额不能超过 100 元。

应用 PPS 抽样法的步骤如下:首先,将负数金额从总体中删除;其次,计算并制作总体项目的累计金额表;再次,根据所需的样本规模,按照随机数表法或系统选样法选取随机数字;最后,找出选取的随机数在累计金额表中的位置,与此相对应的项目即为样本项目。

【例 4-7】 注册会计师欲从 10 张销售发票组成的总体中选择 4 张进行测试,已知 10 张发票总计金额为 6 000 元,总体项目累计金额表见表 4-9。

表 4-9 总体项目累计金额表

项目号	记录金额	累计金额
1	650	650
2	1 280	1 930
3	511	2 441
4	322	2 763
5	612	3 375
6	885	4 260
7	771	4 820
8	560	5 380
9	540	5 920

采用系统选样法计算的抽样间距=6 000÷4=1 500。在第一个间距内选择随机数 450,则选出的 4 个样本数额为 450、1 950、3 450、4 950,这 4 个数字分别包含在第 1、3、6、8 张销售发票的累计金额之内,选择样本即为这 4 张发票。审计人员根据选样结果再进一步实施审计。在本例中,所有的存货明细账余额都小于 20 000 元,即没有超过抽样间距的实物单元。如果有实物单元超出抽样间距,应当对这些实物单元进行 100% 的检查。

【学习本节收获】

审计抽样的关键在于掌握抽样流程与步骤,审计抽样流程见图 4-1。

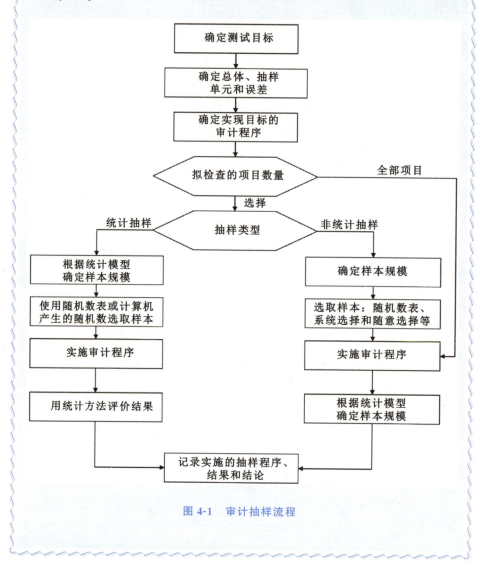

图 4-1 审计抽样流程

本章测试

一、单项选择题

1. 下列有关审计抽样的样本代表性的说法中错误的是(   )。

    A. 样本代表性与如何选取样本相关

    B. 样本代表性与整个样本,而非样本中的单个项目相关

C. 样本代表性通常与错报的发生率相关

D. 样本代表性与样本规模相关

2. 在运用审计抽样实施控制测试时，下列各项因素中不影响样本规模的是（　　）。

　　A. 控制的类型

　　B. 可容忍偏差率

　　C. 控制运行的相关期间的长短

　　D. 选取样本的方法

3. 下列有关统计抽样和非统计抽样的说法中，错误的是（　　）。

　　A. 注册会计师在统计抽样与非统计抽样方法之间进行选择时主要考虑成本效益

　　B. 非统计抽样如果设计适当，也能提供与统计抽样方法同样有效的结果

　　C. 注册会计师应根据具体情况并运用职业判断，确定使用统计抽样或非统计抽样方法

　　D. 注册会计师使用非统计抽样时，不需要考虑抽样风险

4. 下列各项中，不会导致非抽样风险的是（　　）。

　　A. 注册会计师选择的总体不适合于测试目标

　　B. 注册会计师未能适当地定义误差

　　C. 注册会计师未对总体中的所有项目进行测试

　　D. 注册会计师未能适当地评价审计发现的情况

二、多项选择题

1. 下列各项审计程序中，通常不宜采用审计抽样的有（　　）。

　　A. 风险评估程序

　　B. 对未留下运行轨迹的控制的运行有效性实施测试

　　C. 实质性分析程序

　　D. 对信息技术应用控制的运行有效性实施测试

2. 下列有关抽样风险的说法中，正确的有（　　）。

　　A. 误受风险和信赖过度风险影响审计效果

　　B. 误受风险和信赖不足风险影响审计效果

　　C. 误拒风险和信赖不足风险影响审计效率

　　D. 误拒风险和信赖过度风险影响审计效率

三、计算题

A注册会计师负责审计甲公司2021年度财务报表。在针对存货实施细节测试时，A注册会计师决定采用传统变量抽样方法实施统计抽样。甲公司2021年12月31日存货账面余额合计为15 000万元。A注册会计师确定的总体规模为3 000，样本规模为200，样本账面余额合计为1 200万元，样本审定金额合计为800万元。

要求：代 A 注册会计师分别采用均值估计抽样、差额估计抽样和比率估计抽样三种方法计算推断的总体错报金额。

四、简答题

ABC 会计师事务所的 A 注册会计师负责审计甲公司 2019 年度财务报表，与函证相关的部分事项如下。

（1）在发出询证函前，A 注册会计师根据风险评估结果选取部分被询证者。通过查询公开网站等方式验证的甲公司管理层提供的被询证者名称和地址的准确性，结果满意。

（2）甲公司 2019 年 12 月 31 日银行借款账面余额为零，为确认这一情况，A 注册会计师在询证函中将银行借款项目用斜线划掉。银行回函显示信息相符，结果满意。

（3）甲公司的开户行乙银行因受新冠肺炎疫情影响，无法处理函证。A 注册会计师与乙银行的上级银行沟通后，向其寄发了询证函并收到回函，结果满意。

（4）2020 年 3 月，现场审计工作开始前，甲公司已收回 2019 年末的大部分应收账款。A 注册会计师检查了相关的收款单据和银行对账单，结果满意，决定不对应收账款实施函证程序，并在审计工作底稿中记录了不发函的上述理由。

（5）A 注册会计师收到丙公司通过电子邮件发来的其他应收款回函扫描件后，向甲公司财务人员取得了丙公司财务人员的微信号，联系对方核实了函证内容，并在审计工作底稿中记录了沟通情况及微信对话截屏。

要求：针对上述（1）—（6）项，逐项指出 A 注册会计师的做法是否恰当。如不恰当，简要说明理由。

第五章
审计证据与审计工作底稿

✈ 知识目标

1. 了解审计工作底稿的内容;
2. 理解审计证据的性质。

✈ 技能目标

1. 能运用审计证据理论筛选出充分、适当的审计证据;
2. 能运用审计工作底稿理论编制规范的审计工作底稿。

✈ 本章引例

审计工作底稿的严肃性

2018年12月31日,审计助理小丁去ABC公司监盘存货,听到几个员工议论可能存在变质产品。小丁对存货进行抽点,结果表明存货数量准确、收发有序。由于产品技术含量较高,小丁无法鉴别产品是否变质,于是他去询问存货部主管,得到的答复是产品无质量问题。在编制审计工作底稿时,小丁在备注中写下"听说有变质产品,建议在下阶段的存货计价审计中应予以特别关注"。注册会计师张某在复核工作底稿时,向小丁详细了解存货监盘情况,特别是有关变质产品的情况,并询问当时议论此事的员工,但这些员工矢口否认。于是,老张与存货部主管沟通之后得出结论"存货未发现重大错报",并且在底稿备注中注明"变质产品问题经核实尚无证据,但下次审计时应加以考虑"。

由于ABC公司总经理抱怨张某前两次发表保留意见，使其贷款遇到了麻烦，因此，对于本次审计，注册会计师张某发表了无保留意见。六个月后，ABC公司出现了资金周转不灵的现象，主要原因是存货中存在大量变质产品无法出售，致使无法偿还银行贷款。银行提起诉讼，拟向会计师事务所索赔。会计师事务所向法庭出示了审计工作底稿。

法院审理后认为，注册会计师明知存货价值高估，但迫于该公司的压力而未揭示，具有重大过失，应承担银行的贷款损失。

注册会计师实施审计程序的过程就是获得审计证据的过程，注册会计师通过获得的审计证据，推导出审计结论，编写审计报告。注册会计师将他们如何实施审计程序、如何获得结论的整个过程以文字、图表等形式记录下来，就形成了审计工作底稿的主体内容。

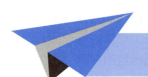

第一节 审计证据

注册会计师应当获取充分、适当的审计证据，以得出合理的审计结论，作为形成审计意见的基础。因此，注册会计师需要确定什么构成审计证据、如何获取审计证据、如何评价审计证据的充分性和适当性、收集的审计证据如何支持审计意见。

一、审计证据的概念

审计证据是指注册会计师为了得出审计结论、形成审计意见而使用的所有信息。审计证据包括构成财务报表基础的会计记录所含有的信息和其他的信息。

（一）会计记录中含有的信息

被审计单位的财务报表是根据会计记录进行编制的，注册会计师应当测试会计记录以获取审计证据。现代企业的会计记录通常是电子数据，因而要求注册会计师对内部控制予以充分关注，以获取这些记录的真实性、准确性和完整性。会计记录取决于相关交易的性质，它既包括被审计单位内部生成的手工或电子形式的凭证，也包括从和被审计单位进行交易的其他企业收到的凭证。

（二）其他信息

注册会计师除了需要测试被审计单位的会计记录外，还应当获取用作审计证据的其他信息。其他信息包括注册会计师从被审计单位内部或外部获取的会计记录以外的信息，如被审计单位会议记录、内部控制手册、询证函的回函、分析师的报告、与竞争者的比较数据等；通过询问、观察和检查等审计程序获取的信息，如通过检查存货获取的存在证据等；以及注册会计师自身编制或获取的可以通过合理推断得出结论的信息，如注册会计师编制的各种计算表、分析表等。

以上两种信息共同构成了审计证据，两者缺一不可。如果没有前者，审计工作将无法进行；如果没有后者，可能无法识别重大错报风险。只有将两者结合在一起，才能将审计风险降至可接受的低水平，为注册会计师发表审计意见提供合理基础。

审计证据的表现形式有实物证据、书面证据、口头证据及环境证据等。这些审计证据的获得依赖审计取证方法的实施，审计取证方法与审计证据类型之间的关系见表 5-1。

表 5-1　审计取证方法与审计证据类型之间的关系

审计程序	实物证据	书面证据	口头证据	环境证据
检查文件或记录		√		
检查有形资产	√			
观察	√			√
询问			√	
函证		√		
重新计算		√		
重新执行		√		√
分析程序		√		√

二、审计证据的充分性与适当性

注册会计师应当保持职业怀疑态度，运用职业判断，评价审计证据的充分性与适当性。

（一）审计证据的充分性

审计证据的充分性是对审计证据数量的衡量，主要与注册会计师确定的样本量有关。例如，对某个审计项目实施某一选定的审计程序，从 200 个样本项目中获得的证据要比从 100 个样本项目中获得的证据更充分。获取的审计证据应当充分，足以将与每个重要认定相关的审计风险限制在可接受的水平。

注册会计师需要获取的审计证据的数量受其对重大错报风险评估的影响（评估的重大错报风险越高，需要的审计证据可能越多），并受审计证据质量的影响（审计证据质量越高，需要的审计证据可能越少）。然而，注册会计师仅靠获取更多的审计证据可能无法弥补其质量上的缺陷。

（二）审计证据的适当性

审计证据的适当性是对审计证据质量的衡量，即审计证据在支持审计意见所依据的结论方面具有的相关性和可靠性。相关性和可靠性是审计证据适当性的核心内容，只有相关且可靠的审计证据才是高质量的。

审计证据的相关性是指用作审计证据的信息与审计程序的目的和所考虑的相关认定之间的逻辑联系。例如，对存货实施监盘程序获得的审计证据只与存货的存在认定相关，与存货的准确性、计价和分摊认定部分相关，而与存货的权利和义务认定没有相关性。

审计证据的可靠性是指审计证据的可信程度。例如，注册会计师亲自获取的审计证据就比被审计单位提供的审计证据更可靠。审计证据的可靠性受其来源和性质的影响，并取决于获取审计证据的具体环境。注册会计师在判断审计证据的可靠性时，通常会考虑下列原则：

（1）从外部独立来源获取的审计证据比从其他来源获取的审计证据更可靠；

（2）内部控制有效时内部生成的审计证据比内部控制薄弱时内部生成的审计证据更可靠；

（3）直接获取的审计证据比间接获取或推论得出的审计证据更可靠；

（4）以文件记录形式（纸质、电子或其他介质）存在的审计证据比口头形式的审计证据更可靠；

（5）从原件获取的审计证据比从传真件或复印件获取的审计证据更可靠。

（三）审计证据的充分性与适当性之间的关系

充分性和适当性是审计证据的两个重要特征，两者缺一不可，只有充分且适当的审计证据才是有证明力的。注册会计师需要获取的审计证据的数量受审计证据质量的影响，审计证据质量越高，需要的审计证据的数量可能越少。也就是说，审计证据的适当性会影响审计证据的充分性。但审计证据的充分性无法弥补适当性，也就是说如果审计证据质量存在缺陷，那么注册会计师仅靠获取更多的审计证据可能无法弥补其质量上的缺陷。

注册会计师可以考虑获取审计证据的成本与所获取信息的有用性之间的关系，但不应以获取审计证据的困难和成本为理由减少不可替代的审计程序。在保证获取充分、适当的审计证据的前提下，控制审计成本是会计师事务所增强竞争能力和获利能力所必需的。但为了保证形成的审计意见是恰当的，注册会计师不应将获取审计证据的成本高低和难易程度作为减少不可替代的审计程序的理由。

二维码 5-1
如何判断审计证据的充分性与适当性？
（语音）

【学习本节收获】
　　审计证据是推导出审计结论的根据，要避免审计失败，审计证据就必须符合充分性与适当性的要求。

第二节　审计工作底稿

一、审计工作底稿的概念

　　审计工作底稿形成于审计工作过程并反映整个审计过程。审计工作底稿是注册会计师对包括但不限于制定的审计计划、实施的审计程序、获取的相关审计证据以及推导出的审计结论等审计工作内容的记录。审计工作底稿是审计证据的载体，是注册会计师在审计过程中形成的审计工作记录和获取的资料。

二、审计工作底稿的编制目的

　　因为审计工作底稿是对审计工作的记录，所以注册会计师及时编制审计工作底稿可以达到以下目的：
　　（1）提供充分、适当的记录，作为出具审计报告的基础；
　　（2）提供证据，证明注册会计师已按照审计准则和相关法律法规的规定计划执行了审计工作；
　　（3）有助于履行指导、监督与复核审计工作的责任。
　　审计工作底稿在计划和执行审计工作中发挥着关键作用。它提供了审计工作实际执行情况的记录，是形成审计报告的基础。审计工作底稿也可用于项目质量复核、监督会计师事务所对审计准则的遵循情况以及第三方的检查等。

三、审计工作底稿的编制要求

　　注册会计师编制的审计工作底稿，应当使未曾接触该项审计工作的有经验的专业人士清楚地了解如下情况：
　　（1）按照审计准则和相关法律法规的规定实施的审计程序的性质、时间安排和范围；

二维码 5-2
哪些人属于有经验的专业人士？

(2) 实施审计程序的结果和获取的审计证据；

(3) 审计中遇到的重大事项和得出的结论，以及在得出结论时作出的重大职业判断。

四、审计工作底稿的内容

审计工作底稿通常包括审计业务约定书、审计计划、分析表、问题备忘录、重大事项概要、询证函回函和声明、核对表、有关重大事项的往来函件（包括电子邮件）、管理建议书、项目组内部或项目组与被审计单位举行的会议记录、与其他人士（如其他注册会计师、律师、专家等）的沟通文件及错报汇总表等。

审计工作底稿通常不包括已被取代的审计工作底稿的草稿或财务报表的草稿，反映不全面或初步思考的记录、存在印刷错误或其他错误而作废的文本，以及重复的文件记录等。

通常，审计工作底稿包括下列全部或部分要素：

(1) 审计工作底稿的标题；

(2) 审计过程记录；

(3) 审计结论；

(4) 审计标识及其说明；

(5) 索引号及编号；

(6) 编制者姓名及编制日期；

(7) 复核者姓名及复核日期；

(8) 其他应说明事项。

五、审计工作底稿的归档管理

在审计报告日（如未完成审计业务，则在审计业务中止日）后60天内，注册会计师将审计工作底稿归整为最终审计档案。这是一项事务性的工作，不涉及实施新的审计程序或得出新的结论。事务性的工作主要包括：

(1) 删除或废除被取代的审计工作底稿；

(2) 对审计工作底稿进行分类、整理和交叉索引；

(3) 对审计档案归整工作的完成核对表签字认可；

(4) 记录在审计报告日前获取的、与项目组相关成员进行讨论并达成一致意见的审计证据。

审计工作底稿的所有权归会计师事务所，会计师事务所应当自审计报告日（或审计业务中止日）起，对审计工作底稿至少保存10年。在完成最终审计档案的归整工作后，注册会计师不应在规定的保存期届满前删除或废弃任何性质的审计工作底稿。但存在以下两种情形时，注册会计师有必要修改或增加现有审计工作底稿：

（1）注册会计师已实施了必要的审计程序，取得了充分、适当的审计证据，并得出了恰当的审计结论，但审计工作底稿的记录不够充分；

（2）审计报告日后，发现例外情况要求注册会计师实施新的或追加审计程序，或导致注册会计师得出新的结论。例外情况主要是指审计报告日后发现与已审计财务信息相关，且在审计报告日已经存在的事实，该事实如果被注册会计师在审计报告日前获知，可能影响审计报告。例如，注册会计师在审计报告日后才获知法院在审计报告日前已对被审计单位的诉讼、索赔事项作出了最终判决结果。

在审计档案的保存期内，如果有必要修改现有审计工作底稿或增加新的审计工作底稿，注册会计师应当记录：

（1）修改或增加审计工作底稿的理由；

（2）修改或增加审计工作底稿的时间和人员，以及复核的时间和人员。

【学习本节收获】

　　审计工作底稿是审计证据的载体，是执行审计工作的证明文件，是注册会计师自我辩护的证词。

本章测试

一、单项选择题

1. 下列有关审计证据充分性的说法中，错误的是（　　）。

    A. 初步评估的控制风险越低，需要通过控制测试获取的审计证据可能越少

    B. 计划从实质性程序中获取的保证程度越高，需要的审计证据可能越多

    C. 评估的重大错报风险越高，需要的审计证据可能越多

    D. 审计证据质量越高，需要的审计证据可能越少

2. 在确定审计证据的可靠性时，下列表述中错误的是（　　）。

    A. 以电子形式存在的审计证据比口头形式的审计证据更可靠

    B. 从复印件获取的审计证据比从传真件获取的审计证据更可靠

    C. 从外部独立来源获取的审计证据比从其他来源获取的审计证据更可靠

    D. 直接获取的审计证据比推论得出的审计证据更可靠

3. 下列有关审计证据的说法中，正确的是（　　）。

    A. 外部证据与内部证据矛盾时，注册会计师应当采用外部证据

    B. 审计证据不包括会计师事务所接受与保持客户或业务时实施质量控制程序获取的信息

    C. 通常情况下，注册会计师需要鉴定作为审计证据的文件记录的真伪

    D. 注册会计师可以考虑获取审计证据的成本与所获取信息的有用性之间的关系

二、简答题

1. 注册会计师在对F公司2021年度财务报表进行审计时，收集到以下六组审计证据：

（1）收料单与购货发票；

（2）销售发票副本与产品出库单；

（3）领料单与材料成本计算表；

（4）工资计算单与工资发放单；

（5）存货盘点表与存货监盘记录；

（6）银行询证函回函与银行对账单。

要求：分别说明每组证据中哪项审计证据较为可靠，简要说明理由。

2. 注册会计师王凯负责审计A公司2020年度财务报表。相关的部分事项如下，请逐项判断是否恰当，如不恰当，简要说明理由。

（1）审计报告日后，王凯对在审计报告日前收到的应付账款询证函回函中存在的差异进行调查，确认其金额和性质均不重大，并记录于审计工作底稿；

（2）项目组应当自鉴证业务报告日起六十日内将业务工作底稿归档。归档后，项目组需要删除或增加业务工作底稿，须经主任会计师批准；

（3）王凯在审计工作底稿归档之后收到了一份银行询证函回函原件，于是用原件替换审计档案中的回函传真件；

（4）在完成审计档案归整工作后，王凯收到一份应收账款询证函回函，其结果显示无差异。王凯将其归入审计档案，并删除了在审计过程中实施的相关替代程序的审计工作底稿；

（5）在完成审计档案归整工作后，由于实施追加的审计程序而修改审计工作底稿，王凯在审计工作底稿中记录修改的理由和时间。

第六章
审计风险评估

✈ 知识目标

1. 了解审计风险评估的概念与作用；
2. 理解审计风险评估的程序；
3. 掌握重大错报风险的评估。

✈ 技能目标

1. 试运用风险评估相关理论知识，了解整体层面和业务流程层面内部控制的内容；
2. 试运用风险评估相关理论知识，评估上市公司的重大错报风险。

✈ 本章引例

600字短文揭露出蓝田股份财务报表造假

2001年，在中国证券市场一场声势浩大的揭露上市公司财务造假的浪潮中，蓝田股份有限公司（以下简称"蓝田股份"）再次出现在风口浪尖。中央财经大学刘姝威教授的600字短文引起市场轩然大波，导致主要银行停止了对蓝田股份的贷款。接着，蓝田股份因涉嫌提供虚假财务报告，高管和财务人员被公安部门拘传，股票停牌，大股东转让股权，蓝田股份实行重组。

蓝田股份的财务异常表现主要包括：

1. 应收账款与销售收入不对等。2000年，蓝田股份销售收入达到18.4亿元，应收账款仅857万元。

2. 巨额短期融资与高获利情形不匹配。2001年半年报显示，蓝田股份扩大了对银行资金的依赖程度，流动资金借款增加了1.93亿元，增加幅度达200%，与其良好的现金流入不相符合。

3. 2001 年中报显示，截至 2001 年上半年，公司未分配利润高达 11.4 亿元。也正是在公司"业绩增长"最快的近 3 年间，蓝田股份却捂紧钱包，只在 2001 年 6 月进行过一次每 10 股派 1.6 元的分红。

4. 固定资产的成长不符合常理。截至 2000 年底，蓝田股份的固定资产达到 21.69 亿元，占总资产的 76.43%，高出同行业平均值一倍多，并且固定资产增长速度高于业绩增长速度。

5. 过度偏低的职工月收入。从蓝田股份现金流量表"支付给职工以及为职工支付的现金"栏中看出，2000 年度该公司职工工资支出为 2 256 万元，以 13 000 个职工计，人均每月收入仅 144.6 元。

6. 鱼塘的效益神话。蓝田股份精养鱼塘每亩产值可达 3 万元，考虑到水产品的价格，这相当于每平方米水面下会养 50~60 千克的鱼（被网友戏称为"无氧鱼"）。此外，公司 2000 年年报及 2001 年中报显示，蓝田股份水产品的毛利率为 32%（同行的深宝宝为 20%），饮料的毛利率达 36%（同行的承德露露不到 30%）。

在此案例中，刘姝威教授并没有参与审计项目组亲临审计工作现场，仅仅利用分析程序便揭示出蓝田股份 2000 年度财务报表中可能存在的重大错报风险。

风险导向审计是当今主流的审计方法，它要求注册会计师识别和评估重大错报风险，再设计和实施进一步审计程序以应对评估的错报风险，并根据审计结果出具恰当的审计报告。本章将讲述审计风险评估的有关知识。

第一节 风险识别和评估概述

一、风险识别和评估的概念

风险识别和评估，是指注册会计师通过实施风险评估程序，识别和评估财务报表层次和认定层次的重大错报风险。其中，风险识别是指找出财务报表层次和认定层次的重大错报风险，风险评估是指对重大错报发生的可能性和后果严重程度进行评估。

二、风险识别和评估的作用

注册会计师应当了解被审计单位及其环境,以充分识别和评估财务报表重大错报风险,设计和实施进一步审计程序。了解被审计单位及其环境将为注册会计师在下列关键环节作出职业判断提供重要基础:

(1) 确定重要性水平,并随着审计工作的进程评估对重要性水平的判断是否仍然适当;

(2) 考虑会计政策的选择和运用是否恰当,以及财务报表的列报是否适当;

(3) 识别与财务报表中金额或披露相关的需要特别考虑的领域,包括关联方交易、管理层运用持续经营假设的合理性,或交易是否具有合理的商业目的等;

(4) 确定在实施分析程序时所使用的预期值;

(5) 设计和实施进一步审计程序,以将审计风险降至可接受的低水平;

(6) 评价所获取审计证据的充分性和适当性。

了解被审计单位及其环境是一个连续和动态地收集、更新与分析信息的过程,贯穿于整个审计过程的始终。注册会计师应当运用职业判断确定需要了解被审计单位及其环境的程度。

三、风险评估程序

为了解被审计单位及其环境而实施的程序称为风险评估程序。注册会计师应当依据实施这些程序所获取的信息,评估重大错报风险。

(一) 风险评估程序

1. 询问管理层和被审计单位内部其他人员

注册会计师可以考虑向管理层和财务负责人询问下列事项:管理层所关注的主要问题;被审计单位最近的财务状况、经营成果和现金流量;可能影响财务报告的交易和事项,或者目前发生的重大会计处理问题;被审计单位发生的其他重要变化,如所有权结构、组织结构的变化,以及内部控制的变化等。

注册会计师还应当考虑询问内部审计人员、采购人员、生产人员、销售人员等其他人员,并考虑询问不同级别的员工,以获取对识别重大错报风险有用的信息。

2. 分析程序

分析程序是指注册会计师通过研究不同财务数据之间以及财务数据与非财务数据之间的内在关系,对财务信息作出评价。分析程序还包括调查识别出的与其他相关信息不一致或与预期数据严重偏离的波动和关系。

3. 观察和检查

观察和检查程序可以印证对管理层和其他相关人员的询问结果,并可提供有关被审计单位及其环境的信息,注册会计师应当实施下列观察和检查程序。

(1) 观察被审计单位的生产经营活动。例如，观察被审计单位人员正在从事的生产活动和内部控制活动，可以增加注册会计师对被审计单位人员如何进行生产经营活动及实施内部控制的了解。

(2) 检查文件、记录和内部控制手册。例如，检查被审计单位的经营计划、策略、章程，与其他单位签订的合同、协议，各业务流程操作指引和内部控制手册等，了解被审计单位组织结构和内部控制制度的建立健全情况。

(3) 阅读由管理层和治理层编制的报告。例如，阅读被审计单位年度和中期财务报告，股东大会、董事会会议、高级管理层会议的会议记录或纪要，管理层的讨论和分析资料，对重要经营环节和外部因素的评价，被审计单位内部管理报告以及其他特殊目的报告（如新投资项目的可行性分析报告）等，了解自上一期审计结束至本期审计期间被审计单位发生的重大事项。

(4) 实地察看被审计单位的生产经营场所和厂房设备。通过现场访问和实地察看被审计单位的生产经营场所和厂房设备，可以帮助注册会计师了解被审计单位的性质及其经营活动。

4. 穿行测试

所谓穿行测试是指追踪交易在财务报告信息系统中的处理过程。这是注册会计师了解被审计单位业务流程及其相关控制时经常使用的审计程序。通过追踪某笔或某几笔交易在业务流程中如何生成、记录、处理和报告，以及相关内部控制如何执行，注册会计师可以确定被审计单位的交易流程和相关控制是否与之前通过其他程序所获得的了解相一致，并确定相关控制是否得到执行。

（二）实施其他审计程序和获取其他信息

1. 其他审计程序

如果根据职业判断认为从被审计单位外部获取的信息有助于识别重大错报风险，注册会计师还应当实施其他审计程序以获取这些信息。例如，询问被审计单位聘请的外部法律顾问、专业评估师、投资顾问和财务顾问等。外部信息包括证券分析师、银行、评级机构出具的有关被审计单位及其所处行业的经济或市场环境等状况的报告，贸易与经济方面的报纸期刊，法规或金融出版物，以及政府部门或民间组织发布的行业报告和统计数据等。阅读外部信息也可能有助于注册会计师了解被审计单位及其环境。

2. 获取其他信息

注册会计师应当考虑在承接客户或续约过程中获取的信息，以及向被审计单位提供其他服务所获得的经验是否有助于识别重大错报风险。特别是对于连续审计业务，如果拟利用在以前期间获取的信息，注册会计师应当确定被审计单位及其环境是否已发生变化，以及该变化是否可能影响以前期间获取的信息在本期审计中的相关性。例如，通过前期审计获取的有关被审计单位组织结构、生产经营活动和内部控制的审计证据，以及有关以往的错报和错报是否得到及时更正的信息，可以帮助注册会计师评估本期财务报表的重大错报风险。

(三) 开展项目组内部的讨论

注册会计师应当组织项目组成员对财务报表存在重大错报的可能性进行讨论，并运用职业判断确定讨论的目标、内容、人员、时间和方式。项目组内部的讨论在所有业务阶段都非常必要，通过讨论可以保证所有事项得到恰当的考虑。

1. 讨论的目标

项目组内部的讨论为项目组成员提供了交流信息和分享见解的机会。项目组通过讨论可以使成员更好地了解在各自分工负责的领域中，由于舞弊或错误导致财务报表重大错报的可能性，并了解各自实施审计程序的结果如何影响审计的其他方面，包括对确定进一步审计程序的性质、时间安排和范围的影响。

2. 讨论的内容

项目组应当讨论被审计单位面临的经营风险、财务报表容易发生错报的领域以及发生错报的方式，特别是由于舞弊导致重大错报的可能性。讨论的内容和范围受项目组成员的职位、经验和所需要的信息的影响。讨论的领域可以包括多方面，如：分享已获取的被审计单位的有关信息；分享审计思路和方法；为项目组指明审计方向等。

3. 参与讨论的人员

注册会计师应当运用职业判断确定项目组内部参与讨论的成员。项目组的关键成员应当参与讨论，如果项目组需要拥有信息技术或其他特殊技能的专家，这些专家也可根据需要参与讨论。参与讨论人员的范围受项目组成员的职责经验和信息需要的影响。例如，在跨地区审计中，每个重要地区项目组的关键成员应该参加讨论，但不要求所有成员每次都参与项目组的讨论。

4. 讨论的时间和方式

项目组应当根据审计的具体情况，在整个审计过程中持续交换有关财务报表发生重大错报可能性的信息。根据审计准则的规定，注册会计师应当在计划和实施审计工作时保持职业怀疑，充分考虑可能存在导致财务报表发生重大错报的情形。项目组在讨论时应当强调在整个审计过程中保持职业怀疑，警惕可能发生重大错报的迹象，并对这些迹象进行严格追踪。通过讨论，项目组成员可以交流和分享在整个审计过程中获得的信息，包括可能对重大错报风险评估产生影响的信息或针对这些风险实施审计程序的信息。项目组还可以根据实际情况，讨论其他重要事项。

【学习本节收获】

风险评估程序是风险导向审计模式的落脚点，是审计流程中非常关键的一环。风险评估的目的就是评估被审计单位的重大错报风险，必须执行的程序是分析程序。

第二节　了解被审计单位及其环境

注册会计师应当从多方面了解被审计单位及其环境，以作为识别和评估重大错报风险的基础。

一、总体要求

注册会计师应当从行业状况、法律环境与监管环境以及其他外部因素了解被审计单位面临的外部环境。除此之外，还应该了解被审计单位的内部因素，主要包括：
（1）被审计单位的性质；
（2）被审计单位对会计政策的选择和运用；
（3）被审计单位的目标、战略以及可能导致重大错报风险的相关经营风险；
（4）对被审计单位财务业绩的衡量和评价；
（5）被审计单位的内部控制。

被审计单位及其环境的各个方面可能会互相影响。例如，被审计单位的行业状况、法律环境与监管环境以及其他外部因素可能影响到被审计单位的目标、战略以及相关经营风险，而被审计单位的性质、目标、战略以及相关经营风险可能影响到被审计单位对会计政策的选择和运用，以及内部控制的设计和执行。因此，注册会计师在对被审计单位及其环境的各个方面进行了解和评估时，应当考虑各因素之间的相互关系。

二、被审计单位面临的外部环境

（一）行业状况

了解行业状况有助于注册会计师识别与被审计单位所处行业有关的重大错报风险。注册会计师应当了解被审计单位的行业状况，主要包括：所处行业的市场供求与竞争；生产经营的季节性和周期性；与被审计单位产品相关的生产技术；能源供应与成本；行业的关键指标和统计数据。

（二）法律环境与监管环境

注册会计师应当了解被审计单位所处的法律环境及监管环境，主要包括：适用的会计准则、会计制度和行业特定惯例；对经营活动产生重大影响的法律法规及监管活动；对开展业务产生重大影响的政府政策，包括货币、财政、税收和贸易等政策；与被审计单位所处行业和所从事经营活动相关的环保要求。

（三）其他外部因素

注册会计师应当了解影响被审计单位经营的其他外部因素，主要包括：宏观经济的景气度、利率和资金供求状况、通货膨胀水平及币值变动、国际经济环境和汇率变动等。

注册会计师应当考虑被审计单位所在行业的业务性质或监管程度是否可能导致特定的重大错报风险，对于不同被审计单位，了解的重点和程度可能不同。例如，对从事计算机硬件制造的被审计单位，注册会计师可能更关心市场和竞争以及技术进步的情况；对金融企业，注册会计师可能更关心宏观经济走势以及货币、财政等方面的宏观经济政策；对化工等产生污染的行业，注册会计师可能更关心相关环保法规。对建筑行业长期合同涉及收入和成本的重大估计，可能导致重大错报风险；对商业银行的资本充足率，银行监管机构有专门规定，不能满足这一监管要求的商业银行可能有操纵财务报表的动机和压力。注册会计师应当考虑将了解的重点放在对被审计单位的经营活动可能产生重要影响的关键外部因素以及与前期相比发生的重大变化上。

三、被审计单位的内部因素

（一）被审计单位的性质

1. 所有权结构

对被审计单位所有权结构的了解有助于注册会计师识别关联方关系并了解被审计单位的决策过程。

2. 治理结构

良好的治理结构可以对被审计单位的经营和财务运作实施有效的监督，从而降低财务报表发生重大错报的风险。注册会计师应当了解被审计单位的治理结构。例如，董事会的构成情况、董事会内部是否有独立董事；治理结构中是否设有审计委员会或监事会及其运作情况。注册会计师应当考虑治理层是否能够在独立于管理层的情况下对被审计单位事务（包括财务报告）作出客观判断。

3. 组织结构

复杂的组织结构可能导致某些特定的重大错报风险。注册会计师应当了解被审计单位的组织结构，考虑复杂组织结构可能导致的重大错报风险，包括财务报表合并、商誉减值、长期股权投资核算以及特殊目的实体核算等问题。例如，对于在多个地区拥有子公司、合营企业、联营企业或其他成员机构，或者存在多个业务分部和地区分部的被审计单位，不仅编制合并财务报表的难度增加，还存在其他可能导致重大错报风险的复杂事项，包括：对于子公司、合营企业、联营企业和其他股权投资类别的判断及其会计处理等。

4. 经营活动

了解被审计单位经营活动有助于注册会计师识别预期在财务报表中反映的主要交易类别、重要账户余额和列报。注册会计师应当了解被审计单位的经营活动，主要包括：

（1）主营业务的性质；

（2）与生产产品或提供劳务相关的市场信息；

（3）业务的开展情况；

（4）联盟、合营与外包情况；

（5）从事电子商务的情况；

（6）地区分布与行业细分；

（7）生产设施、仓库和办公室的地理位置，存货存放地点和数量；

（8）关键客户，例如，销售对象是少量的大客户还是众多的小客户，是否有被审计单位高度依赖的特定客户（如超过销售总额10%的顾客），是否有造成高回收性风险的若干客户或客户类别（如正处在一个衰退市场中的客户），是否与某些客户订立了不寻常的销售条款或条件；

（9）货物和服务的重要供应商，例如，是否签订长期供应合同，原材料供应的可靠性和稳定性，付款条件，原材料是否受重大价格变动的影响；

（10）劳动用工安排；

（11）研究与开发活动及其支出；

（12）关联方交易。

5. 投资活动

被审计单位的投资活动主要包括：

（1）近期拟实施或已实施的并购活动与资产处置情况，包括业务重组或某些业务的终止；

（2）证券投资、委托贷款的发生与处置；

（3）资本性投资活动，包括固定资产和无形资产投资，近期或计划发生的投资变动，以及重大的资本承诺等；

（4）不纳入合并范围的投资，例如，联营、合营或其他投资，包括近期计划的投资项目。

6. 筹资活动

被审计单位的筹资活动主要包括如下几个方面。

（1）债务结构和相关条款，包括资产负债表外融资和租赁安排。例如，获得的信贷额度是否可以满足营运需要；得到的融资条件及利率是否与竞争对手相似，如不相似，原因何在；是否存在违反借款合同中限制性条款的情况；是否承受重大的汇率与利率风险。

(2) 主要子公司和联营企业（无论是否处于合并范围内）的重要融资安排。

(3) 实际受益方及关联方。例如，实际受益方是国内的还是国外的，其商业声誉和经验可能对被审计单位产生的影响。

(4) 衍生金融工具的运用。例如，衍生金融工具是用于交易目的还是套期目的，以及运用的种类、范围和交易对手等。

（二）被审计单位对会计政策的选择和运用

被审计单位对会计政策的选择和运用包括如下内容：
(1) 重要项目的会计政策和行业惯例；
(2) 重大和异常交易的会计处理方法；
(3) 在新领域和缺乏权威性标准或共识的领域，采用重要会计政策产生的影响；
(4) 会计政策的变更；
(5) 被审计单位何时采用以及如何采用新颁布的会计准则和相关会计制度。

除上述与会计政策的选择和运用相关的事项外，注册会计师还应对被审计单位下列与会计政策运用相关的情况予以关注：
(1) 是否采用激进的会计政策、方法、估计和判断；
(2) 财会人员是否拥有足够的运用会计准则的知识、经验和能力；
(3) 是否拥有足够的资源支持会计政策的运用，如人力资源及培训、信息技术的采用、数据和信息的采集等。

（三）被审计单位的目标、战略以及相关经营风险

1. 目标、战略与经营风险

目标是企业经营活动的指针。企业管理层或治理层一般会根据企业经营面临的外部环境和内部各种因素，制定合理可行的经营目标。战略是企业管理层为实现经营目标采用的总体层面的策略和方法。经营风险源于对被审计单位实现目标和战略产生不利影响的重大情况、事项、环境和行动，或源于不恰当的目标和战略。注册会计师应当了解被审计单位是否存在与下列方面有关的目标和战略，并考虑相应的经营风险：

(1) 行业发展，及其可能导致的被审计单位不具备足以应对行业变化的人力资源和业务专长等风险；

(2) 开发新产品或提供新服务，及其可能导致的被审计单位产品责任增加等风险；

(3) 业务扩张，及其可能导致的被审计单位对市场需求的估计不准确等风险；

(4) 新颁布的会计法规，及其可能导致的被审计单位执行法规不当或不完整，或会计处理成本增加等风险；

二维码 6-1
企业进军海外
市场的经营风险
及可能带来的
重大错报风险

（5）监管要求，及其可能导致的被审计单位法律责任增加等风险；

（6）本期及未来的融资条件，及其可能导致的被审计单位由于无法满足融资条件而失去融资机会等风险；

（7）信息技术的运用，及其可能导致的被审计单位信息系统与业务流程难以融合等风险。

2. 被审计单位的风险评估过程

管理层通常制定识别和应对经营风险的策略，注册会计师应当了解被审计单位的风险评估过程。此类风险评估过程是被审计单位内部控制的组成部分。

3. 对小型被审计单位的考虑

小型被审计单位通常没有正式的计划和程序来确定其目标、战略并管理经营风险。注册会计师应当询问管理层或观察小型被审计单位如何应对这些事项，以获取了解，并评估重大错报风险。

（四）被审计单位财务业绩的衡量和评价

被审计单位管理层经常会衡量和评价关键业绩指标（包括财务和非财务的）、预算及差异分析、分部信息和分支机构、部门或其他层次的业绩报告以及与竞争对手的业绩比较。此外，外部机构也会衡量和评价被审计单位的财务业绩，如分析师的报告和信用评级机构的报告。

1. 了解的主要方面

在了解被审计单位财务业绩衡量和评价情况时，注册会计师应当关注下列信息：① 关键业绩指标；② 业绩趋势；③ 预测、预算和差异分析；④ 管理层和员工业绩考核与激励性报酬政策；⑤ 分部信息与不同层次部门的业绩报告；⑥ 与竞争对手的业绩比较；⑦ 外部机构提出的报告。

2. 关注内部财务业绩衡量的结果

注册会计师应当关注被审计单位内部财务业绩衡量所显示的未预期达到的结果或趋势、管理层的调查结果和纠正措施，以及相关信息是否显示财务报表可能存在重大错报。

3. 考虑财务业绩衡量指标的可靠性

注册会计师应当关注被审计单位财务业绩衡量指标的可靠性，避免财务信息失真。

【学习本节收获】

　　了解被审计单位的性质、行业状况、法律环境等是风险评估过程中的一项重要活动。注册会计师在了解活动中主要依赖分析程序。

第三节 了解被审计单位的内部控制

一、内部控制的含义与要素

内部控制是一系列的政策与程序，这些政策与程序是由被审计单位的治理层、管理层和其他人员设计与执行的，为管理层达成公司目标提供了合理保证。设计内部控制希望达到以下三个目标：

(1) 财务报告的可靠性；
(2) 经营的效率和效果；
(3) 法律法规的遵循。

内部控制主要包括控制环境、风险评估过程、信息系统与沟通、控制活动、对控制的监督五个要素，在这五个要素中，控制环境是其他四个要素的保护伞，如果没有有效的控制环境，其他四个要素不论其质量如何，都不可能形成有效的内部控制。

（一）控制环境

控制环境由行为、政策和程序组成，这些行为、政策和程序反映了企业治理层、管理层等认为控制对企业是否重要的认识。注册会计师为了解和评价控制环境应当考虑以下因素：

(1) 诚实正直与道德价值；
(2) 对胜任能力的重视；
(3) 治理层的参与程度；
(4) 管理层的经营理念与经营风格；
(5) 组织结构及职权与责任的分配；
(6) 人力资源政策与实务。

（二）风险评估过程

任何经济组织在经营活动中都会面临各种各样的风险，例如监管及经营环境的变化、进入新的业务领域、企业重组等，这些风险对其生存和竞争能力产生影响。很多风险并不为经济组织所控制，但管理层应当确定可以承受的风险水平，识别这些风险并采取一定的应对措施。也就是说，一旦确认了一项风险，管理层就要估计该项风险的重要性，评价风险发生的可能性，并采取必要的措施将风险降至可接受的水平。

管理层的风险评价与注册会计师的风险评估不同，但又紧密相关。管理层的风险评估是内部控制的组成部分，旨在减少错误与舞弊。注册会计师风险评估的目的在于确定所需要的证据。如果管理层能有效地评价风险并采取应对措施，则注册会计师所需要的证据一般比管理层没有识别和应对重大风险时所需要的证据要少。

（三）信息系统与沟通

企业会计信息系统与沟通系统的目的在于确认、记录、处理以及报告企业的交易，维护相关资产的可说明性。它们一般由各类交易构成，如销售、销售退回、购入存货等。对于每一类交易，会计信息系统必须符合与交易相关的审计目标。例如销售会计系统的设计要保证企业所有发出的货物都能作为销售予以正确的记录（完整性与准确性目标），并在适当的会计期间的财务报表中予以反映（截止目标），还必须避免重复记录（发生目标）。

要了解被审计单位的会计信息系统的设计，注册会计师应当确定：

（1）被审计单位的交易类型；
（2）这些交易是如何发生的；
（3）现有的会计记录及性质；
（4）交易从发生到完成是如何处理的，包括运用计算机的程度和性质；
（5）财务报告编制的细节与性质，包括进入交易及其调整的总账的程序。

（四）控制活动

控制活动是指有助于确保管理层的指令得以执行的政策和程序，包括与授权、业绩评价、信息处理、实物控制和职责分离等相关的活动。

在了解控制活动时，注册会计师应当重点考虑一项控制活动单独或连同其他控制活动，是否能够以及如何防止或发现并纠正各类交易、账户余额和披露存在的重大错报。注册会计师的工作重点是识别和了解针对重大错报可能发生的领域的控制活动。如果多项控制活动能够实现同一目标，注册会计师不必了解与该目标相关的每项控制活动。注册会计师对被审计单位整体层面的控制活动进行的了解和评估，主要是针对被审计单位的一般控制活动，特别是信息技术一般控制。

（五）对控制活动的监督

监督是由适当的人员，在适当、及时的基础上，评估控制的设计和运行情况的过程。对控制的监督是指被审计单位评价内部控制在一段时间内运行有效性的过程。对控制的监督涉及及时评估控制的有效性并采取必要的补救措施。例如，管理层对是否定期编制银行存款余额调节表进行复核，内部审计人员评价销售人员是否遵守公司关于销售合同条款的政策，法律部门定期监控公司的道德规范和商务行为准则是否得以遵循等。监督对控制的持续有效运行十分重要。COSO（美国反虚假财务报告委员会下属的发起人委员会）框架下的内部控制要素如表 6-1 所示。

表 6-1　COSO 框架下的内部控制要素

构成要素	要素说明	要素细分（如果适用）
控制环境	反映最高管理层、董事会以及企业所有者对内部控制及其重要性的整体态度的行动、政策和程序	控制环境的子要素： • 诚实正直和道德价值 • 对能力的承诺 • 董事会或审计委员会的参与 • 管理者的经营理念和管理风格 • 组织结构 • 人力资源政策与实务
风险评价	管理层对以诸如公认会计原则或国际财务报告准则之类的适当的会计框架为基础编制的财务报表相关风险的识别和分析	风险评价的过程： • 识别影响风险的因素 • 评价风险的重要性及其发生的可能性 • 确定管理风险的基本措施 必须满足的管理层认定类别： • 关于交易类别和其他事项的认定 • 关于账户余额的认定 • 关于列报与披露的认定
控制活动	管理层建立的用以实现财务报告目标的政策和程序	具体控制活动的类别： • 充分的职责分离 • 交易和活动的适当授权 • 充分的凭证和记录 • 对资产和记录的实物控制 • 对执行的独立核查
信息与沟通	用以确认、记录、处理和报告企业交易及维护相关资产可说明性的方法	必须满足的交易审计目标： • 存在 • 完整性 • 准确性 • 过账和汇总 • 分类 • 及时性
监控	管理层对内部控制执行情况的持续和定期评价，以便确保控制按其设计运行，在必要时进行修正	不适用

二、内部控制的固有局限性

无论内部控制的设计和运行多么严密，也不能认为它是完全有效的，因此，对于任何一个内部控制系统来说，它总是存在着一些固有的局限性。由于内部控制存在固有的局限性，同时，内部控制为财务报表公允反映只能提供合理的保证，因此，审计人员面临的被审计单位的重大错报风险总是存在的，即审计风险模型中的重大错报风险始终大于零。这就要求审计人员在审计过程中，无论被审计单位的内部控制设计及运行得多么有效，都必须对财务报表的重要账户或交易类别执行最低限度的实质性测试。

内部控制的固有局限性之所以存在，主要基于以下原因：
(1) 内部控制的设计和运行受制于成本效益原则；
(2) 内部控制一般是针对常规交易与业务而设计的；
(3) 串通舞弊；
(4) 管理越权；
(5) 控制结构的修订滞后；
(6) 系统暂时失效。

三、与审计相关的内部控制

内部控制的目标旨在合理保证财务报告的可靠性、经营的效率和效果以及对法律法规的遵守。注册会计师审计的目标是对财务报表是否不存在重大错报发表审计意见，尽管要求注册会计师在财务报表审计中考虑与财务报表编制相关的内部控制，但目的并非对被审计单位内部控制的有效性发表意见。注册会计师需要了解和评价的内部控制只是与财务报表审计相关的内部控制，并非被审计单位所有的内部控制。

（一）为实现财务报告可靠性目标设计和实施的控制

与审计相关的控制，包括被审计单位为实现财务报告可靠性目标设计和实施的控制。注册会计师应当运用职业判断，考虑一项控制单独或连同其他控制是否与评估重大错报风险以及针对评估的风险设计和实施进一步审计程序有关。在运用职业判断时，注册会计师应当考虑下列因素：
(1) 注册会计师确定的重要性水平；
(2) 被审计单位的性质，包括组织结构和所有制性质；
(3) 被审计单位的规模；
(4) 被审计单位经营的多样性和复杂性；
(5) 法律法规和监管要求；
(6) 作为内部控制组成部分的系统（包括利用服务机构）的性质和复杂性。

（二）其他与审计相关的控制

如果在设计和实施进一步审计程序时拟利用被审计单位内部生成的信息，注册会计师应当考虑用以保证该信息完整性和准确性的控制可能与审计相关。注册会计师以前的经验以及在了解被审计单位及其环境过程中获得的信息，可以帮助注册会计师识别与审计相关的控制。如果用以保证经营效率、效果的控制以及对法律法规遵守的控制与实施审计程序时评价或使用的数据相关，注册会计师应当考虑这些控制可能与审计相关。例如，对于某些非财务数据（如生产统计数据）的控制，如果注册会计师在实施分析程序时使用这些数据，这些控制就可能与审计相关。又如，某些法规（如税法）对财务报表存在直接和重大的影响（影响应交税金和所得税费用），为了遵守这些法规，被审计单位可能设计和执行相应的控制，这些控制也与注册会计师的审计相关。

四、在整体层面和业务流程层面了解内部控制

在实务中，注册会计师应当从被审计单位整体层面和业务流程层面分别了解和评价被审计单位的内部控制。整体层面的控制和信息技术一般控制通常在所有业务活动中普遍存在。业务流程层面控制主要是对工薪、销售和采购等交易的控制。整体层面的控制对内部控制在所有业务流程中得到严格的设计和执行具有重要的影响。整体层面的控制较差，甚至可能导致最好的业务流程层面的控制失效。例如，被审计单位有一个完善的存货系统，但如果实际操作人员不能胜任，仍然会发生大量的错误，且其中一些错误可能导致财务报表存在重大错报。

在了解了被审计单位整体层面的内部控制各要素后，注册会计师可以确定是否有必要进一步了解在业务流程层面的控制。也就是说，在某些情况下，注册会计师之前的了解可能表明被审计单位在业务流程层面针对某些重要的交易流程所设计的控制是无效的，或者注册会计师并不打算信赖被审计单位的内部控制时，注册会计师就没有必要进一步了解在业务流程层面的控制。

如果注册会计师计划对业务流程层面的有关控制进行进一步的了解和评价，那么针对业务流程中容易发生错报的环节，注册会计师应当确定：

（1）被审计单位是否建立了有效的控制以防止或发现并纠正这些错报；

（2）被审计单位是否遗漏了必要的控制；

（3）是否识别了可以最有效测试的控制。

通常将业务流程中的控制划分为预防性控制和检查性控制，下面分别予以说明：

（1）预防性控制。预防性控制通常用于正常业务流程的每一项交易，以防止错报的发生。在流程中防止错报是信息系统的重要目标。预防性控制可能是人工的，也可能是自动化的；

（2）检查性控制。建立检查性控制的目的是发现流程中可能发生的错报。被审计单位通过检查性控制，监督其流程和相应的预防性控制能否有效地发挥作用。检查性

控制通常是管理层用来监督实现流程目标的控制。检查性控制可以由人工执行，也可以由信息系统自动执行。

五、对内部控制了解的深度

对内部控制了解的深度，是指在了解被审计单位及其环境时对内部控制了解的程度，包括评价控制的设计并确定其是否得到执行，但不包括对控制是否得到一贯执行的测试。

（一）评价控制的设计

注册会计师在了解内部控制时，应当评价控制的设计并确定其是否得到执行。评价控制的设计是指考虑一项控制单独或连同其他控制是否能够有效防止或发现并纠正重大错报。控制得到执行是指某项控制存在且被审计单位正在使用。设计不当的控制可能表明内部控制存在重大缺陷，注册会计师在确定是否考虑控制得到执行时，应当首先考虑控制的设计。如果控制设计不当，不需要再考虑控制是否得到执行。

（二）获取控制设计和执行的审计证据

注册会计师通常实施下列风险评估程序，以获取有关控制设计和执行的审计证据：
(1) 询问被审计单位的人员；
(2) 观察特定控制的运用；
(3) 检查文件和报告；
(4) 追踪交易在财务报告信息系统中的处理过程（穿行测试）。

这些程序是风险评估程序在了解被审计单位内部控制方面的具体运用。询问本身并不足以评价控制的设计以及确定其是否得到执行，注册会计师应当将询问与其他风险评估程序结合使用。

六、了解内部控制的步骤

了解内部控制可归纳为如下几个步骤：
(1) 识别需要降低哪些风险以预防财报中发生重大错报风险；
(2) 记录相关的内部控制；
(3) 评估控制的设计；
(4) 评估控制的执行，主要是实施穿行测试；
(5) 确定内部控制是否存在重大缺陷。

七、考虑财务报表的可审计性

注册会计师在了解被审计单位内部控制后，可能对被审计单位财务报表的可审计性产生怀疑,例如被审计单位管理层严重缺乏诚信,注册会计师认为管理层在财务报表中作出虚假陈述的风险高到无法进行审计的程度。因此,如果通过对内部控制的了解发现下列情况,并对财务报表局部或整体的可审计性产生疑问,注册会计师应当考虑出具非无保留意见报告:

(1) 被审计单位会计记录的状况和可靠性存在重大问题,不能获取充分、适当的审计证据以发表无保留意见;

(2) 对管理层的诚信存在严重疑虑,必要时注册会计师应当考虑解除业务约定。

【学习本节收获】
　　了解被审计单位的内部控制是风险评估过程中的另一项重要活动。注册会计师对被审计单位内部控制主要从如下两个角度去了解:① 有无设计;② 是否得到执行。

第四节　评估重大错报风险

一、评估财务报表层次和认定层次的重大错报风险

某些重大错报风险可能与财务报表整体广泛相关,进而影响多项认定。例如管理层缺乏诚信或承受压力巨大而引发的舞弊、持续经营能力产生重大疑虑、大量重要客户的流失等,这些风险与财务报表整体相关。而某些重大错报风险可能仅与特定的某类交易、账户余额和披露的认定相关。例如被审计单位没有按照规定对已销售的商品计提售后保证金而导致销售费用账户的认定可能存在重大错报等。

由于重大错报风险分为财务报表层次与认定层次,因此,进行风险评估时也从这两个方面加以考虑。

与财务报表层次重大错报风险相关的因素主要有:

(1) 薄弱的控制环境或信息技术一般控制;

(2) 管理层凌驾或者舞弊行为;

(3) 管理层的管理或风险管理的风格、采用的政策和程序。

与认定层次重大错报风险相关的因素主要有:

(1) 与具体审计目标相关的风险;

(2) 内部控制活动的缺陷。

二、需要特别考虑的重大错报风险

特别风险是指注册会计师识别和评估的、根据判断认为需要特别考虑的重大错报风险。特别风险通常与重大的非常规交易和判断事项有关,例如企业并购、债务重组、重大或有事项等不经常发生的交易,由于这些事项需要管理层更多地干预会计处理,会计处理方法和计算都更复杂,使得被审计单位难以对这些风险实施有效控制而导致特别风险。判断事项,例如资产减值准备金额的估计、需要运用复杂估值技术确定的公允价值计量等所要求的判断可能是主观和复杂的,或需要对未来事项作出假设,从而容易导致特别风险。在判断哪些风险属于特别风险时,注册会计师需要考虑下列事项:

(1) 风险是否属于舞弊风险;
(2) 风险是否与近期经济环境、会计处理方法或其他方面的重大变化相关,因而需要特别关注;
(3) 交易的复杂程度;
(4) 风险是否涉及重大的关联方交易;
(5) 财务信息计量的主观程度,特别是计量结果是否具有高度不确定性;
(6) 风险是否涉及异常或超出正常经营过程的重大交易。

三、仅通过实质性程序无法应对的重大错报风险

在某些被审计单位的日常交易采用高度自动化处理的情况下,业务凭证可能仅以电子形式存在,使得注册会计师无法仅通过实质性程序获取充分、适当的审计证据。在这种情形下,审计证据的充分性与适当性通常取决于自动化信息系统相关控制的有效性。作为风险评估的一部分,如果认为仅通过实质性程序获取的证据无法应对认定层次的重大错报风险,注册会计师应当评价被审计单位对这些风险设计的控制,并确定其执行情况,该执行情况包括控制的有效性测试。

二维码 6-2
仅通过实质性程序
无法应对的重大
错报风险举例

四、对风险评估的修正

风险评估过程是一个连续和动态地收集、更新与分析信息的过程,并贯穿于整个审计过程的始终。因此,注册会计师对认定层次重大错报风险的评估,可能随着审计过程中不断获取审计证据而作出相应的变化。

第六章 审计风险评估

【学习本节收获】

注册会计师在了解了被审计单位财务报表层次和认定层次的重大错报风险之后,要对被审计单位的重大错报风险有一个定性的结论,还需要考虑被审计单位是否存在特别风险。这个风险评估的结论并非"一锤定音",它可能随着审计工作开展的深入、对被审计单位了解的加深而发生改变。

计算分析题

假设 ABC 会计师事务所接受××股份有限公司委托,由 A、B 注册会计师对××公司 2020 年度的会计报表进行审计并发表审计意见,获得的有关资料如表 6-2 所示。假设 A、B 注册会计师已确定了会计报表的重要性水平为 4 880 万元,其中存货项目的重要性水平为 976 万元。

表 6-2 相关资料表 单位:万元

年份	年末存货余额	主营业务成本	主营业务收入	存货周转率	毛利率
2020	98 954.2	389 997.4	493 856.0	3.94	21.03%
2019	97 514.6	389 082.4	487 719.4	3.99	20.22%

假定这两年市场情况平稳,××公司生产经营平稳,并且 A、B 注册会计师通过对成本项目的实质性测试已合理确认主营业务成本余额。

要求:根据以上资料,请对××公司 2020 年度财务报表中的"主营业务收入"和"存货"这两个项目是否存在重大错报风险作出评估;如存在风险,请指出错报风险类型。

第七章
风险应对

知识目标

1. 了解总体应对审计策略；
2. 掌握控制测试的性质、时间与范围；
3. 掌握实质性程序的性质、时间与范围。

技能目标

1. 运用风险应对的相关理论实施控制测试；
2. 运用实质性程序的相关理论实施细节测试。

本章引例

"集体出逃"的扇贝

獐子岛集团股份有限公司（以下简称"獐子岛"）的发展可追溯至1958年成立于辽宁省长海县獐子岛镇沙包村的獐子公社，主营水产养殖、渔业捕捞等业务。獐子岛对外投资28家公司，具有27处分支机构，享有"黄海明珠""海上银行"美称。

2014年，獐子岛公告称前三季度的业绩由预计盈利转变为亏损8亿元，这一消息在业内引起轩然大波，獐子岛对此解释称，因为遭遇了黄海冷水团，公司播种的大部分扇贝绝收，从而导致亏损。虽然证监会的调查并未发现獐子岛存在播苗造假、领导层占用上市公司公用资金的行为，但是2016年獐子岛因被媒体以2000人联名签名为证据指出2014年绝收事件是财务造假而被社会关注，该篇文章直指2014年獐子岛所谓的"冷水团绝收事件"是一场财务造假的闹剧。文章发布后，证监会对獐子岛正式启动核查程序，先后对獐子岛集团的领导进行了约谈,对獐子岛财务数据进行了取证等调查行为。而在证监会的核查期间,2018年1月30日,獐子岛又发布公告称2017年公司预计亏损5.3亿~7.2亿元,再次发生由盈利到亏损的业绩大变脸现象,而发生这一现象的原因很可能又是扇贝绝收。

在证监会的不断调查和取证过程中,真相浮出水面。獐子岛的造假模式分为两步,且不止做了一次。首先,将营业收入保持稳定,但将对应的营业成本数值做低,这就导致账面利润提升。其次,将假利润藏到海产品的存货。而当需要清空这些假利润时,只要发一个公告,所有存货瞬间灰飞烟灭。这则公告也就是那几年很有名的梗:扇贝又跑了。最后将虚增的利润通过存货减持,回归平衡,并且可以归为天灾。

2020年6月24日,证监会最终宣布对獐子岛财务造假案件作出处罚决定,给予獐子岛警告,并处以60万元罚款,对15名责任人员处以3万元至30万元不等的罚款,对4名主要负责人采取5年至终身的市场禁入。

思考:

对于可能存在重大错报风险的存货项目,注册会计师该如何应对呢?答案要在本章中寻找与思索。

第一节 重大错报风险应对措施

一、财务报表层次重大错报风险与总体应对措施

在财务报表重大错报风险的风险评估过程中,注册会计师应当确定,识别的重大错报风险是与特定的某类交易、账户余额和披露的认定相关,还是与财务报表整体广泛相关,进而影响多项认定。如果是后者,则属于财务报表层次的重大错报风险。注册会计师应当针对评估的财务报表层次重大错报风险确定下列总体应对措施:

(1)向项目组强调保持职业怀疑的必要性;
(2)指派更有经验或具有特殊技能的审计人员,或利用专家的工作;
(3)提供更多的督导;
(4)在选择拟实施的进一步审计程序时融入更多的不可预见的因素;
(5)对拟实施审计程序的性质、时间安排或范围作出总体修改。

二、针对认定层次重大错报风险的进一步审计程序

进一步审计程序相对于风险评估程序而言,是指注册会计师针对评估的各类交易、账户余额和披露认定层次重大错报风险实施的审计程序,包括控制测试和实质性程序。

(一) 总体审计方案的选择

控制测试与实质性程序的不同组合构成了总体审计方案。拟实施进一步审计程序的总体审计方案包括实质性方案和综合性方案。其中实质性方案是指注册会计师实施的进一步审计程序以实质性程序为主;综合性方案是指注册会计师在实施进一步审计程序时,将控制测试与实质性程序结合使用。当评估的财务报表层次重大错报风险属于高风险水平时,拟实施进一步审计程序的总体方案往往更倾向于实质性方案。因此,注册会计师应当根据对认定层次重大错报风险的评估结果,恰当选用实质性方案或综合性方案。通常情况下,注册会计师出于成本效益的考虑,可以采用综合性方案设计进一步审计程序,即将测试控制运行的有效性与实质性程序结合使用。但在某些情况下(如仅通过实质性程序无法应对重大错报风险),注册会计师必须通过实施控制测试,才可能有效应对评估出的某一认定的重大错报风险;而在另一些情况下(如注册会计师的风险评估程序未能识别出与认定相关的任何控制,或注册会计师认为控制测试很可能不符合成本效益原则),注册会计师可能认为仅实施实质性程序就是适当的。但值得注意的是,无论选择何种方案,注册会计师都应当对所有重大类别的交易、账户余额和披露设计和实施实质性程序。

(二) 进一步审计程序的性质

进一步审计程序的性质是指进一步审计程序的目的和类型。其中进一步审计程序的目的包括通过实施控制测试以确定内部控制运行的有效性,通过实施实质性程序以发现认定层次的重大错报;进一步审计程序的类型包括检查、观察、询问、函证、重新计算、重新执行和分析程序。在选择进一步审计程序的性质时,注册会计师应考虑以下因素:

(1) 认定层次重大错报风险的评估结果;
(2) 认定层次重大错报风险产生的原因;
(3) 不同的审计程序应对特定认定错报风险的效力;
(4) 各类交易、账户余额、列报的特征。

(三) 进一步审计程序的时间与范围

1. 进一步审计程序的时间

进一步审计程序的时间是指注册会计师何时实施进一步审计程序，或审计证据适用的期间或时点。因此，当提及进一步审计程序的时间时，在某些情况下指的是审计程序的实施时间，在另一些情况下是指需要获取的审计证据适用的期间或时点。在注册会计师选择何时实施进一步审计程序时要考虑如何权衡期中与期末实施审计程序的关系；而在选择审计证据的归属期间时需要考虑如何权衡期中审计证据与期末审计证据的关系、如何权衡以前获取的审计证据与本期审计获取的审计证据的关系。

注册会计师可以在期中或期末实施控制测试或实质性程序。一般来说，当重大错报风险较高时，注册会计师应当考虑在期末或接近期末实施实质性程序，或采用不通知的方式，或在管理层不能预见的时间实施审计程序。在期中实施进一步审计程序有积极的一面，可能有助于注册会计师在审计工作初期识别重大事项，并在管理层的协助下及时解决这些事项；但也有其局限性，例如期中获取的审计证据可能不能满足充分性、适当性的要求，或者期中以后到期末这段时间发生了重大的交易或事项，从而很难将期中的审计证据延续到期末。

2. 进一步审计程序的范围

进一步审计程序的范围是指实施进一步审计程序（含控制测试和实质性程序）所涉及的数量多少，包括抽取的样本量、对某项控制活动的观察次数等。在确定进一步审计程序的范围时，注册会计师应当考虑下列因素。

（1）确定的重要性水平。确定的重要性水平越低，注册会计师实施进一步审计程序的范围越广。

（2）评估的重大错报风险。评估的重大错报风险越高，对拟获取审计证据的相关性、可靠性的要求越高，因此，注册会计师实施的进一步审计程序的范围也越广。

（3）计划获取的保证程度。计划获取的保证程度是指注册会计师计划通过所实施的审计程序对测试结果可靠性所获取的信心。计划获取的保证程度越高，对测试结果可靠性要求越高，注册会计师实施的进一步审计程序的范围越广。例如，注册会计师对财务报表是否不存在重大错报的信心可能来自控制测试和实质性程序。如果注册会计师计划从控制测试中获取更高的保证程度，则控制测试的范围就更广。

> **【学习本节收获】**
> 针对风险评估后的结果，注册会计师应当采取对应的风险应对方案。风险应对方案分为综合性方案与实质性方案两种。这两种方案的区别在于综合性方案里包含控制测试和实质性程序，而实质性方案里仅有实质性程序。

第二节 控制测试

控制测试是为了获取关于内部控制防止或发现并纠正认定层次重大错报的有效性而实施的测试。注册会计师应当选择为相关认定提供证据的内部控制进行测试。作为进一步审计程序的类型之一，控制测试并非在任何情况下都需要实施。当存在下列情形之一时，注册会计师应当实施控制测试：

（1）在评估认定层次重大错报风险时，预期控制的运行是有效的；

（2）仅实施实质性程序并不能够提供认定层次充分、适当的审计证据。

二维码 7-1
控制测试与
了解内部控制
的区别（语音）

 一、控制测试的性质

控制测试的性质是指控制测试所使用的审计程序的类型及其组合。计划从控制测试中获取的保证水平是决定控制测试性质的主要因素之一。注册会计师应当选择适当类型的审计程序以获取有关控制运行有效性的保证。在计划和实施控制测试时，对控制有效性的信赖程度越高，注册会计师应当获取越有说服力的审计证据。当拟实施的进一步审计程序主要以控制测试为主，尤其是仅实施实质性程序无法或不能获取充分、适当的审计证据时，注册会计师应当获取有关控制运行有效性的更高的保证水平。

（一）控制测试采用的审计程序

1. 询问

注册会计师可以向被审计单位适当的员工询问，获取与内部控制运行情况相关的信息。例如，询问信息系统管理人员有无未经授权接触计算机硬件和软件，向负责复核银行存款余额调节表的人员询问如何进行复核，包括复核的要点是什么、发现不符事项如何处理等。然而，仅仅通过询问不能为控制运行的有效性提供充分的证据。注册会计师通常需要印证被询问者的答复，如向其他人员询问和检查执行控制时所使用的报告、手册或其他文件等。因此，虽然询问是一种有用的手段，但它必须和其他测试手段结合使用才能发挥作用。在询问过程中，注册会计师应当保持职业怀疑。

2. 观察

观察是测试不留下书面记录的控制（如职责分离）的运行情况的有效方法。例如，观察存货盘点控制的执行情况。观察也可运用于实物控制，如查看仓库门是否锁好，或空白支票是否妥善保管。通常情况下，注册会计师通过观察直接获取的证据比间接获取的证据更可靠。但是，注册会计师还要考虑其所观察到的控制在注册会计师不在场时可能未被执行的情况。

3. 检查

检查适用于对运行情况留有书面证据的控制。书面说明、复核时留下的记号，或其他记录在偏差报告中的标志，都可以被当作控制运行情况的证据。例如，检查销售发票是否有复核人员签字，检查销售发票是否附有客户订购单和出库单等。

4. 重新执行

有些控制仅仅检查复核人员是否在相关文件上签字是不够的，注册会计师还需要自己选取一部分文件进行核对，这就是重新执行程序。如果需要进行大量的重新执行程序，注册会计师就要考虑通过实施控制测试以缩小实质性程序的范围是否有效率。

（二）确定控制测试的性质时需要考虑的因素

1. 特定控制的性质

注册会计师应当根据特定控制的性质选择所需实施审计程序的类型。例如，有些控制可能存在反映控制运行有效性的文件记录，在这种情况下，注册会计师可以实施检查程序。而某些控制可能不存在文件记录，或文件记录与能否证实控制运行有效性不相关，这时注册会计师应当考虑实施检查以外的其他审计程序（如询问和观察）以获取有关控制运行有效性的审计证据。

2. 测试与认定直接相关或间接相关的控制

在设计控制测试时，注册会计师不仅应当考虑与认定直接相关的控制，还应当考虑这些控制所依赖的与认定间接相关的控制，以获取支持控制运行有效性的审计证据。例如，被审计单位可能针对超出信用额度的例外赊销交易设置报告和审核制度（与认定直接相关的控制）；在测试该项制度的运行有效性时，注册会计师不仅应当考虑审核的有效性，还应当考虑与例外赊销报告中信息准确性有关的控制（与认定间接相关的控制）是否有效运行。

3. 对自动化的应用控制实施控制测试

对于一项自动化的应用控制，由于信息技术处理过程的内在一贯性，注册会计师可以利用该项控制得以执行的审计证据和信息技术一般控制（特别是对系统变动的控制）运行有效性的审计证据，作为支持该项控制在相关期间运行有效性的重要审计证据。

二、控制测试的时间

(一) 控制测试时间的定义及选择

如前所述，控制测试的时间包含两层含义：一是何时实施控制测试；二是测试所针对的控制适用的时点或期间。如果测试特定时点的控制，注册会计师需得到该时点控制运行有效性的审计证据；如果测试某一期间的控制，注册会计师仅获得时点控制运行有效的证据是不够的，还应当辅以其他控制测试，包括测试被审计单位对控制的监督，即其他控制测试能提供相关控制在所有相关时点都运行有效的审计证据。

对于控制测试，注册会计师不仅可以在期中实施进一步审计程序，而且期中实施具有更积极的作用。但需要说明的是，即使注册会计师已获取有关控制在期中运行有效的证据，仍然要考虑如何能够将有效性的证明延续至期末。所以，针对期中至期末这段剩余期间还应实施下列审计程序：

(1) 获取这些控制在剩余期间发生重大变化的审计证据；
(2) 确定针对剩余期间还需获取的补充审计证据。

(二) 以前控制测试审计证据的选择

由于内部控制中的诸多要素对于被审计单位往往是相对稳定的，注册会计师在本期审计时还可以适当考虑利用以前期间审计获取的有关控制运行有效性的审计证据，根据不同情况作出不同的处理：

(1) 如果控制在本期没有发生变化，且不属于旨在减轻特别风险的控制，注册会计师应当运用职业判断确定是否在本期审计中测试其运行有效性，以及本次测试与上次测试的时间间隔，但每三年至少对控制测试一次；

(2) 如果控制在本期发生变化，注册会计师应当考虑以前审计获取的有关控制运行有效性的审计证据是否与本期相关。

(三) 旨在减轻特别风险的控制测试

鉴于特别风险的特殊性，对于旨在减轻特别风险的控制，不论该控制在本期是否发生变化，注册会计师不应依赖以前审计获取的证据。因此，如果确定评估的认定层次重大错报风险是特别风险，并拟信赖旨在减轻特别风险的控制，注册会计师不应依赖以前审计获取的审计证据，而应在本期审计中测试这些控制的运行有效性。也就是说，如果注册会计师拟信赖针对特别风险的控制，那么所有关于该控制运行有效性的审计证据必须来自当年的控制测试。相应的，注册会计师应当在每次审计中都测试这类控制。

综上所述，控制测试时间流程可归纳为图 7-1。

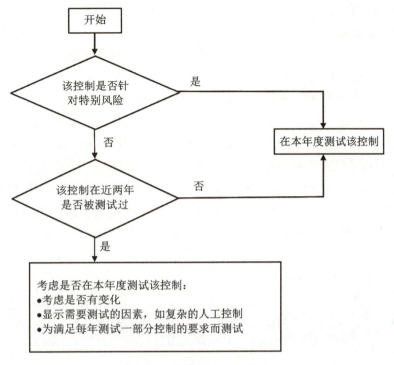

图 7-1　控制测试时间流程

三、控制测试的范围

控制测试的范围，主要是指某项控制活动的测试次数。当针对控制运行的有效性需要获取更具说服力的审计证据时，可能需要扩大控制测试的范围。在确定控制测试范围时，除考虑对控制的信赖程度外，注册会计师还可能考虑以下因素。

（1）在拟信赖期间，被审计单位执行控制的频率。控制执行的频率越高，控制测试的范围越大。

（2）在所审计期间，注册会计师拟信赖控制运行有效性的时间长度。拟信赖控制运行有效性的时间长度不同，在该时间长度内发生的控制活动次数也不同。注册会计师需要根据拟信赖控制的时间长度确定控制测试的范围。拟信赖期间越长，控制测试的范围越大。

（3）控制的预期偏差。预期偏差可以用控制未得到执行的预期次数占控制应当得到执行次数的比率加以衡量（也可称为预期偏差率）。考虑该因素，是因为在考虑测试结果是否可以得到控制运行有效性的结论时，不可能只要出现任何控制执行偏差就认定控制运行无效，所以需要确定一个合理水平的预期偏差率。控制的预期偏差率越高，需要实施控制测试的范围越大。如果控制的预期偏差率过高，注册会计师应当考虑控制可能不足以将认定层次的重大错报风险降至可接受的低水平，从而针对某一认定实施的控制测试可能是无效的。

（4）通过测试与认定相关的其他控制获取的审计证据的范围。针对同一认定，可能存在不同的控制。当针对其他控制获取审计证据的充分性和适当性较高时，测试该控制的范围可适当缩小。

（5）拟获取的有关认定层次控制运行有效性的审计证据的相关性和可靠性。如果拟获取的有关证据的相关性和可靠性较高，测试该控制的范围可适当缩小。

信息技术处理具有内在一贯性，除非系统发生变动，一项自动化应用控制应当一贯运行。对于一项自动化应用控制，一旦确定被审计单位正在执行该控制，注册会计师通常无须扩大控制测试的范围，但需要考虑执行下列测试以确定该控制持续有效运行：① 测试与该系统应用控制有关的一般控制的运行有效性；② 确定系统是否发生变动，如果发生变动，是否存在适当的系统变动控制；③ 确定对交易的处理是否使用授权批准的软件版本。例如，注册会计师可以检查信息系统安全控制记录，以确定是否存在未经授权的接触系统硬件和软件，以及系统是否发生变动。

第三节　实质性程序

实质性程序是指用于发现认定层次重大错报的审计程序，包括对各类交易、账户余额和披露的细节测试以及实质性分析程序。由于注册会计师对重大错报风险的评估是一种判断，可能无法充分识别所有的重大错报风险，并且由于内部控制存在固有局限性，无论评估的重大错报风险结果如何，注册会计师都应当针对所有重大类别的交易、账户余额和披露实施实质性程序。

一、实质性程序的性质

实质性程序的性质是指实质性程序的类型及其组合。实质性程序包括细节测试和实质性分析程序两类。细节测试是对各类交易、账户余额和披露的具体细节进行测试，目的在于直接识别财务报表认定是否存在错报。细节测试被用于获取与某些认定相关的审计证据，如存在、准确性、计价等；实质性分析程序主要是通过研究数据间关系评价信息，通常更适用于在一段时间内存在可预期关系的大量交易。

如果认为评估的认定层次重大错报风险是特别风险时，注册会计师应当专门针对该风险实施实质性程序。例如，如果认为管理层因盈利的压力而可能高估收入时，注册会计师在设计询证函时不仅应当考虑函证应收账款的账户余额，还应当考虑询证销售协议的细节条款（如交货、结算及退货条款）。如果针对特别风险实施的程序仅为实质性程序，可以仅为细节测试或将细节测试和实质性分析程序结合使用，但不能仅为实质性分析程序。为应对特别风险需要获取具有高度相关性和可靠性的证据，仅实施实质性分析程序不足以获取有关特别风险的充分、适当的审计证据。

细节测试的方向主要为顺查与逆查，顺查指的是与会计核算流程一致的方向，一般主要获取的是关于认定层次完整性的审计证据；逆查是与会计核算流程相反的方向，一般主要获取的是认定层次的存在或发生认定的审计证据。

二、实质性程序的时间

实质性程序的时间选择与控制测试的时间有些许差异，尽管实质性程序也可以选在期中进行，但由于期中获取的审计证据不能直接作为期末财务报表认定的审计证据，注册会计师仍然需要消耗进一步的审计资源，使期中审计证据能够合理延伸至期末。于是这两部分审计资源的总和是否能够显著小于完全在期末实施实质性程序所需消耗的审计资源，是注册会计师需要权衡的。因此，实质性程序大多数情况下会选择在期末或接近期末实施。

如果在期中实施了实质性程序，注册会计师应当针对剩余期间实施进一步的实质性程序，或将实质性程序和控制测试结合使用，以将期中测试得出的结论合理延伸至期末。如果已识别出由于舞弊导致的重大错报风险（一类重要的特别风险），为将期中得出的结论延伸至期末而实施的审计程序通常是无效的，注册会计师应当考虑在期末或者接近期末实施实质性程序。

在以前审计中实施实质性程序获取的审计证据，通常对本期只有很弱的证据效力或没有证据效力，不足以应对本期的重大错报风险。只有当以前获取的审计证据及其相关事项未发生重大变动时（例如，以前审计通过实质性程序测试过的某项诉讼在本期没有任何实质性进展），以前获取的审计证据才能用作本期的有效审计证据。但即便如此，如果拟利用以前审计中实施实质性程序获取的审计证据，注册会计师应当在本期实施审计程序，以确定这些审计证据是否具有持续相关性。

三、实质性程序的范围

评估的认定层次重大错报风险和实施控制测试的结果是注册会计师在确定实质性程序的范围时的重要考虑因素。因此，在确定实质性程序的范围时，注册会计师应当考虑评估的认定层次重大错报风险和实施控制测试的结果。注册会计师评估的认定层次的重大错报风险越高，需要实施实质性程序的范围越广。如果对控制测试结果不满意，注册会计师可能需要考虑扩大实质性程序的范围。

二维码 7-2
实质性程序结果
对控制测试结果
的影响（语音）

本章测试

简答题

ABC 会计师事务所负责审计甲公司 2021 年度财务报表，审计工作底稿中与内部控制相关的部分内容摘录如下：

（1）因被投资单位（联营企业）资不抵债，甲公司于 2020 年度对一项金额重大的长期股权投资全额计提减值准备。2021 年末，该项投资及其减值准备余额未发生变化，审计项目组拟不实施进一步审计程序；

（2）在识别甲公司管理层未向注册会计师披露的诉讼事项时，审计项目组根据管理层提供的诉讼事项清单，检查相关的文件记录，未发现明显异常；

（3）甲公司营业收入的发生认定存在特别风险，相关控制在 2014 年度审计中经测试运行有效，因这些控制本年未发生变化，审计项目组拟继续予以信赖，并依赖了上年审计获取的有关这些控制运行有效的审计证据；

（4）审计项目组拟信赖与固定资产折旧计提相关的自动化应用控制，因该控制在 2014 年度审计中测试结果满意，且在 2015 年未发生变化，审计项目组仅对信息技术一般控制实施测试；

（5）审计项目组认为甲公司存在低估负债的特别风险，在了解相关控制后，未信赖这些控制，直接实施了细节测试；

（6）甲公司使用存货库龄等信息测算产成品的可变现净值，审计项目组拟信赖与库龄记录相关的内部控制，通过穿行测试确定了相关内部控制运行有效。

要求：针对上述第（1）至（6）项，逐项指出 ABC 会计师事务所的做法是否恰当。如不恰当，简要说明理由。

第八章
审计流程在业务循环审计中的应用

知识目标

1. 了解各业务循环的特点；
2. 理解各业务循环控制测试的重点；
3. 掌握各业务循环的实质性程序。

技能目标

运用业务循环审计的相关理论审计企业财务报表中的相关项目。

本章引例

表 8-1　截至 2021 年上市公司财务造假一览

序号	企业	财务造假概况
1	乐视网	2007 年至 2016 年累计虚增收入 18.72 亿元，虚增利润 17.37 亿元
2	金正大	2015 年至 2018 年上半年累计虚增收入 230.73 亿元，虚增利润 19.9 亿元
3	科迪乳业	2016 年至 2018 年累计虚增收入 8.43 亿元，虚增利润 3 亿元
4	宜华生活	2016 年至 2019 年虚增收入 70.92 亿元，虚增利润 27.79 亿元

序号	企业	财务造假概况
5	同济堂	2016 年至 2019 年累计虚增收入 211.21 亿元，虚增利润 28.16 亿元
6	康得新	2015 年至 2018 年虚增利润 115.31 亿元
7	广州浪奇	2018 年至 2019 年虚增营业收入 128.86 亿元，虚增利润 4.12 亿元
8	宁波东力	2015 年至 2018 年 3 月虚增收入 34.82 亿元，虚增利润 4.36 亿元
9	中信国安	2009 年至 2014 年累计虚增收入 5.06 亿元，虚增利润 10.13 亿元
10	龙力生物	2015 年至 2017 年上半年虚增利润 6.7 亿元
11	粤传媒	2011 年至 2015 年累计虚增收入 5.99 亿元，虚增利润 5.61 亿元
12	天夏智慧	2014 年 6 月至 2019 年 6 月累计虚增收入不少于 30.86 亿元，虚增利润不少于 11.48 亿元
13	北京文化	2018 年虚增收入 4.6 亿元，虚增利润 1.91 亿元
14	德豪润达	2018 年虚增利润 34.59 亿元
15	聚力文化	2016 年至 2018 年累计虚增收入 8.97 亿元，虚增利润 5.08 亿元
16	亚太药业	2016 年至 2018 年虚增收入 4.54 亿元，虚增利润 1.74 亿元
17	德威新材	2018 年至 2019 年虚增 17.55 亿元银行承兑汇票/商业承兑汇票，2020 年上半年虚增 11.04 亿元应收票据
18	富控互动	2013 年至 2016 年虚增利润 5.15 亿元
19	昊华能源	2015 年至 2018 年虚增资产 28.25 亿元
20	康尼机电	2015 年至 2017 年累计虚增收入 9.97 亿元，虚增利润 3.72 亿元

数据来源：中国证监会及各地证监局；制表：《经理人》杂志

从表 8-1 我们可以看出，上市公司财务造假涉及销售、采购、存货、货币资金等众多环节。那么，会计师事务所与注册会计师该如何开展和执行对各业务循环的具体审计工作呢？以下将分别从销售与收款循环、采购与付款循环、生产与存货循环以及货币资金四个环节展开叙述。同时，本章也是前面两章介绍的风险评估与风险应对的相关理论在审计业务中的具体应用。

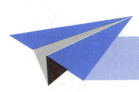

第一节 销售与收款循环审计

销售与收款循环由同客户交换商品或劳务以及收到现金收入等有关业务活动组成。此循环是企业产品价值得以实现的过程，首先经由销售部门、信用管理部门进行销售审批和信用审批，再由仓储部门和装运部门负责发货和装运，最后由财务部门负责开票、记账和收款。销售可以分为现销和赊销两种基本方式。循环涉及资产负债表科目（如应收账款、应收票据、坏账准备、预收账款等）和利润表科目（如营业收入、税金及附加、销售费用等）。

一、销售与收款循环的业务流程及相关凭证、记录

（一）销售与收款循环的主要业务流程

1. 接受客户订购单

客户提出订货要求是整个销售与收款循环的起点，是购买某种货物或接受某种劳务的一项申请。客户订购单只有在符合企业管理层的授权标准时才能被接受。一般管理层会列出已批准销售的客户清单，销售部门负责人对客户订购单进行审批。如果该顾客未被列入，则通常需要由销售部门的主管来决定是否同意销售。最后，销售部门根据审批后的客户订购单，编制连续编号的销售单。

这一业务活动主要涉及客户订购单和销售单两项凭证。销售单一般一式多联，主要和营业收入相关，是证明管理层有关销售交易的"发生"认定的凭据之一，同时，也是这笔销售的交易轨迹的起点之一。

2. 批准赊销信用

对于赊销业务的批准是由信用管理部门根据管理层的赊销政策在每个顾客的已授权的信用额度内进行的。信用管理部门按照本单位赊销政策进行信用批准，在收到销售部门的销售单后，应将销售单与该顾客已被授权的赊销信用额度以及至今尚欠的账款余额加以比较。对于超过既定信用政策规定范围的特殊销售交易，需要经过适当的授权。执行人工赊销信用检查时，还需要复核客户订购单，并在销售单上签字。

企业的信用管理部门应对每个新顾客进行信用调查，包括获取信用评审机构对顾客信用等级的评定报告。无论批准赊销与否，都要求被授权的信用管理部门人员在销售单上签署意见，然后再将已签署意见的销售单送回销售部门。

信用批准控制主要围绕销售单展开，其目的是降低信用损失风险。因此，这些控制与应收票据/应收款项融资/应收账款/合同资产账面余额的"准确性、计价和分摊"认定有关。

3. 根据销售单编制出库单并发货

企业管理层通常要求仓库管理人员只有在收到经过批准的销售单时才能编制出库单并供货。设立这项控制程序是为了防止仓库在未经授权的情况下擅自发货。因此，已批准销售单的其中一联通常应送达仓库，作为仓库按销售单供货和发货给装运部门的授权依据。

4. 按销售单装运货物

将按经批准的销售单供货与按销售单装运货物职责相分离，有助于避免负责装运货物的职员在未经授权的情况下装运产品。此外，装运部门职员在装运之前，通常会进行独立验证，以确定从仓库提取的商品都附有经批准的销售单，且所提取商品的内容与销售单及出库单一致。

5. 向顾客开具发票

开具发票是指开具并向顾客寄送事先连续编号的销售发票。与这项活动相关的问题包括：

（1）是否对所有装运的货物都开具了发票，即"完整性"认定问题；

（2）是否只对实际装运的货物开具发票，有无重复开具发票或虚开发票，即"发生"认定问题；

（3）是否按已授权批准的商品价目表所列价格计价开具发票，即"准确性"认定问题。

为了降低开具发票过程中出现遗漏、重复、错误计价或其他差错的风险，企业通常会设立以下控制程序：

（1）负责开发票的职员在开具每张销售发票之前，检查是否存在出库单和相应的经批准的销售单；

（2）依据已授权批准的商品价目表开具销售发票；

（3）将出库单上的商品总数与相对应的销售发票上的商品总数进行比对。

上述控制与销售交易（即营业收入）的"发生""完整性"以及"准确性"认定相关。企业通常保留销售发票的存根联。

6. 记录销售

在手工会计系统中，记录销售的过程包括区分赊销、现销，按销售发票编制转账凭证或现金、银行存款收款凭证，据以登记营业收入明细账和应收账款/应收票据/应收款项融资/合同资产明细账或库存现金、银行存款日记账。

记录销售的控制程序包括但不限于以下内容：

（1）依据有效的出库单和销售单记录销售，这些出库单和销售单应能证明销售交易的发生及其发生的日期；

（2）使用事先连续编号的销售发票并对发票使用情况进行监控；

（3）独立检查已销售发票上的销售金额同会计记录金额的一致性；

（4）记录销售的职责应与处理销售交易的其他功能相分离；

（5）对记录过程中所涉及的有关记录的接触权限予以限制，以减少未经授权批准的记录发生；

（6）定期独立检查应收账款/应收票据/应收款项融资/合同资产明细账与总账的一致性；

（7）由不负责现金出纳和销售及应收账款/应收票据/应收款项融资/合同资产明细账记账的职员定期向客户寄发对账单，并对不符事项进行调查，必要时调整会计记录，编制对账情况汇总报告并交由管理层审核。

7. 办理和记录现金、银行存款收入

这是一项涉及货款收回，从而导致现金、银行存款增加以及应收账款/合同资产等项目的减少的活动。在办理和记录现金、银行存款收入时，企业最应关心的是货币资金安全问题。货币资金的失窃或侵占可能发生在货币资金收入登记入账之前或登记入账之后。处理货币资金收入时要保证全部货币资金如数、及时地记入库存现金、银行存款日记账或应收账款/应收票据/应收款项融资/合同资产明细账，并如数、及时地将现金存入银行。具体控制措施有企业出纳和现金记账职员的职责分离、现金盘点、编制银行余额调节表和定期向客户发送对账单等。

8. 确认和记录可变对价的估计和结算情况

如果合同中存在可变对价，企业需要对计入交易价格的可变对价进行估计，并在每一个资产负债表日重新估计应计入交易价格的可变对价金额，以如实反映报告期末存在的情况以及报告期内发生的情况变化。这项活动与销售交易的"准确性"认定有关。

9. 计提坏账准备

企业一般定期对应收账款/应收票据/应收款项融资的预期信用损失进行估计，根据预估结果确认信用减值损失并计提坏账准备，再由管理层对相关估计进行复核和批准。

10. 核销坏账

企业如有证据表明某项货款已无法收回，企业即通过适当的审批程序注销该笔应收账款/应收款项融资。

销售与收款循环的主要业务流程如图 8-1 所示。

（二）销售与收款循环的相关凭证和会计记录

1. 客户订购单

客户订购单是顾客提出的书面购货要求。企业可以通过销售人员或其他途径，如采用电话、信函、邮件以及向现有的和潜在的顾客发送订购单等方式接受订货，取得客户订购单。

2. 销售单

销售单是列示顾客所订商品的名称、规格、数量以及其他与客户订购单有关信息

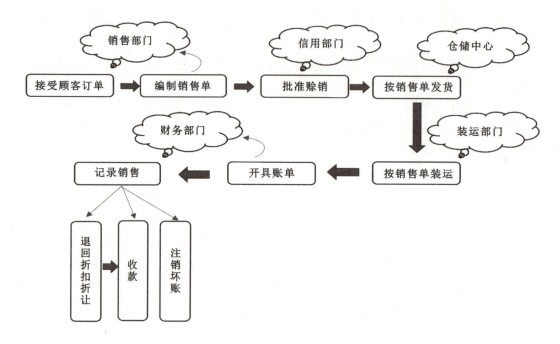

图 8-1　销售与收款循环的主要业务流程

的凭证，作为销售方内部处理客户订购单的依据。销售单一式多联，先后在信用管理部门、仓储部门、装运部门以及财务部门内部流转。

3. 出库单

出库单在发运货物时填制，用以反映发出商品的名称、规格、数量和其他有关内容，同时也是仓库确认商品已出库发运的凭证。出库单的一联寄送给顾客，其余联（一联或数联）由企业保留，通常其中一联由客户在收到商品时签署并返还给销售方，用作销售方确认收入及向客户收取货款的依据。

4. 销售发票

销售发票是一种用来表明已销售商品的规格、数量、价格、销售金额、运费和保险费、开票日期、付款条件等内容的凭证。以增值税发票为例，销售发票的两联（抵扣联和发票联）寄送给顾客，一联由企业保留。销售发票也是在会计账簿中登记销售交易的基本凭证。

5. 商品价目表

商品价目表是列示已经授权批准的、可供销售的各种商品的价格清单。

6. 贷项通知单

贷项通知单是一种用来表示由于销售退回或经批准的折让而导致应收货款减少的凭证，这种凭证的格式通常与销售发票的格式相似。

7. 应收票据/应收款项融资/应收账款预期信用损失计算表

通常，企业按月编制应收票据/应收款项融资/应收账款预期信用损失计算表，反映月末应收票据/应收款项融资/应收账款的预期信用损失。

8. 应收票据/应收款项融资/应收账款/合同资产明细账

应收票据/应收款项融资/应收账款/合同资产明细账是用来记录已向每个客户转让商品而有权收取对价的权利的明细账。

9. 主营业务收入明细账

主营业务收入明细账是一种用来记录销售交易的明细账。它通常记载和反映不同类别产品或劳务的营业收入的明细发生情况和总额。

10. 可变对价相关会计记录

企业与客户的合同中约定的对价金额可能因折扣、价格折让、返利等因素而改变。企业通常定期编制可变对价的相关会计记录，反映对计入交易价格的可变对价的估计和结算情况。

11. 汇款通知书

汇款通知书是一种与销售发票一起寄给客户，由客户在付款时再寄回销售单位的凭证。凭证中包含了客户名称、销售发票号码、企业开户银行账号以及金额等内容。

12. 现金日记账和银行存款日记账

现金日记账和银行存款日记账是用来记录应收账款的收回或现销收入以及其他各种现金、银行存款收入和支出的日记账。

13. 坏账核销审批表

坏账核销审批表是一种用于批准将某些无法收回的应收款项融资/应收款项作为坏账予以核销的单据。

14. 客户对账单

客户对账单是一种定期寄送给客户的用于购销双方核对账目的凭证。客户对账单上应注明应收票据/应收款项融资/应收账款的期初余额、本期各项销售交易的金额、本期已收到的货款、各贷项通知单的数额以及期末余额等内容。对账单可以根据企业的经营管理需要定为月度、季度或年度。

15. 转账凭证

转账凭证是指记录转账业务的记账凭证。它是根据有关转账业务（即不涉及现金、银行存款收付的各项业务）的原始凭证编制的。

16. 现金和银行凭证

现金和银行凭证是指分别用来记录现金和银行存款收入业务和支付业务的记账凭证。

二、销售与收款循环的主要内部控制活动

为了加强对企业销售与收款循环活动的控制，规范销售与收款行为，防范销售与

收款过程中的差错和舞弊行为，企业通常从以下方面设计和执行内部控制。

（一）职责分离

适当的职责分离不仅是预防舞弊的必要手段，也有助于防止各种有意或无意的错误。首先，记账和对账要分离。例如，主营业务收入明细账由记录应收账款之外的员工独立登记，并由另外一位不负责账簿记录的员工定期调节总账和明细账。其次，赊销批准和销售要分离。赊销的审批在一定程度上可以抑制销售人员不计较坏账损失而追求销售数量的行为。最后，销售与收款需要分离。企业应当分别设立销售、发货、收款三项业务的部门或岗位。

（二）授权审批

关于授权审批的问题，注册会计师应主要按照两个时间节点关注审批程序。其一，销售前，赊销已经正确审批。非经正当审批，不得发出货物。其二，销售时，销售价格、销售条件、运费、折扣等必须经过审批。审批人应当根据销售与收款授权批准制度的规定，在授权范围内进行审批，不得超越审批权限。

（三）凭证和记录

充分的凭证和记录有助于企业执行各项控制以实现控制目标。例如，财务人员在记录销售交易之前，对相关的销售单、出库单和销售发票上的信息进行核对，以确保入账的营业收入是真实发生的、准确的。

（四）预先编号

对凭证预先进行编号，旨在防止销售以后忘记向顾客开具账单或登记入账，也可防止重复开具发票或重复记账。当然，如果不清点凭证的编号，预先编号就会失去其控制意义。所以，实施这项控制的关键点是定期检查全部凭证的编号，并调查凭证出现缺号或者重号的原因。

（五）寄发对账单

由不负责现金出纳和销售及应收票据/应收款项融资/应收账款/合同资产记账的人员定期向顾客寄发对账单，能促使顾客在发现应付账款余额不正确后及时反馈有关信息。为了使这项控制更加有效，最好指定一位不掌管货币资金也不记录主营业务收入和应收账款账目的主管人员处理账户余额中出现的所有核对不符的账项。

（六）内部审核

内部审核指的是由内部审计人员或其他独立人员核查销售与收款交易的处理和记录，是实现内部控制目标所不可缺少的一项控制措施。内部控制核查的主要内容包括：

销售与收款交易相关岗位及人员的设置情况（是否职责分离）；销售与收款交易授权批准制度的执行情况；销售的管理情况；收款的管理情况；销售退回的管理情况等。

以上主要为针对销售交易流程的控制活动。然而，对于收款循环的内部控制而言，由于每个企业的性质、所处行业、规模以及内部控制健全程度等不同，而使得其与收款交易相关的内部控制内容有所不同，这里不做详述。

三、销售与收款循环控制测试

内部控制程序的活动是企业针对需要实现的内部控制目标而设计和执行的，控制测试是注册会计师针对企业内部控制程序和活动而实施的。通常，在审计实务工作中，注册会计师根据被审计单位的实际情况，设计适合被审计单位具体情况的实用高效的控制测试计划。下面按照销售与收款交易内部控制中可能发生错报的环节，简要阐述销售与收款循环中一些常见的控制测试程序。

（一）订单处理和赊销的信用控制

这一控制环节中，企业可能向没有获得赊销授权或超出了其信用额度的客户赊销。审计人员可以通过询问员工销售单的生成过程，检查是否所有生成的销售单均有对应的客户订购单为依据；检查系统中自动生成销售单的生成逻辑，是否确保满足了客户范围及其信用控制的要求；对于系统外授权审批的销售单，检查是否经过适当批准。

（二）发运商品

审计人员通过检查系统内出库单的生成逻辑以及出库单是否连续编号，询问并观察发运时保安人员的放行检查，核实是否存在没有批准发货情况下发出商品的情况。通过检查出库单上相关员工及客户的签名，作为发货一致的证据。最后，检查出库单上客户的签名，作为收货的证据。

（三）开具发票

这一环节中，审计人员通过检查系统生成发票的逻辑和例外报告及跟进情况，防止商品发运可能未开具销售发票或已开出发票没有出库单的支持的情况。为核对价格的准确性，检查文件以确定价格更改是否经授权；重新执行以确定打印出的更改后价格与授权是否一致；通过检查IT的一般控制和收入交易的应用控制，确定正确的定价主文档版本是否已被用来生成发票；如果发票由手工填写，则需检查发票中价格复核人员的签名；通过核对经授权的价格清单与发票上的价格，重新执行该核对过程。

（四）记录赊销

这一环节主要核对销售发票入账的会计期间是否正确，金额以及明细账户是否准确。审计人员通常检查系统中销售记录生成的逻辑，重新执行销售截止检查程序和检查客户质询信件并确定问题是否已得到解决；对于有发生手工调节的项目，需要调查其调整原因是否合理；检查应收账款客户主文档中明细余额汇总金额的调节结果与应收账款总分类账是否核对相符，以及核对负责该项工作的员工签名。

（五）记录应收账款/合同资产的收款

应收账款/合同资产记录的收款存在与银行存款不一致的可能性，审计人员需核对每日收款汇总表、电子版收款清单和银行存款清单的核对记录和核对人员的签名，检查银行存款余额调节表和负责编制的员工的签名。

（六）坏账准备计提及坏账核销

这一环节中，坏账准备的计提可能不充分。因此，审计人员需要检查系统计算账龄分析表的规则是否正确，询问管理层如何复核损失准备计提表的计算，并检查是否有复核人员的签字，以及检查坏账核销是否经过管理层的恰当审批。

（七）记录现金销售

审计人员通过实地观察收银台、销售点的收款过程，并检查在这些地方是否有足够的物理监控；检查收款台打印销售小票和现金销售汇总表的程序设置和修改权限设置；检查盘点记录和结算记录上负责计算现金和与销售汇总表相调节工作的员工的签名；检查银行存款单和销售汇总表上的签名，证明已实施复核；检查银行存款余额调节表的编制和复核人员的审核记录。通过上述检查步骤，用以确保登记入账的现金收入与企业已经实际收到的现金相符。

四、销售与收款循环的实质性程序

在完成控制测试之后，注册会计师基于控制测试的结果（即控制运行是否有效），考虑从控制测试中已获得的审计证据及其保证程度，确定是否需要对具体审计计划中设计的实质性程序的性质、时间安排和范围作出适当调整。销售与收款循环所涉及的资产负债表项目主要包括主营业务收入、税金及附加、销售费用、应收账款、应收票据、预收账款、长期应收款和应交税费等。在下文的介绍中，我们将从风险应对的具体审计目标和相关认定的角度出发，简要叙述实务中较为常见的针对营业收入和应收账款的实质性程序。

（一）营业收入的实质性程序

营业收入审计目标与认定的对应关系见表 8-2。

表 8-2　营业收入审计目标与认定的对应关系

认定	审计目标
发生	确定利润表中记录的营业收入是否已发生，且与被审计单位有关
完整性	确定所有应当记录的营业收入是否均已记录
准确性	确定与营业收入有关的金额及其他数据是否已恰当记录，包括对销售退回、可变对价的处理是否适当
截止	确定营业收入是否已记录于正确的会计期间
分类	确定营业收入是否已记录于恰当的账户
列报	确定营业收入是否已被恰当地汇总或分解且表述清楚，按照企业会计准则的规定在财务报表中作出的相关披露是相关的、可理解的

营业收入包括主营业务收入和其他业务收入，这里仅对主营业务收入的实质性程度作出阐述，主营业务收入的常规实质性程序如下。

1. 获取营业收入明细表

复核加计是否正确，并与总账数和明细账合计数核对是否相符；检查以非记账本位币结算的主营业务收入使用的折算汇率及折算是否正确。

2. 实施实质性分析程序

针对已识别需要运用分析程序的有关项目，并基于对被审计单位及其环境的了解，通过进行一系列财务数据的比较，同时考虑有关数据间关系的影响，以建立有关数据的期望值。随后，确定可接受的差异额，并将实际金额与期望值相比较，计算差异。如果差异额超过确定的可接受差异额，调查并获取充分的解释和恰当的、佐证性质的审计证据。最后评价实质性分析程序的结果。

3. 检查主营业务收入确认方法是否符合企业会计准则的规定

企业应根据《企业会计准则第 14 号——收入》的规定确认收入。《企业会计准则第 14 号——收入》分别对"在某一时段内履行的履约义务"和"在某一时点履行的履约义务"的收入确认作出规定。因此，注册会计师需要基于对被审计单位商业模式和日常经营活动的了解，判断被审计单位的合同履约义务是在某一时段内履行还是某一时点履行，据以评估被审计单位确认收入的会计政策是否符合企业会计准则的规定，并测试被审计单位是否按照其既定的会计政策确认收入。

4. 检查销售交易价格

交易价格，指企业因向客户转让商品而预期有权收取的对价金额。由于合同标价不一定代表交易价格，被审计单位需要根据合同条款，并结合以往的习惯做法等确定交易价格。注册会计师应通过询问管理层对交易价格的确定方法，选取和阅读部分合同，检查管理层的处理是否得当。

5. 检查销售交易的凭证记录

以主营业务收入明细账中的会计分录为起点，检查相关原始凭证，如订购单、销售单、出库单、发票等，评价已入账的营业收入是否真实发生（"发生"认定）。从出库单（客户签收联）中选取样本，追查至主营业务收入明细账，以确定是否存在遗漏事项（"完整性"认定）。

6. 销售交易截止测试

对销售实施截止测试，其目的主要在于确定被审计单位主营业务收入的会计记录归属期是否正确；应记入本期或下期的主营业务收入是否被推延至下期或提前至本期。

7. 检查可变对价的会计处理

注册会计师针对可变对价的实质性程度可能包括：获取可变对价明细表，选取项目与相关合同条款进行核对，检查合同中是否确定存在可变对价；检查被审计单位对可变对价的估计是否恰当，例如，是否在整个合同期间内一致地采用同一种方法进行估计；检查计入交易价格的可变对价金额是否满足限制条件；检查资产负债表日被审计单位是否重新估计了应计入交易价格的可变对价金额，如果可变对价金额发生变动，是否按照《企业会计准则第14号——收入》的规定进行了恰当的会计处理。

8. 营业收入的"延伸检查"程序

如果识别出被审计单位收入真实性存在重大异常情况，且通过常规审计程序无法获取充分、适当的审计证据，注册会计师需要考虑实施"延伸检查"程序，即对检查范围进行合理延伸，以应对识别出的舞弊风险。实施"延伸检查"程序的可行性和效果受诸多因素影响，注册会计师设计的具体"延伸检查"程序的性质、时间安排和范围，应当针对被审计单位的具体情况，与评估的舞弊风险相称，并体现重要性原则。相对于常规年度财务报表审计而言，在首次公开发行股票并上市审计（IPO审计）中，由于存在监管要求和相关方的配合，注册会计师实施"延伸检查"程序通常相对可行。

（二）应收账款的实质性程序

应收账款审计目标与认定的对应关系见表8-3。

表8-3 应收账款审计目标与认定的对应关系

认定	审计目标
存在	确定资产负债表中记录的应收账款是否存在
完整性	确定所有应当记录的应收账款是否均已记录
权利和义务	确定记录的应收账款是否由被审计单位拥有或控制
准确性 计价和分摊	确定应收账款是否可收回，预期信用损失的计提方法和金额是否恰当，计提是否充分
分类	应收账款及其预期信用损失是否已记录于恰当的账户
列报	应收账款及其预期信用损失是否已被恰当地汇总或分解且表述清楚，按照企业会计准则的规定在财务报表中作出的披露是相关的、可理解的

应收账款的实质性程序如下。

1. 取得应收账款明细表

注册会计师需复核的应收账款明细表加计是否正确,并与总账数和明细账合计数核对是否相符;检查非记账本位币应收账款的折算汇率及折算是否正确;分析有贷方余额的项目,查明原因,必要时,建议作重分类调整;结合其他应收款、预收款项等往来项目的明细余额,调查有无同一客户多处挂账、异常余额或与销售无关的其他款项,必要时提出调整建议。

2. 分析与应收账款相关的财务指标

主要包括两个方面:第一,复核应收账款借方累计发生额与主营业务收入关系是否合理,并将当期应收账款借方发生额占销售收入净额的百分比与管理层考核指标和被审计单位相关赊销政策比较,如存在异常,应查明原因;第二,计算应收账款周转率、应收账款周转天数等指标,并与被审计单位相关赊销政策、被审计单位以前年度指标、同行业同期相关指标对比,分析是否存在重大异常并查明原因。

3. 对应收账款实施函证程序

函证应收账款的目的在于证实应收账款账户余额是否真实、准确。通过第三方提供的函证回复,可以比较有效地证明被询证者的存在和被审计单位记录的可靠性。注册会计师根据被审计单位的经营环境、内部控制的有效性、应收账款账户的性质、被询证者处理询证函的习惯做法及回函的可能性等,确定应收账款函证的范围、对象、方式和时间。

1) 函证的范围和对象

除非有充分证据表明应收账款对被审计单位财务报表而言是不重要的,或者函证很可能是无效的,否则,注册会计师应当对应收账款进行函证。如果注册会计师不对应收账款进行函证,应当在审计工作底稿中说明理由。如果认为函证很可能是无效的,注册会计师应当实施替代审计程序,获取相关、可靠的审计证据。函证范围是由诸多因素决定的,主要包括如下三点。首先,应收账款在全部资产中的重要程度。如果应收账款占资产总额的比重较大,则需要相应扩大函证的范围。其次,被审计单位内部控制的有效性。如果相关内部控制有效,则可以相应减少函证范围;反之,则需要扩大函证范围。最后,以前期间的函证结果。如果以前期间函证中发现过重大差异,或欠款纠纷较多,则需要扩大函证的范围。

2) 函证的方式

注册会计师可采用积极的或消极的函证方式实施函证,也可将两种方式结合使用。在积极的函证方式下,注册会计师要求被询证者在所有情况下必须回函,确认函证所列示的信息是否正确或填列询证函要求的信息。在消极的函证方式下,注册会计师只要求被询证者仅在不同意询证函列示信息的情况下才予以回函。由于应收账款通常存在高估风险,且与之相关的收入确认存在舞弊风险假定,因此,实务中通常对应收账款采用积极的函证方式。

积极式询证函的格式可以参考例 8-1、8-2，消极式询证函的格式可以参考例 8-3。

【例 8-1】

企业询证函

编号：

××（公司）：

本公司聘请的××会计师事务所正在对本公司××年度财务报表进行审计，按照中国注册会计师审计准则的要求，应当询证本公司与贵公司的往来账项等事项。下列数据出自本公司账簿记录，如与贵公司记录相符，请在本函下端"信息证明无误"处签章证明；如有不符，请在"信息不符"处列明不符金额。回函请直接寄至××会计师事务所。

回函地址：
邮编：　　　　电话：　　　　传真：　　　　联系人：

1.本公司与贵公司的往来账项列示如下：

单位：元

截止日期	贵公司欠	欠贵公司	备注

2.其他事项。

本函仅为复核账目之用，并非催款结算。若款项在上述日期之后已经付清，仍请及时函复为盼。

（公司盖章）
年　　月　　日

结论：1.信息证明无误。

（公司盖章）
年　　月　　日
经办人：

2.信息不符，请列明不符的详细情况：

（公司盖章）
年　　月　　日
经办人：

【例 8-2】

企业询证函

编号：

××（公司）：

　　本公司聘请的××会计师事务所正在对本公司××年度财务报表进行审计，按照中国注册会计师审计准则的要求，应当询证本公司与贵公司的往来账项等事项。请列示截至××年×月×日贵公司与本公司往来款项余额。回函请直接寄至××会计师事务所。

　　回函地址：
　　邮编：　　　　电话：　　　　传真：　　　　联系人：
　　本函仅为复核账目之用，并非催款结算。若款项在上述日期之后已经付清，仍请及时函复为盼。

（公司盖章）
年　　月　　日

1. 贵公司与本公司的往来账项列示如下：

单位：元

截止日期	贵公司欠	欠贵公司	备注

2. 其他事项。

（公司盖章）
年　　月　　日
经办人：

【例 8-3】

企业询证函

编号：

××（公司）：

　　本公司聘请的××会计师事务所正在对本公司××年度财务报表进行审计，按照中国注册会计师审计准则的要求，应当询证本公司与贵公司的往来账项等事项。下列数据出自本公司账簿记录，如与贵公司记录相符，则无须回复；如有不符，请直接通知会计师事务所,并请在空白处列明贵公司认为是正确的信息。回函请直接寄至××会计师事务所。

回函地址:

邮编:　　　　电话:　　　　传真:　　　　联系人:

1. 本公司与贵公司的往来账项列示如下:

单位:元

截止日期	贵公司欠	欠贵公司	备注

2. 其他事项。

本函仅为复核账目之用,并非催款结算。若款项在上述日期之后已经付清,仍请及时核对为盼。

　　　　　　　　　　　　　　　　　　　　　　　　(公司盖章)
　　　　　　　　　　　　　　　　　　　　　　　　年　　月　　日

××会计师事务所:

上面的信息不正确,差异如下:

　　　　　　　　　　　　　　　　　　　　　　　　(公司盖章)
　　　　　　　　　　　　　　　　　　　　　　　　年　　月　　日
　　　　　　　　　　　　　　　　　　　　　　　　经办人:

3) 函证时间的选择

注册会计师通常以资产负债表日为截止日,在资产负债表日后适当时间内实施函证。如果重大错报风险评估为低水平,注册会计师可选资产负债表日前适当日期为截止日实施函证,并对所函证项目自该截止日起至资产负债表日止发生的变动实施其他实质性程序。

4) 函证的控制

注册会计师通常利用被审计单位提供的应收账款明细账户名称及客户地址等资料据以编制询证函,但注册会计师应当对函证全过程保持控制。并对确定需要确认或填列的信息、选择适当的被询证者、设计询证函以及发出和跟进(包括收回)询证函保持控制。

4. 对应收账款余额实施函证以外的细节测试

在未实施应收账款函证的情况下(例如,由于实施函证不可行),注册会计师需要实施其他审计程序获取有关应收账款的审计证据。这种程序通常与上述未收到回函情况下实施的替代程序相似。

5. 检查坏账的冲销和转回

一方面，注册会计师检查有无债务人破产或者死亡的，以及破产或以遗产清偿后仍无法收回的，或者债务人长期未履行清偿义务的应收账款；另一方面，还应检查被审计单位坏账的处理是否经授权批准，有关会计处理是否正确。

6. 确定应收账款的列报是否恰当

除了企业会计准则要求的披露之外，如果被审计单位为上市公司，注册会计师还要评价其披露是否符合证券监管部门的特别规定。

> 【学习本节收获】
> 销售与收款循环中的营业收入、应收账款这两个报表项目是上市公司审计中的重点项目。营业收入项目审计应多维度、多层次地实施实质性分析程序。应收账款项目审计应实施函证程序。

第二节 采购与付款循环审计

企业的采购与付款循环包括购买商品和劳务，以及企业在经营活动中为获取收入而发生的直接或间接的支出。采购业务是企业生产经营活动的起点，企业的支出从性质、数量和发生频率上看是多种多样的。该循环内的业务活动流程如下：首先由采购计划管理部门和供应商管理部门负责解决向谁采购的问题，再由采购部门和仓租部门重点负责采购和验收工作，最后由财务部门负责审核付款凭单、记账和付款。循环涉及资产负债表科目（如存货、其他流动资金、应付账款、其他应付款、应付票据等）和利润表科目（如管理费用、销售费用等）。下文将以一般制造业为例，详细叙述采购与付款循环审计涉及的一系列问题。

二维码8-1
东方金钰公司
财务造假案例

一、采购与付款循环的业务流程及相关凭证、记录

（一）采购与付款循环的主要业务流程

1. 制定采购计划

基于企业的生产经营计划，生产、仓库等部门定期编制采购计划，经部门负责人

等适当的管理人员审批后提交采购部门，具体安排商品及服务采购。

2. 供应商认证及信息维护

企业通常对合作的供应商事先进行资质等审核，将通过审核的供应商信息录入系统，形成完整的供应商清单，并及时对其信息变更进行更新。采购部门只能向通过审核的供应商进行采购。

3. 请购商品和服务

生产部门根据采购计划，对需要购买的已列入存货清单的原材料等项目填写请购单，其他部门对所需要购买的商品或服务编制请购单。大多数企业对正常经营所需物资的购买均作一般授权，例如，生产部门在现有库存达到再订购点时就可提出采购申请，其他部门可以为正常的维修工作和类似工作直接申请采购有关物品。请购单可由手工编制或系统创建。由于企业内不少部门都可以填列请购单，可以按照部门分别设置请购单的连续编号，每张请购单必须经过对这类支出预算负责的主管人员签字批准。请购单是采购交易轨迹的起点，是证明有关采购交易的"发生"认定的凭据之一。

4. 编制订购单

订购单应正确填写所需要的商品品名、数量、价格、供应商名称和地址等，预先予以顺序编号并经过被授权的采购人员签名。其中，正联应送交供应商，副联则送至企业的验收部门、财务部门和编制请购单的部门。

5. 验收商品

有效的订购单代表企业已授权验收部门接受供应商发运来的商品。验收部门首先应比较所收商品与订购单上的要求是否相符，如商品的品名、规格型号、数量和质量等，然后再盘点商品并检查商品有无损坏。

验收后，验收部门应对已收货的每张订购单编制一式多联、预先按顺序编号的验收单，作为验收和检验商品的依据。验收人员将商品送交仓库或其他请购部门时，应取得经过签字的收据，或要求其在验收单的副联上签收，以确立他们对所采购的资产应负的保管责任。验收人员还应将其中的一联验收单送交财务部门。

验收单是支持资产以及与采购有关的负债的"存在"认定的重要凭据。定期独立检查验收单的顺序以确定每笔采购交易都已编制凭单，则与采购交易的"完整性"认定有关。

6. 仓储

将已验收商品的保管与采购职责相分离，可减少未经授权的采购和盗用商品的风险。存放商品的仓储区应相对独立，限制无关人员接近。这些控制与商品的"存在"认定有关。

7. 确认和记录采购交易与负债

正确确认已验收商品和已接受服务的债务，对企业财务报表和实际现金支出具有重大影响。在记录采购交易前，财务部门需要检查订购单、验收单和供应商发票的一致性，确定供应商发票的内容是否与相关的验收单、订购单一致，以及供应商发票的计算是否正确。在检查无误后，会计人员编制转账凭证/付款凭证，经会计主管审核后据以登记相关账簿。如果在月末尚未收到供应商发票，财务部门需根据验收单和订购单暂估相关的负债。这些控制与"存在""发生""完整性""权利和义务"和"准确性、计价和分摊"等认定均有关。

8. 付款

企业通常根据国家有关支付结算的相关规定和企业生产经营的实际情况选择付款结算方式。

9. 记录现金、银行存款支出

在手工系统下，会计人员应根据已付款情况编制付款记账凭证，并据以登记银行存款日记账及其他相关账簿。

采购与付款的循环业务流程如图 8-2 所示。

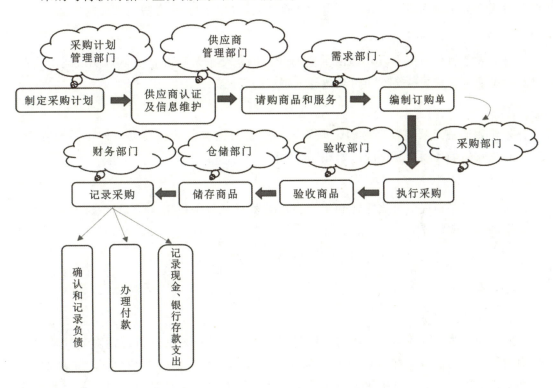

图 8-2 采购与付款的循环业务流程

（二）采购与付款循环的相关凭证和会计记录

1. 采购计划

企业以销售和生产计划为基础，考虑供需关系及市场变化等因素，制订采购方案，并经适当的管理层审批后执行。

2. 供应商清单

企业通过文件审核及实地考察等方式对合作的供应商进行认证，将通过认证的供应商信息进行手工或系统维护，并及时进行更新。

3. 请购单

请购单是由生产、仓库等部门的有关人员填写，送交采购部门，是申请购买商品、服务或其他资产的书面凭据。

4. 订购单

订购单是由采购部门填写，经适当的管理层审核后发送供应商，是向供应商购买订购单上所指定的商品和服务的书面凭据。

5. 验收及入库单

验收单是收到商品时所编制的凭据，列示通过质量检验的、从供应商处收到的商品的种类和数量等内容。入库单是由仓库管理人员填写的验收合格品入库的凭证。

6. 卖方发票

卖方发票（供应商发票）是由供应商开具的，交给采购方企业以载明发运的商品或提供的服务、应付款金额和付款条件等事项的凭证。

7. 转账凭证

转账凭证是记录转账交易的记账凭证，它是根据有关转账交易（即不涉及现金、银行存款收付的各项交易）的原始凭证编制的。

8. 付款凭证

付款凭证包括现金付款凭证和银行存款付款凭证，是指用来记录现金和银行存款支出交易的记账凭证。

9. 应付账款明细账

10. 现金日记账和银行存款日记账

11. 供应商对账单

实务中，对采购及应付账款的定期对账通常由供应商发起。供应商对账单是由供应商编制的、用于核对与采购企业往来款项的凭据，通常标明期初余额、本期购买、本期支付给供应商的款项和期末余额等信息。供应商对账单是供应商对有关交易的陈述，如果不考虑买卖双方在收发商品或接受服务上可能存在的时间差等因素，其期末余额通常应与采购方相应的应付账款期末余额一致。

二、采购与付款循环的主要内部控制活动

采购与付款循环内部控制的设置和销售与收款循环存在很多类似之处。以下仅就采购交易内部控制的特殊之处予以说明。

（一）适当的职责分离

与销售和收款交易一样，采购与付款交易也需要适当的职责分离。适当的职责分离有助于防止各种有意或无意的错误。企业应当建立采购与付款交易的岗位责任制，明确相关部门和岗位的职责、权限，确保办理采购与付款交易的不相容岗位相互分离、制约和监督。采购与付款交易不相容岗位包括：

（1）请购与审批；
（2）询价与确定供应商；
（3）采购合同的订立与审批；
（4）采购与验收；
（5）采购、验收与相关会计记录；
（6）付款审批与付款执行。

（二）恰当的授权审批

付款需要由经授权的人员审批，审批人员在审批前需检查相关支持文件，并对其发现的例外事项进行跟进处理。

（三）凭证的预先编号及对例外报告的跟进处理

通过对入库单的预先编号以及对例外情况的汇总处理，被审计单位可以应对存货和负债记录方面的完整性风险。

（1）如果该控制是人工执行的，被审计单位可以安排入库单编制人员以外的独立复核人员定期检查已经进行会计处理的入库单记录，确认是否存在遗漏或重复记录的入库单，并对例外情况予以跟进；

（2）如果该控制是IT系统执行的，则系统可以定期生成列明跳号或重号的入库单统计例外报告，由经授权的人员对例外报告进行复核和跟进，可以确认所有入库单都进行了处理，且没有重复处理。

三、采购与付款循环的控制测试

在实务中，注册会计师并不需要对流程中的所有控制进行测试，而是应该针对识别的可能发生错报的环节，选择足以应对评估的重大错报风险的控制进行测试。以重大错报风险评估和计划的进一步审计程序总体方案为基础，进一步确定具体测试方法。本节将采购与付款循环主要划分为请购、订购、验收、存储、付款五个环节，简述五个环节中常用的控制测试。

（一）请购

企业生产、仓储部门以生产需求为基础制定采购计划，经部门负责人审批后交采购部门执行。这一环节中注册会计师应重点检查授权和批准情况。主要包括：通过询问部门负责人审批采购计划的过程，检查采购计划是否经部门负责人恰当审批；询问复核人员审批供应商数据变更请求的过程，检查变更需求是否有相应的文件支持以及复核人员的确认；检查系统中采购订单的生成逻辑，确认是否存在供应商代码匹配的要求。

（二）订购

在订购环节中主要存在未在系统中录入或重复录入订购单的问题。注册会计师应检查系统生成例外事项报告的生成逻辑，询问复核人员对例外事项报告的检查过程，确认发现的问题是否及时得到了跟进处理。

（三）验收

企业收到货物时，应由独立于采购、仓储、运输职能的验收部门或人员点收。验收部门或人员根据订购单验收商品，并编制一式多联的验收报告单。注册会计师应检查系统中入库单的生成逻辑，询问仓储人员的收货过程，抽样检查入库单是否有对应一致的采购订单及验收单，以防企业接收缺乏有效订购单支持的商品。

（四）存储

企业需将保管与采购的其他职责相分离，并且只有经过授权的人员才能接近保管的资产。注册会计师需要检查入库单，复核管理层的授权职责分配表，对不相容职位（采购与存储等）是否设置了恰当的职责分离，并观察资产情况。

（五）付款

为确保不存在付款未记录、未记录在正确的供应商账户（串户）或记录金额不正确等问题，注册会计师应重点检查银行余额调节表和供应商对账情况。主要包括：询问复核人员对银行存款余额调节表的复核过程，抽样检查银行余额调节表，检查其是否及时得到复核、复核的问题是否得到了恰当跟进处理、复核人员是否签署确认；询问复核人员对供应商对账结果的复核过程，抽样选取供应商对账单，检查其是否与应付账款明细账进行了核对，差异是否得到了恰当的跟进处理，以及复核人员的相关签署确认。

四、采购与付款循环的实质性程序

（一）应付账款的实质性程序

应付账款审计目标与认定的对应关系见表8-4。

表 8-4　应付账款审计目标与认定的对应关系

认定	审计目标
存在	资产负债表中记录的应付账款是否存在
完整性	所有应当记录的应付账款是否均已记录
权利和义务	资产负债表中记录的应付账款是否为被审计单位应当履行的偿还义务
准确性、计价和分摊	应付账款是否以恰当的金额包括在财务报表中
分类	应付账款是否已记录于恰当的账户
列报	应付账款是否已被恰当地汇总或分解且表述清楚，按照企业会计准则的规定在财务报表中作出的相关披露是相关的、可理解的

应付账款的实质性程序如下。

1. 获取应付账款明细表

复核加计是否正确，并与报表数、总账数和明细账合计数核对是否相符；检查非记账本位币应付账款的折算汇率及折算是否正确；分析出现借方余额的项目，查明原因，必要时，建议作重分类调整；结合预付账款、其他应付款等往来项目的明细余额，检查有无针对同一交易在应付账款和预付款项同时记账的情况、异常余额或与购货无关的其他款项（如关联方账户或雇员账户）。

2. 对应付账款实施函证程序

由于采购与付款循环中较为常见的重大错报风险是低估应付账款（"完整性"认定），因此，注册会计师在实施函证程序时可能需要从非财务部门（如采购部门）获取适当的供应商清单，如本期采购清单、所有现存供应商名录等，从中选取样本进行测试并向债权人发送询证函。

3. 检查应付账款是否计入正确的会计期间，是否存在未入账的应付账款

对本期发生的应付账款增减变动，检查至相关支持性文件，确认会计处理是否正确；检查资产负债表日后应付账款明细账贷方发生额的相应凭证，关注其验收单、供应商发票的日期，确认其入账时间是否合理；获取并检查被审计单位与其供应商之间的对账单以及被审计单位编制的差异调节表，确定应付账款金额的准确性；针对资产负债表日后付款项目，检查银行对账单及有关付款凭证（如银行汇款通知、供应商收据等），询问被审计单位内部或外部的知情人员，查找有无未及时入账的应付账款；结合存货监盘程序，检查被审计单位在资产负债表日前后的存货入库资料（验收报告或入库单），检查相关负债是否计入了正确的会计期间。如果注册会计师通过这些审计程序发现某些未入账的应付账款，应将有关情况详细记入审计工作底稿，并根据其重要性确定是否需建议被审计单位进行相应的调整。

4. 寻找未入账负债的测试

获取期后收取、记录或支付的发票明细，包括获取支票登记簿/电汇报告/银行

对账单（根据被审计单位情况不同）以及入账的发票和未入账的发票。从中选取项目（尽量接近审计报告日）进行测试并实施以下程序：抽样检查支持性文件，如相关的发票、采购合同/申请、收货文件以及接受服务明细，以确定收到商品/接受服务的日期及应在期末之前入账的日期；追踪已选取项目至应付账款明细账、货到票未到的暂估入账和/或预提费用明细表，并关注费用所计入的会计期间，调查并跟进所有已识别的差异；评价费用是否被记录于正确的会计期间，并相应确定是否存在期末未入账负债。

5. 检查长期挂账

检查应付账款长期挂账的原因并作出记录，对确实无须支付的应付账款的会计处理是否正确。

6. 确定应付账款列报是否恰当

检查应付账款是否已按照企业会计准则的规定在财务报表中作出恰当列报和披露。

（二）除折旧/摊销、人工费用以外的一般费用的实质性程序

除折旧/摊销、人工费用以外的一般费用审计目标与认定的对应关系见表8-5。

表8-5　除折旧/摊销、人工费用以外的一般费用审计目标与认定的对应关系

认定	审计目标
发生	利润表中记录的一般费用是否确实发生
完整性	所有应当记录的费用是否均已记录
准确性	一般费用是否以恰当的金额包括在财务报表中
截止	费用是否已计入恰当的会计期间

除折旧/摊销、人工费用以外的一般费用的实质性程序如下。

1. 获取一般费用明细表

复核其加计数是否正确，并与总账和明细账合计数核对是否正确。

2. 实质性分析程序

第一，考虑可获取信息的来源、可比性、性质和相关性以及与信息编制相关的控制，评价在对记录的金额或比率作出预期时使用数据的可靠性。第二，将费用细化到适当层次，根据关键因素和相互关系（例如，本期预算、费用类别与销售数量、职工人数的变化之间的关系等）设定预期值，评价预期值是否足够精确以识别重大错报。第三，确定已记录金额与预期值之间可接受的、无须作进一步调查的可接受的差异额。第四，将已记录金额与期望值进行比较，识别需要进一步调查的差异。第五，通过询问管理层，针对管理层的答复获取适当的审计证据以调查差异，根据具体情况在必要时实施其他审计程序。

3. 选取项目进行测试

从资产负债表日后的银行对账单或付款凭证中选取项目进行测试，检查支持性文件（如合同或发票），关注发票日期和支付日期，追踪已选取项目至相关费用明细表，检查费用所计入的会计期间，评价费用是否被记录于正确的会计期间。

4. 检查支持性文件

对本期发生的费用选取样本，检查其支持性文件，确定原始凭证是否齐全，记账凭证与原始凭证是否相符以及账务处理是否正确。

5. 截止测试

抽取资产负债表日前后的凭证，实施截止测试，评价费用是否被记录于正确的会计期间。

6. 确定一般费用列报是否恰当

检查一般费用是否已按照企业会计准则及其他相关规定在财务报表中作出恰当的列报和披露。

【学习本节收获】

从上市公司造假案例的角度来看，采购与付款循环中的应付账款报表项目容易被人为地低估，从而使得流动比率等指标能够满足银行的贷款要求。因此，对应付账款项目的完整性审计是采购与付款循环的审计重点。

第三节　生产与存货循环审计

存货是企业的重要资产，存货的采购、使用和销售与企业的经营活动密切相关，对企业的财务状况和经营成果具有重大而广泛的影响。存货的性质由于被审计单位业务的不同而有很大的差别，对于一般制造型企业而言，生产与存货循环通常是重大的业务循环。本节主要以一般制造型企业为例，介绍生产与存货循环涉及的业务活动和内部控制。该循环的内部业务活动主要是从原材料到在产品，产成品再到主营业务成本和本年利润的流程。循环主要涉及资产负债表中的存货和利润表中的营业成本。

二维码 8-2
抚顺特钢
财务造假案例

一、生产与存货循环的业务流程及相关凭证、记录

(一) 生产与存货循环的主要业务流程

1. 计划和安排生产

生产计划部门的职责是根据客户订购单或者销售部门对销售预测和产品需求的分析来决定生产授权。如决定授权生产，即签发预先顺序编号的生产通知单。该部门通常应将发出的所有生产通知单顺序编号并加以记录控制。此外，通常该部门还需编制一份材料需求报告，列示所需要的材料和零件及其库存。

2. 发出原材料

仓储部门的责任是根据从生产部门收到的领料单发出原材料。领料单上必须列示所需的材料数量和种类，以及领料部门的名称。领料单可以一料一单，也可以多料一单，通常需一式三联，即生产部门存根联、仓库联和财务联。仓库管理人员发料并签署后，生产部门存根联连同材料交给领料部门，仓库联留在仓库登记材料明细账，财务联交会计部门进行材料收发核算和成本核算。

3. 生产产品

生产部门在收到生产通知单及领取原材料后，便将生产任务分解到每一个生产工人，并将所领取的原材料交给生产工人，据以执行生产任务。生产工人在完成生产任务后，将完成的产品交由生产部门统计人员查点，然后转交检验员验收并办理入库手续；或是将所完成的半成品移交下一个环节，作进一步加工。

4. 核算产品成本

为了正确核算并有效控制产品成本，必须建立健全成本会计制度，将生产控制和成本核算有机结合在一起。一方面，生产过程中的各种记录、生产通知单、领料单、计工单、产量统计记录表、生产统计报告、入库单等文件资料都要汇集到会计部门，由会计部门对其进行检查和核对，了解和控制生产过程中存货的实物流转；另一方面，会计部门要设置相应的会计账户，会同有关部门对生产过程中的成本进行核算和控制。由于核算精细程度的不同，成本会计制度可以非常简单，只是在期末记录存货余额；也可以是完善的标准成本制度，持续地记录所有材料处理、在产品和产成品，并形成对成本差异的分析报告。完善的成本会计制度应该提供原材料转为在产品，在产品转为产成品，以及按成本中心、分批次生产任务通知单或生产周期所消耗的材料、人工和间接费用的分配与归集的详细资料。

5. 产成品入库及储存

产成品入库，须由仓储部门先行点验和检查，然后签收。签收后，将实际入库数量通知会计部门。据此，仓储部门确立了本身应承担的保管责任，并对验收部门的工作进行验证。除此之外，仓储部门还应根据产成品的品质特征分类存放，并填制标签。

6. 发出产成品

产成品的发出须由独立的发运部门进行。装运产成品时必须持有经有关部门核准的发运通知单，并据此编制出库单。出库单一般为一式四联，一联交仓储部门；一联由发运部门留存；一联送交客户；一联作为开具发票的依据。

7. 存货盘点

管理人员编制盘点指令，安排适当人员对存货实物（包括原材料、在产品和产成品等所有存货类别）进行定期盘点，将盘点结果与存货账面数量进行核对，调查差异并进行适当调整。

8. 计提存货跌价准备

财务部门根据存货货龄分析表信息或相关部门提供的有关存货状况的其他信息，结合存货盘点过程中对存货状况的检查结果，对出现损毁、滞销、跌价等降低存货价值的情况进行分析计算，计提存货跌价准备。

生产与存货循环业务流程如图 8-3 所示。

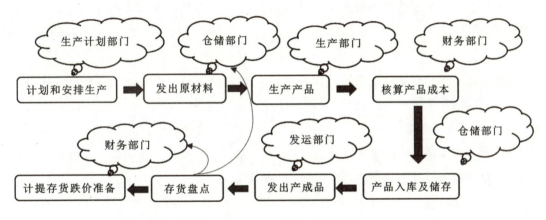

图 8-3　生产与存货循环业务流程

（二）生产与存货循环的相关凭证和会计记录

1. 生产指令

生产指令又称"生产任务通知单"或"生产通知单"，是企业下达制造产品等生产任务的书面文件，用以通知供应部门组织材料发放，生产车间组织产品制造，会计部门组织成本计算。广义的生产指令也包括用于指导产品加工的工艺规程，如机械加工企业的"路线图"等。

2. 领发料凭证

领发料凭证是企业为控制材料发出所采用的各种凭证，如材料发出汇总表、领料单、限额领料单、领料登记簿、退料单等。

3. 产量和工时记录

产量和工时记录是登记工人或生产班组在出勤时间内完成产品数量、质量和生产这些产品所耗费工时数量的原始记录。产量和工时记录的内容与格式是多种多样的，在不同的生产企业中，甚至在同一企业的不同生产车间中，由于生产类型不同而采用不同格式的产量和工时记录。常见的产量和工时记录主要有工作通知单、工序进程单、工作班产量报告、产量通知单、产量明细表、废品通知单等。

4. 工薪汇总表及工薪费用分配表

工薪汇总表是为了反映企业全部工薪的结算情况，并据以进行工薪总分类核算和汇总整个企业工薪费用而编制的，它是企业进行工薪费用分配的依据。工薪费用分配表反映了各生产车间各产品应负担的生产工人工薪及福利费。

5. 材料费用分配表

材料费用分配表是用来汇总反映各生产车间各产品所耗费的材料费用的原始记录。

6. 制造费用分配汇总表

制造费用分配汇总表是用来汇总反映各生产车间各产品所应负担的制造费用的原始记录。

7. 成本计算单

成本计算单是用来归集某一成本计算对象所应承担的生产费用，计算该成本计算对象的总成本和单位成本的记录。

8. 产成品入库单句出库单

产成品入库单是产品生产完成并经检验合格后从生产部门转入仓库的凭证。产成品出库单是根据经批准的销售单发出产成品的凭证。

9. 存货明细账

存货明细账是用来反映各种存货增减变动情况和期末库存数量及相关成本信息的会计记录。

10. 存货盘点指令、盘点表及盘点标签

一般制造型企业通常会定期对存货实物进行盘点，将实物盘点数量与账面数量进行核对，对差异进行分析调查，必要时作账务调整，以确保账实相符。在实施存货盘点之前，管理人员通常编制存货盘点指令，对存货盘点的时间、人员、流程及后续处理等方面作出安排。在盘点过程中，通常会使用盘点表记录盘点结果，使用盘点标签对已盘点存货及数量作出标识。

11. 存货货龄分析表

很多制造型企业通过编制存货货龄分析表，识别流动较慢或滞销的存货，并根据市场情况和经营预测，确定是否需要计提存货跌价准备。这对于管理具有保质期的存货（如食物、药品、化妆品等）尤其重要。

二、生产与存货循环的主要内部控制活动

（一）职责分工

生产与存货循环涉及的领料、审批、验收、保管与记账等职责的合理划分，可以减少正常工作中进行欺诈或掩盖差错和异常的机会。针对本循环的主要业务活动，不相容的职务有：

(1) 存货生产计划的编制与审批；
(2) 存货的验收与生产部门；
(3) 存货的保管与记录；
(4) 存货的盘点人员和存货的保管、使用与记录人员。

（二）授权审批

在生产与存货循环中常见的授权审批程序包括：

(1) 生产任务通知单需经过授权批准；
(2) 领料需经过授权批准；
(3) 工资的计算和发放需经过授权批准；
(4) 成本和费用分配方法的采用与变动需经过批准；
(5) 存货计价方法的采用和变更需经过批准；
(6) 存货盘盈、盘亏和损毁等的处置需经过批准。

（三）实物控制

对存货必须进行实物控制，以免由于误用和偷窃而造成损失，将原材料、在产品和产成品分开并限制接触是保护存货安全完整的非常重要的控制。具体包括以下政策或程序：

(1) 建立原材料、在产品、产成品等的保管和移交制度；
(2) 按类别存放存货，并定期巡视；
(3) 只有经过授权的人才能接触存货实物及相关文件；
(4) 存货的入库须经过验收，存货的出库须有经批准的提货单。

（四）产成品入库和出库制度

产成品入库时，质量检验员应检查并签发预先按顺序编号的产成品验收单，由生产小组将产成品送交仓库，仓库管理员应检查产成品验收单，并清点产成品数量，填写预先顺序编号的产成品入库单经质检经理、生产经理和仓储经理签字确认后，由仓库管理员将产成品入库单信息输入计算机系统，计算机系统自动更新产成品明细台账。

产成品出库时，由仓库管理员填写预先顺序编号的出库单，并将产成品出库单信息输入计算机系统，经仓储经理复核并以电子签名方式确认后，计算机系统自动更新产成品明细台账并与发运通知单编号核对。

（五）定期盘点

不管企业的存货记录采用何种方法，它都必须对存货进行定期盘点，以保证账实相符。盘点日可以是结账日或接近结账日，也可以是预先确定的日子。此外，对盘点过程也要建立必要的控制。

（六）成本会计制度和会计记录

健全的成本会计制度对于核算原材料、物料的领用，确定在产品存货的构成和价值以及计算完工产品成本都是必要的。该制度包括正确核算从原材料到在产品再到最终产成品的加工过程，以及所需要的所有记录和领料单等。完善的成本会计制度应包括以下内容：

（1）采用适当的成本核算方法和费用分配方法，且前后各期保持一致；

（2）成本核算要以经过审核的生产通知单、领料单、工资费用分配表和制造费用分配表等原始凭证为依据；

（3）尽可能采取永续盘存制进行存货管理；

（4）生产通知单、领料单、工资费用分配表和制造费用分配表等应顺序编号。

（七）计提存货跌价准备制度

定期编制存货货龄分析表，管理人员复核该分析表，确定是否有必要对滞销存货计提存货跌价准备，并计算存货可变现净值，据此计提存货跌价准备；生产部门和仓储部门每月上报残冷背次存货明细，采购部门和销售部门每月上报原材料和产成品最新价格信息，财务部门据此分析存货跌价风险并计提跌价准备，由财务经理和总经理复核批准并入账。

三、生产与存货循环控制测试

总体上看，生产与存货循环的内部控制主要包括存货数量的内部控制和存货价格的内部控制两方面。由于生产与存货循环与其他业务循环的紧密联系，生产与存货循环中某些审计程序，特别是对存货余额的审计程序，与其他相关业务循环的审计程序同时进行将更为有效。下文主要从存货数量和存货价格两方面简述相关控制测试。

（一）和存货数量相关的控制测试

和存货数量相关的控制测试包括以下几个方面。

（1）检查存货的入库是否严格履行验收手续，对存货的名称、规格、数量、型号是否逐项核对并及时入账；审核相应的验收报告、卖方发票和货物入库单，比较三者与请购单在数量、价格、型号、规格等方面是否一致。

（2）实地观察存货保管情况，检查储存保管的合理性、安全性，并与有关存储规章制度相对比，考察其实际遵守情况。检查仓库保管员是否每月末盘点存货并与仓库台账核对并调节一致。

（3）抽查一定的存货明细账，并与相应的存货验收单、领料单核对，检查存货的领用是否有授权批准手续，是否严格按照授权批准手续发货，检查存货发出有无不按规定的情况。检查存货明细账是否根据原始凭证逐日逐笔登记收发数额。

（二）和存货价格相关的控制测试

和存货价格相关的控制测试包括以下几个方面。

（1）检查存货的产品计价方法是否符合财务会计制度的规定，前后各期是否一致，是否发生重大变化。

（2）检查生产主管核对材料成本明细表的记录，并询问其核对过程及结果；检查系统的自动归集设置是否符合有关成本和费用的性质，是否合理；询问并检查成本会计复核制造费用明细表的过程和记录，检查财务经理对调整制造费用的分录的批准记录。

（3）询问财务经理如何执行复核及调查；选取产品成本计算表及相关资料，检查财务经理的复核记录；询问和检查成本会计将产成品收发存报表与成本计算表进行核对的过程和记录。

（4）询问财务经理识别减值风险并确定减值准备的过程，检查总经理的复核批准记录。

四、生产与存货循环的实质性程序

鉴于存货对于企业的重要性、存货问题的复杂性以及存货与其他项目密切的关联度，注册会计师对存货项目的审计应当予以特别的关注。下文从具体的审计目标和相关认定的角度出发，对实务中较为重要的生产与存货循环实质性程序进行阐述。

存货审计目标与认定的对应关系见表8-6。

表8-6 存货审计目标与认定的对应关系

认定	审计目标
存在	账面存货余额对应的实物是否真实存在
完整性	属于被审计单位的存货是否均已入账
权利和义务	存货是否属于被审计单位
准确性、计价和分摊	存货单位成本的计量是否准确；存货的账面价值是否可以实现

生产与存货循环的实质性程序如下。

（一）存货的一般审计程序

获取年末存货余额明细表，并执行以下工作：复核单项存货金额的计算（单位成本×数量）和明细表的加总计算是否准确；将本年末存货余额与上年末存货余额进行比较，总体分析变动原因。

（二）存货监盘

存货监盘是指审计人员现场监督被审计单位存货的盘点，并进行适当的抽查。通过对期末存货进行盘点，可以确定期末存货的实际结存数，从而直接影响会计报表上的存货金额。因而存货监盘是存货审计的一项重要内容，与对银行存款、应收账款的函证程序一样，是公认审计程序，如果不实施的话，注册会计师必须在审计工作底稿中予以详细说明。存货监盘程序如下。

1. 评价管理层用以记录和控制存货盘点结果的指令和程序

注册会计师需要考虑的指令和程序包括适当控制活动的运用，准确认定在产品的完工程度，在适用情况下用于估计存货数量的方法，对存货在不同存放地点之间的移动以及截止日前后期间出入库的控制。

2. 观察管理层制定的盘点程序的执行情况

注册会计师需要关注，所有在盘点日以前入库的存货项目是否均已包括在盘点范围内，所有已确认为销售但尚未装运出库的商品是否均未包括在盘点范围内，在途存货和被审计单位直接向顾客发运的存货是否均已得到了适当的会计处理。此外，通常，注册会计师可观察存货的验收入库地点和装运出库地点以执行截止测试。

3. 检查存货

在存货监盘过程中检查存货，虽然不一定能确定存货的所有权，但有助于确定存货的存在，以及识别过时、毁损或陈旧的存货。注册会计师应当把所有过时、毁损或陈旧存货的详细情况记录下来，这既便于进一步追查这些存货的处置情况，也能为测试被审计单位存货跌价准备计提的准确性提供证据。

4. 执行抽盘

在对存货盘点结果进行测试时，注册会计师可以从存货盘点记录中选取项目追查至存货实物，以及从存货实物中选取项目追查至盘点记录，以获取有关盘点记录准确性和完整性的审计证据。需要说明的是，注册会计师应尽可能避免让被审计单位事先了解将抽盘的存货项目。除记录注册会计师对存货盘点结果进行的测试情况外，获取管理层完成的存货盘点记录的复印件也有助于注册会计师日后实施审计程序，以确定被审计单位的期末存货记录是否准确地反映了存货的实际盘点结果。

5. 需特别关注的情况

首先，需确定存货盘点范围。在被审计单位盘点存货前，注册会计师应当观察盘点现场，确定应纳入盘点范围的存货是否已经适当整理和排列，并附有盘点标识，防止遗漏或重复盘点。对未纳入盘点范围的存货，注册会计师应当查明未纳入的原因。对所有权不属于被审计单位的存货，注册会计师应当取得其规格、数量等有关资料，确定是否已单独存放、标明，且未被纳入盘点范围。在存货监盘过程中，注册会计师应当根据取得的所有权不属于被审计单位的存货的有关资料，观察这些存货的实际存放情况，确保其未被纳入盘点范围。即使在被审计单位声明不存在受托代存存货的情形下，注册会计师在存货监盘时也应当关注是否存在某些存货不属于被审计单位的迹象，以避免盘点范围不当。

其次，需关注对于特殊类型存货的监盘。对某些特殊类型的存货而言，被审计单位通常使用的盘点方法和控制程序并不完全适用。这些存货通常或者没有标签，或者其数量难以估计，或者其质量难以确定，或者盘点人员无法对其移动实施控制。在这些情况下，注册会计师需要运用职业判断，根据存货的实际情况，设计恰当的审计程序，对存货的数量和状况获取审计证据。

6. 存货监盘结束时的工作

在被审计单位存货盘点结束前，注册会计师应当再次观察盘点现场，以确定所有应纳入盘点范围的存货是否均已盘点。除此之外，还需要取得并检查已填用、作废及未使用盘点表单的号码记录，确定其是否连续编号，查明已发放的表单是否均已收回，并与存货盘点的汇总记录进行核对。注册会计师应当根据自己在存货监盘过程中获取的信息对被审计单位最终的存货盘点结果汇总记录进行复核，并评估其是否正确地反映了实际盘点结果。

【学习本节收获】

生产与存货循环中的存货监盘程序是审计过程中的一道重要程序。监盘全程由注册会计师控制，并且注册会计师不能参与被审计单位的盘点。

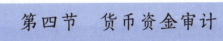

第四节　货币资金审计

货币资金是企业资产的重要组成部分，是企业资产中流动性最强的资产。任何企业进行生产经营活动都必须拥有一定数额的货币资金，持有货币资金是企业生产经营活动的基本条件。货币资金主要来源于股东投入、债权人借款和企业经营累积，主要用于资产的取得和费用的结付。根据货币资金存放地点及用途的不同，货币资金分为库存现金、银行存款及其他货币资金。企业资金营运过程，从资金流入企业形成货币资金开始，到通过销售收回货币资金、成本补偿确定利

二维码 8-3
康美药业
财务造假案例

润、部分资金流出企业为止。企业资金的不断循环，构成企业的资金周转。货币资金贯穿于前文章节所述各业务循环，下面主要阐述前文章节未进行说明的与货币资金业务相关的内容。

一、和货币资金相关的业务流程、凭证和记录

（一）和货币资金相关的业务流程

1. 现金管理

出纳员每日对库存现金自行盘点，编制现金报表，计算当日现金收入、支出及结余额，并将结余额与实际库存额进行核对，如有差异及时查明原因。会计主管不定期检查现金日报表。

每月末，会计主管指定出纳员以外的人员对现金进行盘点，编制库存现金盘点表，将盘点金额与现金日记账余额进行核对。对冲抵库存现金的借条、未提现支票、未做报销的原始票证，在库存现金盘点报告表中予以注明。会计主管复核库存现金盘点表，如果盘点金额与现金日记账余额存在差异，需查明原因并报经财务经理批准后进行财务处理。

2. 银行存款管理

1) 银行账户管理
企业的银行账户的开立、变更或注销须经财务经理审核，报总经理审批。
2) 编制银行存款余额调节表
每月末，会计主管指定出纳员以外的人员核对银行存款日记账和银行对账单，编制银行存款余额调节表，使银行存款账面余额与银行对账单调节相符。如调节不符，查明原因。会计主管复核银行存款余额调节表，对需要进行调整的调节项目及时进行处理。
3) 票据管理
财务部门设置银行票据登记簿，防止票据遗失或盗用。出纳员登记银行票据的购买、领用、背书转让及注销等事项。空白票据存放在保险柜中。每月末，会计主管指定出纳员以外的人员对空白票据、未办理收款和承兑的票据进行盘点，编制银行票据盘点表，并与银行票据登记簿进行核对。会计主管复核库存银行票据盘点表，如果存在差异，需查明原因。
4) 印章管理
企业的财务专用章由财务经理保管，办理相关业务中使用的个人名章由出纳员保管。

（二）和货币资金相关的凭证和会计记录

1. 现金盘点表

盘点现金是证实资产负债表中所列现金是否存在的一项重要程序。盘点现金通常

包括对已收到但未存入银行的现金、零用金、找换金等所进行的盘点。

2. 银行对账单

银行对账单是银行客观记录企业资金流转情况的记录单，是银行和企业之间对资金流转情况进行核对和确认的凭单。银行对账单反映的主体是银行和企业，反映的内容是企业的资金，反映的形式是对企业资金流转的记录。

3. 银行存款余额调节表

银行存款余额调节表由企业编制，主要目的在于核对银行存款科目，发现企业账目与银行账目的差异，也用于检查企业与银行账目的差错。调节后的余额一般被认为是该企业对账日存于银行实际可用的存款数额。

4. 相关科目记账凭证

和货币资金相关的记账凭证，包括收款凭证和付款凭证。

5. 相关会计账簿

和货币资金相关的会计账簿，包括银行存款明细账和现金明细账。

二、货币资金的内部控制

由于货币资金是企业流动性最强的资产，企业必须加强对货币资金的管理，建立良好的货币资金内部控制，以确保全部应收取的货币资金均能收取，并及时正确地予以记录；全部货币资金支出是按照经批准的用途进行的，并及时正确地予以记录；库存现金、银行存款报告正确，并得以恰当保管；正确预测企业正常经营所需的货币资金收支额，确保企业有充足又不过剩的货币资金余额。

（一）职责分离

企业应当建立货币资金业务的岗位责任制，明确相关部门和岗位的职责权限，确保办理货币资金业务的不相容岗位相互分离、制约和监督。出纳人员不得兼任稽核、会计档案保管和收入、支出、费用、债权债务账目的登记工作。除此之外，出纳人员一般不得同时从事银行对账单的获取、银行存款余额调节表的编制工作。确需出纳人员办理上述工作的，应当指定其他人员定期进行审核、监督。企业不得由一人办理货币资金业务的全过程。

（二）授权审批

企业应当对货币资金业务建立严格的授权审批制度，明确审批人对货币资金业务的授权批准方式、权限、程序、责任和相关控制措施，规定经办人办理货币资金业务的职责范围和工作要求。审批人应当根据货币资金授权批准制度的规定，在授权范围内进行审批，不得超越审批权限。经办人应当在职责范围内，按照审批人的批准意见

办理货币资金业务。对于审批人超越授权范围审批的货币资金业务，经办人员有权拒绝办理，并及时向审批人的上级授权部门报告。

（三）支付业务控制

企业需按照支付申请、支付审批、支付复核、办理支付的一般流程办理货币支付业务。对于重要的货币资金支付业务，应当实行集体决策和审批，并建立责任追究制度，防范贪污、侵占、挪用货币资金等行为。严禁未经授权的机构或人员办理货币资金业务或直接接触货币资金。

（四）现金和银行存款管理

企业应当加强现金库存限额的管理，超过库存限额的现金应及时存入银行。

企业必须根据《现金管理暂行条例》的规定，结合本企业的实际情况，确定本企业现金的开支范围。不属于现金开支范围的业务应当通过银行办理转账结算。

企业现金收入应当及时存入银行，不得从企业的现金收入中直接支付（即坐支）。因特殊情况需坐支现金的，应事先报经开户银行审查批准，由开户银行核定坐支范围和限额。企业借出款项必须执行严格的授权批准程序，严禁擅自挪用、借出货币资金。

企业取得的货币资金收入必须及时入账，不得私设"小金库"，不得账外设账，严禁收款不入账。

企业应当严格按照《支付结算办法》等国家有关规定，加强银行账户的管理，严格按照规定开立账户，办理存款、取款和结算。银行账户的开立应当符合企业经营管理实际需要，不得随意开立多个账户，禁止企业内设管理部门自行开立银行账户。

企业应当定期检查、清理银行账户的开立及使用情况，发现问题应及时处理。

企业应当加强对银行结算凭证的填制、传递及保管等环节的管理与控制。

企业应当严格遵守银行结算纪律，不准签发没有资金保证的票据或远期支票，套取银行信用；不准签发、取得和转让没有真实交易和债权债务的票据，套取银行和他人资金；不准违反规定开立和使用银行账户。

企业应当指定专人定期核对银行账户（每月至少核对一次），编制银行存款余额调节表，使银行存款账面余额与银行对账单调节相符。如调节不符，应查明原因，及时处理。

企业应当定期和不定期地进行现金盘点，确保现金账面余额与实际库存相符。发现不符，及时查明原因并作出处理。

（五）票据及有关印章的管理

企业应当加强与货币资金相关的票据的管理，明确各种票据的购买、保管、领用、背书转让、注销等环节的职责权限和程序，并专设登记簿进行记录，防止空白票据的遗失和被盗用。企业因填写、开具失误或者其他原因导致作废的法定票据，应当按规定予以保存，不得随意处置或销毁。对超过法定保管期限、可以销毁的票据，在履行审核手续后进行销毁，但应当建立销毁清册并由授权人员监销。

企业应当加强银行预留印鉴的管理。财务专用章应由专人保管，个人名章必须由本人或其授权人员保管。严禁一人保管支付款项所需的全部印章。按规定需要有关负责人签字或盖章的经济业务，必须严格履行签字或盖章手续。

（六）监督检查

企业应当建立对货币资金业务的监督检查制度，明确监督检查机构或人员的职责权限，定期和不定期地进行检查。主要检查内容包括：货币资金业务相关岗位及人员的设置情况；货币资金授权批准制度的执行情况；支付款项印章的保管情况；票据的保管情况。对监督检查过程中发现的货币资金内部控制中的薄弱环节，应当及时采取措施，加以纠正和完善。

三、货币资金的控制测试

由于每个企业的性质、所处行业、规模以及内部控制健全程度存在差异，其与货币资金有关的内部控制内容也有所不同，因此，在具体实务中注册会计师实施的控制测试也不相同。以下从库存现金和银行存款两个方面简要阐述注册会计师可能实施的一些内部控制测试程序。

（一）库存现金控制测试

1. 付款

首先，询问相关业务部门的部门经理和财务经理，了解其在日常现金付款业务中执行的内部控制，以确定其是否与被审计单位内部控制政策要求保持一致；其次，观察财务经理复核付款申请的过程，是否核对了付款申请的用途、金额及后附相关凭据，以及在核对无误后是否进行了签字确认；最后，重新核对经审批及复核的付款申请及其相关凭据，并检查是否经签字确认。

2. 盘点

注册会计师针对被审计单位的现金盘点实施的现金监盘可能涉及：检查现金以确定其是否存在，并检查现金盘点结果；观察执行现金盘点的人员对盘点计划的遵循情况，以及用于记录和控制现金盘点结果的程序的实施情况；获取有关被审计单位现金盘点程序可靠性的审计证据。

（二）银行存款控制测试

1. 账户管理

如果被审计单位在审计年度发生了银行账户的开立、变更和注销的情况，注册会计师应针对被审计单位设置的内部控制，实施控制测试，其中可能包括：询问会计主管被审计单位本年开户、变更、撤销的整体情况；取得本年度账户开立、变更、撤销申请项目清单，检查清单的完整性，并在选取适当样本的基础上检查账户的开立、变更、撤销项目是否已经财务经理和总经理审批。

2. 付款

首先，询问相关业务部门的部门经理和财务经理在日常银行付款业务中执行的内部控制，以确定其是否与被审计单位内部控制政策要求保持一致；其次，观察财务经理复核付款申请的过程，是否核对了付款申请的用途、金额及后附相关凭据，以及在核对无误后是否进行了签字确认；最后，重新核对经审批及复核的付款申请及其相关凭据，并检查是否经签字确认。

3. 银行存款余额调节表

首先，询问应收账款会计和会计主管，以确定其执行的内部控制是否与被审计单位内部控制政策要求保持一致，特别是针对未达账项的编制及审批流程。其次，针对选取的样本，检查银行存款余额调节表，查看调节表中记录的企业银行存款日记账余额是否与银行存款日记账余额保持一致，调节表中记录的银行对账单余额是否与被审计单位提供的银行对账单中的余额保持一致。再次，针对调节项目，检查是否经会计主管的签字复核。最后，针对大额未达账项进行期后收付款的检查。

四、货币资金的实质性程序

（一）库存现金的实质性程序

库存现金审计目标与认定的对应关系见表8-7。

表8-7 库存现金审计目标与认定的对应关系

认定	审计目标
存在	资产负债表中记录的现金是否存在
完整性	所有应当记录的现金是否均已记录
权利和义务	资产负债表中记录的现金是否为被审计单位拥有或控制
准确性、计价和分摊	现金是否以恰当的金额包括在财务报表中，与之相关的计价调整是否已恰当记录，相关披露是否已得到恰当的计量和描述
分类	现金是否已记录于恰当的账户
列报	现金是否已按照企业会计准则的规定在财务报表中作出相关披露和列报

库存现金的实质性程序如下。

1. 测试现金余额

核对库存现金日记账与总账的金额是否相符，检查非记账本位币库存现金的折算汇率及折算金额是否正确。注册会计师测试现金余额的起点是，核对库存现金日记账与总账的金额是否相符。如果不相符，应查明原因，必要时应建议作出适当调整。

2. 监盘库存现金

对被审计单位现金盘点实施的监盘程序是用作控制测试还是实质性程序，取决于注册会计师对风险评估结果、审计方案和实施的特定程序的判断。如果注册会计师可能基于风险评估的结果判断无须对现金盘点实施控制测试，仅实施实质性程序。

注册会计师应该首先查看被审计单位制定的盘点计划，以确定监盘时间。其次，查阅库存现金日记账并同时与现金收付凭证相核对。检查被审计单位现金实存数，并将该监盘余额与库存现金日记账余额相核对。值得注意的是，如果是在非资产负债表日进行监盘，还应将监盘金额调整至资产负债表日的金额，并对变动情况实施程序。

3. 抽查大额库存现金收支

查看大额现金收支，并检查原始凭证是否齐全、原始凭证内容是否完整、有无授权批准、记账凭证与原始凭证是否相符、账务处理是否正确、是否记录于恰当的会计期间等项内容。

4. 检查库存现金是否在财务报表中作出恰当列报

根据有关规定，库存现金在资产负债表的"货币资金"项目中反映，注册会计师应在实施上述审计程序后，确定"库存现金"账户的期末余额是否恰当，进而确定库存现金是否在资产负债表中恰当披露。

（二）银行存款的实质性程序

银行存款审计目标与认定的对应关系见表 8-8。

表 8-8　银行存款审计目标与认定的对应关系

认定	审计目标
存在	资产负债表中记录的银行存款是否存在
完整性	所有应当记录的银行存款是否均已记录
权利和义务	资产负债表中记录的银行存款是否为被审计单位拥有或控制
准确性、计价和分摊	银行存款是否以恰当的金额包括在财务报表中，与之相关的计价调整是否已恰当记录，相关披露是否已得到恰当的计量和描述
分类	银行存款是否已记录于恰当的账户
列报	银行存款是否已按照企业会计准则的规定在财务报表中作出相关披露和列报

银行存款的实质性程序如下。

1. 获取并复核银行存款余额明细表

获取银行存款余额明细表，复核加计是否正确，并与总账数和日记账合计数核对

是否相符；检查非记账本位币银行存款的折算汇率及折算金额是否正确。注册会计师核对银行存款日记账与总账的余额是否相符。如果不相符，应查明原因，必要时应建议作出适当调整。

2. *实施实质性分析程序*

计算银行存款累计余额应收利息收入，分析比较被审计单位银行存款应收利息收入与实际利息收入的差异是否恰当，评估利息收入的合理性，检查是否存在高息资金拆借，确认银行存款余额是否存在，利息收入是否已经完整记录。

3. *检查银行存款账户发生额*

结合银行账户性质，分析不同账户发生银行存款日记账漏记银行交易的可能性，获取相关账户相关期间的全部银行对账单。利用数据分析等技术，对比银行对账单上的收付款流水与被审计单位银行存款日记账的收付款信息是否一致，对银行对账单及被审计单位银行存款日记账记录进行双向核对。浏览资产负债表日前后的银行对账单和被审计单位银行存款账簿记录，关注是否存在大额、异常资金变动以及大量大额红字冲销或调整记录，如存在，需要实施进一步的审计程序。

4. *取得并检查银行对账单和银行存款余额调节表*

第一，取得并检查银行对账单。取得被审计单位加盖银行印章的银行对账单，注册会计师应对银行对账单的真实性保持警觉，必要时，亲自到银行获取对账单，并对获取过程保持控制。此外，注册会计师还可以观察被审计单位人员登录并操作网银系统导出信息的过程，核对网银界面的真实性，核对网银中显示或下载的信息与提供给注册会计师的对账单中信息的一致性。将获取的银行对账单余额与银行日记账余额进行核对，如存在差异，获取银行存款余额调节表。将被审计单位资产负债表日的银行对账单与银行询证函回函核对，确认是否一致。

第二，取得并检查银行存款余额调节表。检查调节表中加计数是否正确，调节后银行存款日记账余额与银行对账单余额是否一致。检查调节事项。关注长期未达账项，查看是否存在挪用资金等事项。特别关注银付企未付、企付银未付中支付异常的领款事项，包括没有载明收款人、签字不全等支付事项，确认是否存在舞弊。

5. *函证银行存款余额，编制银行函证结果汇总表，检查银行回函*

注册会计师应当对银行存款（包括零余额账户和在本期内注销的账户）、借款及与金融机构往来的其他重要信息实施函证程序，除非有充分证据表明某一银行存款、借款及与金融机构往来的其他重要信息对财务报表不重要且与之相关的重大错报风险很低。如果不对这些项目实施函证程序，注册会计师应当在审计工作底稿中说明理由。当实施函证程序时，注册会计师应当对询证函保持控制，当函证信息与银行回函结果不符时，注册会计师应当调查不符事项，以确定是否表明存在错报。

6. *检查银行存款账户存款人*

检查银行存款账户存款人是否为被审计单位，若存款人非被审计单位，应获取该账户户主和被审计单位的书面声明，确认资产负债表日是否需要提请被审计单位进行调整。

7. 关注特殊款项

关注是否存在质押、冻结等对变现有限制或存在境外的款项。如果存在，是否已提请被审计单位作必要的调整和披露。

8. 对不符合现金及现金等价物条件的银行存款事项作出说明

对不符合现金及现金等价物条件的银行存款事项在审计工作底稿中予以列明，以考虑对现金流量表的影响。

9. 抽查大额银行存款收支

抽查大额银行存款收支的原始凭证，检查原始凭证是否齐全、记账凭证与原始凭证是否相符、账务处理是否正确、是否记录于恰当的会计期间等项内容。检查是否存在非营业目的的大额货币资金转移，并核对相关账户的进账情况；如有与被审计单位生产经营无关的收支事项，应查明原因并作相应的记录。

10. 检查银行存款收支的截止是否正确

选取资产负债表日前后若干张、一定金额以上的凭证实施截止测试，关注业务内容及对应项目，如有跨期收支事项，应考虑是否提请被审计单位进行调整。

11. 检查银行存款是否在财务报表中作出恰当列报

根据有关规定，企业的银行存款在资产负债表的"货币资金"项目中反映，所以，注册会计师应在实施上述审计程序后，确定银行存款账户的期末余额是否恰当，进而确定银行存款是否在资产负债表中恰当披露。此外，如果企业的银行存款存在抵押、冻结等使用限制情况或者潜在回收风险，注册会计师应关注企业是否已经恰当披露有关情况。

> 【学习本节收获】
>
> 货币资金审计中的银行存款应实施函证程序。函证的内容不仅限于银行存款余额，还应包括贷款、抵押、大额存单、定期存款，等等。

本章测试

一、单选题

1. 针对应收账款函证时间，注册会计师通常以资产负债表日为截止日，在（　　）适当时间内实施函证。

A. 资产负债表日前后

B. 资产负债表日前

C. 资产负债表日

D. 资产负债表日后

2. 针对应收账款函证范围，下列说法中，错误的是（   ）。

   A. 如果应收账款在全部资产中比重较大，需要相应扩大函证的范围

   B. 如果内部控制有效，注册会计师可以不对应收账款实施函证

   C. 如果以前期间函证中发现过重大差异，或欠款纠纷较多，则需要扩大函证的范围

   D. 针对重大关联方项目，注册会计师应当实施函证

3. 下列实质性程序中，与应付账款完整性认定最相关的是（   ）。

   A. 向采购供应商函证应付账款

   B. 从采购订单、供应商发票和入库单等原始凭证，追查至应付账款明细账

   C. 获取应付账款明细表，复核加计是否正确，并与报表数、总账数和明细账数核对是否相符

   D. 以应付账款明细账为起点，追查至采购相关的原始凭证，如采购订单、供应商发票和入库单

4. 销售与收款循环业务的起点是（   ）。

   A. 顾客提出订货要求

   B. 向顾客提供商品或劳务

   C. 商品或劳务转化为应收账款

   D. 收入货币资金

5. 审查应收账款的最重要的实质性程序是（   ）。

   A. 函证　　　　　　　　　　　　　　B. 询问

   C. 观察　　　　　　　　　　　　　　D. 计算

6. 注册会计师在存货监盘过程中检查存货，有可能不能为下列认定提供证据的是（   ）。

   A. 存货在附注中披露的完整性

   B. 期末存货的存在

   C. 期末存货的计价

   D. 存货跌价准备计提的准确性

7. 一般情况下，如果被审计单位某一银行账户存在分次转出相同金额的情形，则认为可能存在异常，此时注册会计师可以采取的措施是（   ）。

   A. 函证银行存款

   B. 检查银行存款日记账有无该收付金额记录，并进一步检查相应的原始凭证

   C. 询问出纳人员

   D. 编制或获取银行存款余额调节表

8. 内部控制良好的企业中，存储部门应根据预先编号并经过批准的（　　）发货。
   A. 请购单　　　　　　　　　　B. 订货单
   C. 验收单　　　　　　　　　　D. 领料单

9. 审计人员审计应收账款的目的，不包括（　　）。
   A. 确定应收账款内部控制的存在性
   B. 确定应收账款记录的完整性
   C. 确定应收账款的回收期
   D. 确定应收账款在财务报表上披露的恰当性

10. 下列各项中，注册会计师在制定存货监盘计划时不需要考虑的是（　　）。
    A. 存货盘点的时间安排
    B. 被审计单位是否一贯采用永续盘存制
    C. 是否利用内部审计的工作
    D. 存货的存放地点

二、多选题

1. 审计人员应选择应收账款的重要项目进行函证，并根据函证结果分别作出的处理包括（　　）。
   A. 回函金额不符的，应查明原因
   B. 未回函的，可进行复函
   C. 未回函的，采用替代方法进行检查
   D. 回函余额相符的，应抽查有关原始凭证

2. 注册会计师确定应收账款函证数量的大小、范围时，下列说法正确的是（　　）。
   A. 应收账款在全部资产中越重要，应收账款函证的数量越多
   B. 被审计单位内部控制越弱，应收账款函证的数量越少
   C. 以前年度的函证差异越大，应收账款函证数量越多
   D. 采用消极函证方式时，应收账款函证数量越多

3. 下列审计程序中，与采购交易记录的完整性认定相关的有（　　）。
   A. 从有效的订购单追查至验收单
   B. 从验收单追查至采购明细账
   C. 从付款凭证追查至购货发票
   D. 从供应商发票追查至采购明细账

4. 下列有关寄发银行询证的说法中，正确的有（　　）。
   A. 寄发给被审计单位开户银行的询证函采用的是积极式函证
   B. 要求银行直接将回函寄至会计师事务所
   C. 函证对象包括银行存款和借款等
   D. 应向每一家开户银行寄发询证函

5. 主营业务收入审计目标有（   ）。

   A. 确定主营业务收入是否全部入账

   B. 确定对销货退回、销售折扣与折让的处理是否恰当

   C. 确定主营业务收入的会计处理是否正确

   D. 确定主营业务收入的披露是否恰当

三、分析题

A 公司于 2020 年 10 月委托某会计师事务所审计该公司 20××年度财务报表。审计人员甲是该审计项目的负责人，他决定在决算日前实施某项审计程序，包括对截止 20××年 11 月 30 日的应收账款进行函证。复函中 6 家顾客提出了以下意见：

（1）本公司资料处理系统无法复核贵公司的对账单；

（2）所欠余额 10 000 元已于 20××年 11 月 20 日付讫；

（3）大体一致；

（4）经查，贵公司 11 月 30 日的第 25050 号发票（金额 7 500 元）系目的地交货，本公司收货日期为 12 月 5 日。因此，函证所称 11 月 30 日欠贵公司账款之事与事实不符；

（5）本公司曾于 20××年 10 月份预付货款 2 500 元，足以抵付对账单中所列两张发票的金额 1 500 元；

（6）所购货物从未收到。

要求：针对顾客复函中提出的这些意见，明确审计人员应采取的处理步骤。

第九章
完成审计工作

✈ 知识目标

1. 了解书面声明；
2. 掌握如何评价审计中发现的错报；
3. 掌握针对不同类型期后事项的处理。

✈ 技能目标

1. 运用错报的相关知识准确评价未更正错报对财务报表的影响；
2. 能够判断被审计单位的书面声明的正确性、完整性及规范性。

✈ 本章引例

良好的复核并不只是看一看审计工作底稿

拉瑞（Lary Lenape）是森格瑞会计师事务所的一名高级审计师，他委派助手对一家大型设备制造商 W 公司的应付账款进行审计。对于制造企业来说，应付账款是一个重要的负债类账户，测试其截止日的账户余额是审计工作的重要一环。测试主要是通过审查被审计单位期后向供应商和其他债权人的付款情况来复核被审计单位的负债记录情况，从而确定其负债是否已恰当记录。

拉瑞在审计中发现其助手花费大量时间打电话，联系个人事务。随后，在审计业务即将结束前不久，助手宣布将要离开事务所。尽管由于私事而分心，助手还是在预定时间内完成了分配给他的工作。

鉴于其助手的工作特点，拉瑞决定格外仔细地复核他的工作底稿。拉瑞所复核的每一份明细表都被恰当编制，上面标有勾号并注明了助手的解释，表明他已经对有关数据和凭证做了广泛的审查，并认为被审计单位报表中的应付账款余额是恰当的。但值得一提的是，对于在审计年度内已经收到但未入账的存货，被审计单位并未在资产负债表日后发生相应的付款行为。

　　拉瑞完成其审计工作后，将全部审计工作底稿转交给项目经理复核。该项目经理对有关设备制造商的知识颇为精通，项目经理复核了工作底稿，并执行了分析程序。在完成了复核过程中追加的分析程序后，项目经理与拉瑞取得了联系，告诉他应付账款余额与她的计算结果相悖，并要求他做些额外检查。尽管拉瑞曾经检查过助手所做的审计工作底稿，但他还是再次对助手的审计工作底稿中涉及的全部凭证进行了审查。结果表明，助手在审计过程中有一张近500万美元的凭证应于所审会计年度入账，但在资产负债表日的负债余额中却未包括这一金额。

　　此案例中项目经理的复核可以说意义重大，使事务所避免了一次尴尬或损失。

　　注册会计师在执行完成了被审计单位所有业务循环的风险评估与应对审计程序后，并不能贸然地出具审计意见、结束审计工作，在此之前还有很多工作需要处理。接下来，本章将详细介绍完成审计工作的具体内容。

第一节　完成审计工作概述

一、评价审计过程中发现的错报

（一）错报的沟通和更正

除非法律法规禁止，注册会计师应当及时将审计过程中累积的所有错报（即超过明显微小错报临界值的所有错报）与适当层级的管理层（适当层级的管理层通常是指有责任和权限对错报进行评价并采取必要行动的人员）进行沟通，并要求管理层更正这些错报。及时与适当层级的管理层沟通错报事项是重要的，因为这能使管理层评价这些事项是否为错报，并采取必要行动，如有异议则告知注册会计师。

管理层更正所有错报（包括注册会计师通报的错报），能够保持会计账簿和记录的准确性，降低由于与本期相关的、非重大的且尚未更正的错报的累积影响而导致未来期间财务报表出现重大错报的风险。

如果管理层拒绝更正沟通的部分或全部错报，注册会计师应当了解管理层不更正错报的理由，并在评价财务报表整体是否不存在重大错报时考虑该理由。中国注册会计师审计准则要求注册会计师评价财务报表是否在所有重大方面按照适用的财务报告编制基础编制。这项评价包括考虑被审计单位会计实务的质量（包括表明管理层的判断可能出现偏向的迹象）。注册会计师对管理层不更正错报的理由的理解，可能影响其对被审计单位会计实务质量的考虑。

（二）评价未更正错报的影响

未更正错报，是指注册会计师在审计过程中累积的且被审计单位未予更正的错报。

1. 累积错报

$$错报的汇总数＝已识别的具体错报＋推断错报$$
$$＝事实错报＋判断错报＋抽样推断错报$$

2. 单项错报

如果注册会计师认为某一单项错报是重大的，则该项错报不太可能被其他错报抵销。例如，如果收入存在重大高估，即使这项错报对收益的影响完全可被相同金额的费用高估所抵消，注册会计师仍认为财务报表整体存在重大错报。对于同一账户余额或同一类别的交易内部的错报，这种抵销可能是适当的。例如，资产负债表中的"其他应收款"项目中的"其他应收款""应收股利""应收利息"三个账户余额之间的抵销可能不被视为重大错报。然而，在得出抵销非重大错报是适当的这一结论之前，需要考虑可能存在其他未被发现的错报的风险。

3. 分类错报

确定一项分类错报是否重大，需要进行定性评估。即使某些分类错报超过了在评价其他错报时运用的重要性水平，注册会计师可能仍然认为该分类错报对财务报表整体不产生重大影响。例如，"应付账款"与"其他应付款"之间的分类错报金额超过了财务报表整体重要性水平，注册会计师可能仍然认为该错报不属于重大错报。

在某些情况下，即使某些错报低于财务报表整体的重要性，但因与这些错报相关的某些情况，在将其单独或连同在审计过程中累积的其他错报一并考虑时，注册会计师也可能将这些错报评价为重大错报。例如，分类错报对负债或其他合同条款的影响，对单个财务报表项目或小计数的影响，以及对关键比率的影响。

除非法律法规禁止，注册会计师应当与治理层沟通未更正错报，以及这些错报单独或汇总起来可能对审计意见产生的影响。在沟通时，注册会计师应当逐项指明重大的未更正错报。注册会计师应当要求被审计单位更正未更正错报。如果存在大量单项不重大的未更正错报，注册会计师可能就未更正错报的笔数和总金额的影响进行沟通，而不是逐笔沟通单项未更正错报的细节。注册会计师还应当与治理层沟通与以前期间相关的未更正错报对相关类别的交易、账户余额或披露以及财务报表整体的影响。

（三）书面声明

在某些情况下，管理层和治理层（如适用）可能并不认为注册会计师提出的某些未更正的错报是错报。那么，注册会计师应当要求管理层和治理层（如适用）提供书面声明，说明其是否认为未更正错报单独或汇总起来对财务报表整体的影响不重大，并可能要求他们在书面声明中增加以下表述："因为［描述理由］，我们不同意……事项和……事项构成错报。"错报项目的概要应当包含在书面声明中或附在其后。然而，即使获取了这一声明，注册会计师仍需要对未更正错报的影响形成结论。

二、对财务报表合理性进行总体复核

（一）实施分析程序

在临近审计结束时，注册会计师应当运用分析程序，帮助其对财务报表形成总体结论，以确定财务报表是否与其对被审计单位的了解一致。实施分析程序的结果可能有助于注册会计师识别出以前未识别的重大错报风险，在这种情况下，注册会计师需要修改重大错报风险的评估结果，并相应修改原计划实施的进一步审计程序。

（二）复核审计工作

1. 项目组内部复核

会计师事务所针对业务执行的质量目标应当包括由项目组内经验丰富的成员对组内经验相对缺乏的成员的工作进行指导、监督和复核。复核贯穿审计的全过程，随着审计工作的开展，复核人员在审计计划阶段、执行阶段和完成阶段应及时复核相应的审计工作底稿。

2. 项目合伙人复核

项目合伙人应当对管理和实现审计项目的高质量承担总体责任。项目合伙人应当在审计过程中的适当时点复核审计工作底稿，包括与下列方面相关的审计工作底稿：

（1）重大事项；

（2）重大判断，包括与在审计中遇到的困难或有争议事项相关的判断，以及得出的结论；

（3）根据项目合伙人的职业判断，与项目合伙人的职责有关的其他事项。

3. 项目质量复核

会计师事务所应当就项目质量复核制定政策和程序，并对上市实体财务报表审计业务以及其他需要实施项目质量复核的审计业务实施项目质量复核。会计师事务所应当在全所范围内统一委派项目质量复核人员，并确保负责实施委派工作的人员具有必要的胜任能力和权威性。负责委派项目质量复核的人员以及接受项目质量复核的人员都需要独立于项目组。项目质量复核人员针对项目组审计工作复核的内容包括下列方面：

（1）作出重大判断的依据，包括项目组对职业怀疑的运用；
（2）业务工作底稿能否支持得出的结论；
（3）得出的结论是否恰当。

> 【学习本节收获】
> 　　完成审计工作是注册会计师在出具审计报告前的自我审视，需要评价未更正错报，需要实施总体复核以再次确定被审计单位的重大错报风险是否超出风险评估阶段的判断。

第二节　期后事项

一、期后事项的种类

期后事项是指财务报表日至审计报告日之间发生的事项，以及注册会计师在审计报告日后知悉的事实。从会计处理角度，我们知道，资产负债表日后事项分为调整事项与非调整事项。审计报告的日期向财务报表使用者表明，注册会计师已考虑其知悉的、截至审计报告日发生的事项和交易的影响。期后事项分段示意图如图9-1所示。

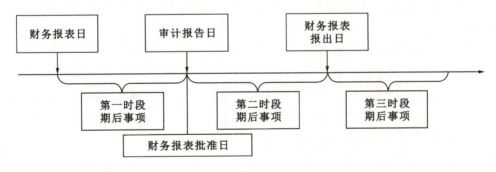

图 9-1　期后事项分段示意图

财务报表日是指财务报表涵盖的最近期间的截止日期；财务报表批准日是指构成整套财务报表的所有报表（含披露）已编制完成，并且被审计单位的董事会、管理层或类似机构已经认可其对财务报表负责的日期；财务报表报出日是指审计报告和已审计财务报表提供给第三方的日期。按照中国注册会计师审计准则的规定，审计报告日不应早于注册会计师获取充分、适当的审计证据（包括管理层认可对财务报表的责任且已批准财务报表的证据），并在此基础上对财务报表形成审计意见的日期。因此，在实务中，审计报告日与财务报表批准日通常是相同的日期。

二、财务报表日至审计报告日之间发生的事项

财务报表日至审计报告日之间发生的期后事项属于第一时段期后事项。对于这一时段的期后事项，注册会计师负有主动识别的义务，应当设计专门的审计程序来识别这些期后事项，并根据这些事项的性质判断其对财务报表的影响，进而确定是进行调整还是披露。

注册会计师应当设计和实施审计程序，获取充分、适当的审计证据，以确定所有在财务报表日至审计报告日之间发生的、需要在财务报表中调整或披露的事项均已得到识别。通常情况下，针对期后事项的专门审计程序，其实施时间越接近审计报告日越好。在确定审计程序的性质和范围时，注册会计师应当考虑风险评估的结果。这些程序应当包括：

（1）了解管理层为确保识别期后事项而建立的程序；
（2）询问管理层和治理层（如适用），确定是否已发生可能影响财务报表的期后事项；
（3）查阅被审计单位的所有者、管理层和治理层在财务报表日后举行会议的纪要，如不能获取会议纪要的情况下，询问此类会议讨论的事项；
（4）查阅被审计单位最近的中期财务报表（如有）。

除上述审计程序外，注册会计师可能认为实施下列一项或多项审计程序是必要和适当的：

（1）查阅被审计单位在财务报表日后最近期间内的预算、现金流量预测和其他相关的管理报告；
（2）就诉讼和索赔事项询问被审计单位的法律顾问，或扩大之前口头或书面查询的范围；
（3）考虑是否有必要获取涵盖特定期后事项的书面声明以支持其他审计证据，从而获取充分、适当的审计证据。

在实施上述审计程序后，如果注册会计师识别出对财务报表有重大影响的期后事项，应当确定这些事项是否按照适用的财务报告编制基础的规定在财务报表中得到恰当反映。如果所知悉的期后事项属于调整事项，注册会计师应当考虑被审计单位是否已对财务报表作出适当的调整；如果所知悉的期后事项属于非调整事项，注册会计师应当考虑被审计单位是否在财务报表附注中予以充分披露。

三、注册会计师在审计报告日后至财务报表报出日前知悉的事实

在审计报告日后，注册会计师没有义务针对财务报表实施任何审计程序。审计报

告日后至财务报表报出日前发现的事实属于第二时段期后事项，注册会计师针对被审计单位的审计业务已经结束，要识别可能存在的期后事项比较困难，因而无法承担主动识别第二时段期后事项的审计责任。但是，在这一阶段，被审计单位的财务报表并未报出，管理层有责任将发现的可能影响财务报表的事实告知注册会计师。当然，注册会计师还可能从媒体报道、举报信或者证券监管部门告知等途径获悉影响财务报表的期后事项。

如果注册会计师在审计报告日后至财务报表报出日前知悉了某事实，且若在审计报告日知悉可能导致修改审计报告，注册会计师应当采取以下措施：

（1）与管理层和治理层（如适用）讨论该事项；
（2）确定财务报表是否需要修改；
（3）如果需要修改，询问管理层将如何在财务报表中处理该事项。

（一）管理层修改财务报表时的处理

注册会计师应当将用以识别第一时段期后事项的审计程序延伸至新的审计报告日，并针对修改后的财务报表出具新的审计报告。新的审计报告日不应早于修改后的财务报表被批准的日期。

注册会计师可以仅针对有关修改将用以识别期后事项的第一时段的审计程序延伸至新的审计报告日。在这种情况下，注册会计师应当选用下列处理方式之一：

（1）修改审计报告，针对财务报表修改部分增加补充报告日期，从而表明注册会计师对期后事项实施的审计程序仅限于财务报表相关附注所述的修改；
（2）出具新的或经修改的审计报告，在强调事项段或其他事项段中说明注册会计师对期后事项实施的审计程序仅限于财务报表相关附注所述的修改。

（二）管理层不修改财务报表且审计报告未提交时的处理

如果认为管理层应当修改财务报表而没有修改，并且审计报告尚未提交给被审计单位，注册会计师应当按照规定发表非无保留意见，然后再提交审计报告。

（三）管理层不修改财务报表且审计报告已提交时的处理

如果认为管理层应当修改而没有修改，并且审计报告已经提交给被审计单位，注册会计师应当通知管理层和治理层（除非治理层全部成员参与管理被审计单位）在财务报表作出必要修改前不要向第三方报出；如果财务报表在未经必要修改的情况下仍被报出，注册会计师应当采取适当措施，以设法防止财务报表使用者信赖该审计报告。

四、注册会计师在财务报表报出后知悉的事实

财务报表报出日后知悉的事实属于第三时段期后事项，注册会计师没有义务针对财务报表实施任何审计程序。但是，并不排除注册会计师通过媒体等其他途径获悉可

能对财务报表产生重大影响的期后事项的可能性。如果注册会计师在财务报表报出后知悉了某事实，且若在审计报告日知悉可能导致修改审计报告，注册会计师应当采取以下措施：

（1）与管理层和治理层（如适用）讨论该事项；
（2）确定财务报表是否需要修改；
（3）如果需要修改，询问管理层将如何在财务报表中处理该事项。

（一）管理层修改财务报表时的处理

如果管理层修改了财务报表，注册会计师应当采取下列措施：
（1）根据具体情况对有关修改实施必要的审计程序；
（2）复核管理层采取的措施能否确保所有收到原财务报表和审计报告的人士了解这一情况；
（3）延伸实施审计程序，并针对修改后的财务报表出具新的审计报告；
（4）在特殊情况下，修改审计报告或提供新的审计报告；
（5）在修改或重新提交的审计报告中增加强调事项段或其他事项段，提醒财务报表使用者关注修改原财务报表的原因和注册会计师提供的原审计报告。

（二）管理层未采取任何行动时的处理

如果管理层没有采取必要措施确保所有收到原财务报表的人士了解这一情况，也没有在注册会计师认为需要修改的情况下修改财务报表，注册会计师应当通知管理层和治理层（除非治理层全部成员参与管理被审计单位）；如果注册会计师已经通知管理层或治理层，而管理层或治理层没有采取必要措施，注册会计师应当采取适当措施，以设法防止财务报表使用者信赖该审计报告。

【学习本节收获】
注册会计师面对不同的期后阶段事项，处理的方式和积极程度不同。

第三节 书面声明

书面声明，是指管理层向注册会计师提供的书面陈述，用以确认某些事项或支持其他审计证据。书面声明不包括财务报表及其认定，以及支持性账簿和相关记录。

书面声明是注册会计师在财务报表审计中需要获取的必要信息，是审计证据的重要来源。如果管理层修改书面声明的内容或不提供注册会计师要求的书面声明，可能使注册会计师警觉存在重大问题的可能性。尽管书面声明提供了必要的审计证据，但其本身并不为所涉及的任何事项提供充分、适当的审计证据。而且，管理层已提供可靠书面声明的事实，并不影响注册会计师就管理层责任履行情况或具体认定获取的其他审计证据的性质和范围。

一、针对管理层责任的书面声明

针对财务报表的编制，注册会计师应当要求管理层提供书面声明，确认其根据审计业务约定条款，履行了按照适用的财务报告编制基础编制财务报表并使其实现公允反映（如适用）的责任。针对管理层责任的书面声明，其内容包括但不限于与财务报表、提供信息相关的声明。

针对管理层责任的书面声明中与财务报表相关的部分如下：

（1）我们已履行审计业务约定书中提及的责任，即根据企业会计准则的规定编制财务报表，并对财务报表进行公允反映；

（2）在作出会计估计时使用的重大假设是合理的；

（3）已按照企业会计准则的规定对关联方关系及其交易作出了恰当的会计处理和披露；

（4）根据企业会计准则的规定，所有需要调整或披露的资产负债表日后事项都已得到调整或披露；

（5）未更正错报，无论是单独还是汇总起来，对财务报表整体的影响均不重大，未更正错报汇总表附在本声明书后。

针对管理层责任的书面声明中与提供信息相关的部分如下：

（1）我们已向你们提供下列工作条件：① 允许接触我们注意到的、与财务报表编制相关的所有信息；② 提供你们基于审计目的要求我们提供的其他信息；③ 允许在获取审计证据时不受限制地接触你们认为必要的本公司内部人员和其他相关人员。

（2）所有交易均已记录并反映在财务报表中；

（3）我们已向你们披露了我们注意到的关联方的名称和特征、所有关联方关系及其交易；

（4）我们已向你们披露了由于舞弊可能导致的财务报表重大错报风险的评估结果；

（5）我们已向你们披露了我们注意到的、可能影响本公司的与舞弊或舞弊嫌疑相关的所有信息；

（6）我们已向你们披露了从现任和前任员工、分析师、监管机构等方面获知的、影响财务报表的舞弊指控或舞弊嫌疑的所有信息；

（7）我们已向你们披露了所有已知的、在编制财务报表时应当考虑其影响的违反或涉嫌违反法律法规的行为。

二、其他书面声明

如果注册会计师认为有必要获取一项或多项其他书面声明,以支持与财务报表或者一项或多项具体认定相关的其他审计证据,应当要求管理层提供这些书面声明。其他书面声明可能是对基本书面声明的补充,但不构成其组成部分。

其他书面声明的内容可能包括但不限于下列事项:
(1) 会计政策的选择和运用是否恰当;
(2) 资产的所有权或控制权,资产的留置权或其他物权,用于担保的抵押资产;
(3) 管理层对某项投资的持有意图。

三、书面声明的日期和涵盖的期间

书面声明的日期应当尽量接近对财务报表出具审计报告的日期,但不得在审计报告日后。由于书面声明是必要的审计证据,在管理层签署书面声明前,注册会计师不能发表审计意见,也不能签署审计报告。

书面声明应当涵盖审计报告针对的所有财务报表和期间。如果在审计报告中提及的所有期间内,现任管理层均尚未就任,现任管理层可能由此声称无法就审计报告中提及的所有期间提供部分或全部书面声明。然而,这一事实并不能减轻现任管理层对财务报表整体的责任。相应地,注册会计师仍然需要向现任管理层获取涵盖整个相关期间的书面声明。

四、书面声明的形式

书面声明应当以声明书的形式致送注册会计师。参考格式如下:

书面声明

(致××注册会计师):

本声明书是针对你们审计 ABC 公司截至 20××年 12 月 31 日的年度财务报表而提供的。审计的目的是对财务报表发表意见,以确定财务报表是否在所有重大方面已按照企业会计准则的规定编制,并实现公允反映。

尽我们所知,并在所作出了必要的查询和了解后,我们确认:

一、财务报表

1. 我们已履行[插入日期]签署的审计业务约定书中提及的责任,即根据企业会计准则的规定编制财务报表,并对财务报表进行公允反映;

2. 在作出会计估计时使用的重大假设(包括与公允价值计量相关的假设)是合理的;

3. 已按照企业会计准则的规定在关联方关系及其交易作出了恰当的会计处理和披露；

4. 根据企业会计准则的规定，所有需要调整或披露的资产负债表日后事项都已得到调整或披露；

5. 未更正错报，无论是单独还是汇总起来，对财务报表整体的影响均不重大。未更正错报汇总表附在本说明书后；

6. ［插入注册会计师可能认为适当的其他任何事项］。

二、提供的信息

7. 我们已向你们提供下列工作条件：

（1）允许接触我们注意到的、与财务报表编制相关的所有信息（如记录、文件和其他事项）；

（2）提供你们基于审计目的要求我们提供的其他信息；

（3）允许在获取审计证据时不受限制地接触你们认为必要的本公司内部人员和其他相关人员。

8. 所有交易均已记录并反映在财务报表中；

9. 我们已向你们披露了由于舞弊可能导致的财务报表重大错报风险的评估结果；

10. 我们已向你们披露了我们注意到的、可能影响本公司的与舞弊或舞弊嫌疑相关的所有信息，这些信息涉及本公司的：

（1）管理层；

（2）在内部控制中承担重要职责的员工；

（3）其他人员（在舞弊行为导致财务报表重大错报的情况下）。

11. 我们已向你们披露了从现任和前任员工、分析师、监管机构等方面获知的、影响财务报表的舞弊指控或舞弊嫌疑的所有信息；

12. 我们已向你们披露了所有已知的、在编制财务报表时应当考虑其影响的违反或涉嫌违反法律法规的行为；

13. 我们已向你们披露了我们注意到的关联方的名称和特征、所有关联方关系及其交易。

14. ［插入注册会计师可能认为必要的其他任何事项］。

附：未更正错报汇总表

ABC公司	ABC公司管理层
（盖章）	（签名并盖章）
中国××市	二〇××年×月×日

【学习本节收获】

书面声明是审计证据中不可或缺的证据,但它不是充分证据。

简答题

上市公司甲公司是 ABC 会计师事务所的常年审计客户,A 注册会计师负责审计甲公司 2020 年度财务报表,确定财务报表整体的重要性为 250 万元。以下是审计过程中对错报相关事项的摘录。

(1) 甲公司 2020 年末非流动负债余额中包括一年内到期的长期借款 2 500 万元,占非流动负债总额的 50%。A 注册会计师认为,该错报对利润表没有影响,不属于重大错报,同意管理层不予调整。

(2) 甲公司为乙公司的银行借款提供全额信用担保。2020 年 11 月 1 日,乙公司因经营严重亏损,进行破产清算,无力偿还已到期的该笔银行借款。银行于 2020 年 12 月 1 日向法院起诉,要求甲公司承担连带责任,支付借款本息共计 1 000 万元。甲公司咨询法律顾问后得知,甲公司很有可能败诉。对上述事实,甲公司已在 2020 年度财务报表按规定予以披露,未进行其他账务处理。A 注册会计师认为处理恰当。

(3) 甲公司某项应付账款被误计入其他应付款,其金额高于财务报表整体的重要性,因此项错报不影响甲公司的经营业绩和关键财务指标,A 注册会计师同意管理层不予调整。

(4) A 注册会计师在销售交易的审计过程中识别并累积如下错报(见表 9-1),并认为这些错报均不重大,同意管理层不予调整。甲公司 2020 年度未更正错报列示如下(不考虑税务影响):

表 9-1 相关资料表

错报说明	借方项目	贷方项目	金额(万元)
2020 年末提前确认产品销售收入	应收账款	营业收入	1 000
	营业成本	存货	900

要求:针对上述(1)—(4)项,判断注册会计师的处理是否恰当,如不恰当请说明理由。

第十章
审 计 报 告

知识目标

1. 了解审计报告的格式与要素；
2. 掌握审计报告类型以及出具审计报告的依据。

技能目标

能运用审计报告的相关理论编制不同类型的简式审计报告。

本章引例

过早提交审计报告，然代价何其大矣！

哈沃森合伙会计师事务所受聘承接 M 公司的审计业务。M 公司是一家生产高精度车床的公司，正准备上市，于是，聘请哈沃森事务所审计，并协助编制用于证券发行的财务报表。

M 公司生产的机器庞大复杂，价格昂贵。每笔销售均由销售员单独洽谈，且销售历时几个月。因此，只要发生一两台机器的不恰当记录，就可能导致财务报表的重大错报。

负责 M 公司审计的项目合伙人是鲍勃，他在制造业公司的审计方面拥有丰富的经验。他已经意识到销售业务记录不当会导致的审计风险，并要求审计人员直接向客户函证年末所有的应收账款。在鲍勃复核 M 公司审计工作底稿时，他发现年末一笔重大销售应收账款的支持证据是传真件，而非常规函证的书面回函。显然，M 公司与该客户之间存有"猫腻"，M 公司想阻止审计人员与该客户进行直接联系。

当天下班前，相关人员在 M 公司办公室召开了一次会议。与会者包括鲍勃、公司所有者、公司证券承销商和公司律师。在会议上，鲍勃指出，这份传真件回函不符合要求，应当有一个更好的函证方式证实该笔应收账款。公司所有者听到这一要求后就大发脾气。M 公司的律师及时相劝，并提出给哈沃森事务所写一封声明书：传真作为有效的函证回复具有法律效力。鲍勃在巨大的压力下接受了律师的建议，并签发了无保留意见审计报告。

　　股票发行六个月后，M 公司发表一份公开声明指出，由于销售记录不当，包括传真证实的那笔销售在内，前一年度收入被高估。随后，证券交易所的调查发现：那份传真件是 M 公司的销售员而不是客户发送的。哈沃森事务所收回了那份无保留意见审计报告，但为时已晚，已经给投资者造成了损失。哈沃森事务所被迫赔偿巨额损失，鲍勃也被禁止从事受证券交易所管辖的业务，随后他离开了注册会计师职业界。

第一节　形成审计意见和出具审计报告

一、审计报告的定义、特征及作用

（一）审计报告的定义

审计报告是指注册会计师根据审计准则的规定，在执行审计工作的基础上，对财务报表发表审计意见的书面文件。

（二）审计报告的特征

(1) 注册会计师应当按照审计准则的规定执行审计工作；
(2) 注册会计师在实施审计工作的基础上，只有满足出具审计报告的要求才能出具审计报告；
(3) 注册会计师通过对财务报表发表意见履行业务约定书约定的责任；
(4) 注册会计师应当以书面形式出具审计报告。

（三）审计报告的作用

1. 鉴证作用

注册会计师签发的审计报告，是以超然独立的第三方身份对被审计单位财务报表的合法性和公允性发表审计意见。这种意见具有鉴证作用,得到了政府、投资者和其他利益相关者的普遍认可。

2. 保护作用

注册会计师作为独立的第三方,站在公正公允的角度实施审计程序,对被审计单位在所有重大方面是否存在重大错报发表审计意见。经注册会计师审计以后的财务报表,不管最终提供何种类型的审计报告,都可以提高或降低财务报表使用者对财务报表的信赖程度,在一定程度上对被审计单位的财产、债权人和股东的权益及企业利害关系人的利益起到保护作用。

3. 证明作用

最终出具的审计报告,表明注册会计师已经完成审计的相关工作。审计报告是对注册会计师审计任务完成情况及其结果所作的总结,它可以表明审计工作的质量并明确注册会计师的审计责任。

二、对财务报表形成审计意见

(一)审计意见的形成

注册会计师应当评价根据审计证据得出的结论,以作为对财务报表形成审计意见的基础。在对财务报表形成审计意见时,注册会计师应当根据已获取的审计证据,评价是否已对财务报表整体不存在重大错报获取合理保证。

(1)评价是否已获取充分、适当的审计证据;
(2)评价未更正错报单独或汇总起来是否构成重大错报;
(3)评价财务报表是否在所有重大方面按照适用的财务报告编制基础编制;
(4)评价财务报表是否实现公允反映;
(5)评价财务报表是否恰当提及或说明适用的财务报告编制基础。

(二)审计意见的类型

注册会计师的目标是在评价根据审计证据得出的结论的基础上,对财务报表形成审计意见,并通过书面报告的形式清楚地表达审计意见。如果认为财务报表在所有重大方面按照适用的财务报告编制基础编制并实现公允反映,注册会计师应当发表无保留意见。无保留意见,是指当注册会计师认为财务报表在所有重大方面按照适用的财务报告编制基础编制并实现公允反映时发表的审计意见。

当存在下列情形之一时,注册会计师应当在审计报告中发表非无保留意见:
(1)根据获取的审计证据,得出财务报表整体存在重大错报的结论;
(2)无法获取充分、适当的审计证据,不能得出财务报表整体不存在重大错报的结论。

非无保留意见,是指对财务报表发表的保留意见、否定意见或无法表示意见。

如果财务报表没有实现公允反映，注册会计师应当就该事项与管理层讨论，并根据适用的财务报告编制基础的规定和该事项得到解决的情况，决定是否有必要在审计报告中发表非无保留意见。

三、审计报告及其格式

审计报告应包括以下要素。

（一）标题

审计报告应当具有标题，统一规范为"审计报告"。

（二）收件人

审计报告的收件人是指注册会计师按照业务约定书的要求致送审计报告的对象，一般是指审计业务的委托人。审计报告应当按照审计业务的约定载明收件人的全称。注册会计师应当与委托人在业务约定书中约定致送审计报告的对象，以防止在此问题上发生分歧或审计报告被委托人滥用。针对整套通用目的财务报表出具的审计报告，审计报告的致送对象通常为被审计单位的股东或治理层。

（三）审计意见

审计意见部分由两部分构成。第一部分指出已审计财务报表，应当包括下列方面：

(1) 指出被审计单位的名称；
(2) 说明财务报表已经审计；
(3) 指出构成整套财务报表的每一财务报表的名称；
(4) 提及财务报表附注；
(5) 指明构成整套财务报表的每一财务报表的日期或涵盖的期间。

第二部分应当说明注册会计师发表的审计意见。如果对财务报表发表无保留意见，除非法律法规另有规定，审计意见应当使用"我们认为，财务报表在所有重大方面按照［适用的财务报告编制基础（如企业会计准则等）］编制，公允反映了［……］"的措辞。审计意见说明财务报表在所有重大方面按照适用的财务报告编制基础编制，公允反映了财务报表旨在反映的事项。

（四）形成审计意见的基础

审计报告应当包含标题为"形成审计意见的基础"的部分。该部分提供关于审计意见的重要背景，应当紧接在审计意见部分之后，并包括下列方面：

(1) 说明注册会计师按照审计准则的规定执行了审计工作；
(2) 提及审计报告中用于描述审计准则规定的注册会计师责任的部分；

(3) 声明注册会计师按照与审计相关的职业道德要求对被审计单位保持了独立性，并履行了职业道德方面的其他责任。声明中应当指明适用的职业道德要求，如中国注册会计师职业道德守则；

(4) 说明注册会计师是否相信获取的审计证据是充分、适当的，为发表审计意见提供了基础。

（五）关键审计事项

关键审计事项，是指注册会计师根据职业判断认为对当期财务报表审计最为重要的事项。

注册会计师应当在审计报告中单设一部分，以"关键审计事项"为标题，并在该部分使用恰当的子标题逐项描述关键审计事项。

关键审计事项的有关内容将在本节的第四点详解。

（六）其他信息（若适用）

其他信息是指在被审计单位年度报告中包含的除财务报表和审计报告以外的财务信息和非财务信息。在审计业务没有提出专门要求的情况下，审计意见不涵盖其他信息，注册会计师没有专门责任确定其他信息是否得到陈述。然而，由于已审计财务报表与其他信息之间可能存在的重大不一致将损害已审计财务报表的可信性，注册会计师需要阅读其他信息。在阅读时，如果识别出重大不一致，注册会计师应当确定已审计财务报表或其他信息是否需要作出修改。

如果在审计报告日存在下列两种情况之一，审计报告应当包括一个单独部分，以"其他信息"为标题：

(1) 对于上市实体财务报表审计，注册会计师已获取或预期将获取其他信息；

(2) 对于上市实体以外其他被审计单位的财务报表，注册会计师已获取部分或全部其他信息。

（七）管理层对财务报表的责任

审计报告应当包含标题为"管理层对财务报表的责任"的部分，其中应当说明管理层负责下列方面：

(1) 按照适用的财务报表编制基础编制财务报表，使其实现公允反映，并设计、执行和维护必要的内部控制，以使财务报表不存在由于舞弊或错误导致的重大错报；

(2) 评估被审计单位的持续经营能力和使用持续经营假设是否适当，并披露与持续经营相关的事项（如适用）。对管理层评估责任的说明应当包括描述在任何情况下使用持续经营假设是适当的。

（八）注册会计师对财务报表审计的责任

审计报告应当包含标题为"注册会计师对财务报表审计的责任"的部分，其中应当包括下列内容：

（1）说明注册会计师的目标是对财务报表整体是否不存在由于舞弊或错误导致的重大错报获取合理保证，并出具包含审计意见的审计报告；

（2）说明合理保证是高水平的保证，但按照审计准则执行的审计并不能保证一定会发现存在的重大错报；

（3）说明错报可能由于舞弊或错误导致。

（九）按照相关法律法规的要求报告的事项（如适用）

除审计准则规定的注册会计师对财务报表出具审计报告的责任外，相关法律法规可能对注册会计师设定了其他报告责任。

在某些情况下，相关法律法规可能要求或允许注册会计师将这些其他责任的报告作为对财务报表出具的审计报告的一部分。在另外一些情况下，相关法律法规可能要求或允许注册会计师在单独出具的报告中进行报告。

如果注册会计师在对财务报表出具的审计报告中履行其他报告责任，应当在审计报告中将其单独作为一部分，并以"按照相关法律法规的要求报告的事项"为标题。此时，审计报告应当区分为"对财务报表出具的审计报告"和"按照相关法律法规的要求报告的事项"两部分，以便将其同注册会计师的财务报表报告责任明确区分。

（十）注册会计师的签名和盖章

审计报告应当由项目合伙人和另一名负责该项目的注册会计师签名和盖章。在审计报告中指明项目合伙人有助于进一步增强对审计报告使用者的透明度，有利于增强项目合伙人的个人责任感。因此，对上市实体整套通用目的财务报表出具的审计报告应当注明项目合伙人。

（十一）会计师事务所的名称、地址和盖章

审计报告应当载明会计师事务所的名称和地址，并加盖会计师事务所公章。根据《中华人民共和国注册会计师法》的规定，注册会计师承办业务，由其所在的会计师事务所统一受理并与委托人签订委托合同。因此，审计报告除了应由注册会计师签名和盖章外，还应载明会计师事务所的名称和地址，并加盖会计师事务所公章。注册会计师在审计报告中载明会计师事务所地址时，标明会计师事务所所在的城市即可。

（十二）报告日期

审计报告应当注明报告日期。审计报告日不应早于注册会计师获取充分、适当的审计证据（包括管理层认可对财务报表的责任且已批准财务报表的证据），并在此基础上对财务报表形成审计意见的日期。在确定审计报告日时，注册会计师应当确信已获取下列两方面的审计证据：

（1）构成整套财务报表的所有报表（含披露）已编制完成；

（2）被审计单位的董事会、管理层或类似机构已经认可其对财务报表负责。

审计报告的日期向审计报告使用者表明，注册会计师已考虑其知悉的、截至审计报告日发生的事项和交易的影响。审计报告的日期非常重要。注册会计师对不同时段的财务报表日后事项有着不同的责任，而审计报告的日期是划分时段的关键时点。由于审计意见是针对财务报表发表的，并且编制财务报表是管理层的责任，所以，只有在注册会计师获取证据证明构成整套财务报表的所有报表（含披露）已经编制完成，并且管理层已认可其对财务报表的责任的情况下，注册会计师才能得出已经获取充分、适当的审计证据的结论。在实务中，如果法律法规没有对财务报表在报出前获得批准作出规定，则注册会计师在正式签署审计报告前，通常把审计报告草稿随同附管理层已按审计调整建议修改后的财务报表一起提交给管理层。如果管理层签署已按审计调整建议修改后的财务报表，注册会计师即可签署审计报告。注册会计师签署审计报告的日期可能与管理层签署已审计财务报表的日期为同一天，也可能晚于管理层签署已审计财务报表的日期。

四、关键审计事项

（一）关键审计事项的含义及作用

1. 含义

关键审计事项，是指注册会计师根据职业判断认为对当期财务报表审计最为重要的事项。

2. 作用

（1）可以提高已执行审计工作的透明度，从而提高审计报告的决策相关性和有用性；

（2）能够为财务报表预期使用者提供额外的信息，以帮助其了解被审计单位、已审计财务报表中涉及重大管理层判断的领域，以及注册会计师根据职业判断认为对当期财务报表审计最为重要的事项；

（3）能够为财务报表预期使用者就与被审计单位、已审计财务报表或已执行审计工作相关的事项进一步与管理层和治理层沟通提供基础。

（二）确定关键审计事项的决策框架

1. 以"与治理层沟通过的事项"为起点选择关键审计事项

审计准则要求注册会计师与被审计单位治理层沟通审计过程中的重大发现，包括注册会计师对被审计单位的重要会计政策、会计估计和财务报表披露等会计实务的看法，审计过程中遇到的重大困难，已与治理层讨论或需要书面沟通的重大事项等，以便治理层履行其监督财务报告过程的职责，注册会计师应当从与治理层沟通过的事项中选取关键审计事项。

2. 从"与治理层沟通过的事项"中选出"在执行审计工作时重点关注过的事项"

注册会计师重点关注过的领域通常与财务报表中复杂、重大的管理层判断领域相关，因而通常涉及困难或复杂的注册会计师职业判断。注册会计师在确定重点关注过的事项时，需要特别考虑下列三个方面：

（1）评估的重大错报风险较高的领域或识别出的特别风险；

（2）与财务报表中涉及重大管理层判断的领域相关的重大审计判断；

（3）当期重大交易或事项对审计的影响。

3. 从"在执行审计工作时重点关注过的事项"中选出"最为重要的事项"，从而构成关键审计事项

注册会计师可能已就需要重点关注的事项与治理层进行了较多的互动，就这些事项与治理层进行沟通的性质和范围，通常能够表明哪些事项对审计而言最为重要。

1) 考虑因素

在确定某一与治理层沟通过的事项的相对重要程度以及该事项是否构成关键审计事项时，可能考虑的相关因素如下：

（1）该事项对预期使用者理解财务报表整体的重要程度，尤其是对财务报表的重要性；

（2）与该事项相关的会计政策的性质，或者与同行业其他实体相比，管理层在选择适当的会计政策时涉及的复杂程度或主观程度；

（3）从定性和定量方面考虑，与该事项相关的由于舞弊或错误导致的已更正错报和累积未更正错报（如有）的性质和重要程度；

（4）为应对该事项所需要付出的审计努力的性质和程度；

（5）在实施审计程序、评价实施审计程序的结果、获取相关和可靠的审计证据以作为发表审计意见的基础时，注册会计师遇到的困难的性质和严重程度，尤其是当注册会计师的判断变得更加主观时；

（6）识别出的与该事项相关的控制缺陷的严重程度；

（7）该事项是否涉及数项可区分但又相互关联的审计考虑。

2) 注意事项

（1）从需要重点关注的事项中，确定哪些事项以及多少事项对本期财务报表审计最为重要，属于职业判断问题；

（2）"最为重要的事项"并不意味着只有一项；

（3）最初确定为关键审计事项的事项越多，注册会计师越需要重新考虑每一事项是否符合关键审计事项的定义。

关键审计事项选择的路径如图 10-1 所示。

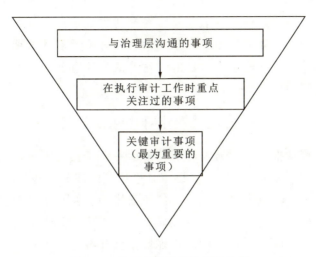

图 10-1 关键审计事项选择的路径

(三)在审计报告中沟通关键审计事项

注册会计师应当在审计报告中单设一部分,以"关键审计事项"为标题,并在该部分使用恰当的子标题逐项描述关键审计事项。

关键审计事项部分的引言应当同时说明下列事项:

(1) 关键审计事项是注册会计师根据职业判断,认为对本期财务报表审计最为重要的事项;

(2) 关键审计事项的应对以对财务报表整体进行审计并形成审计意见为背景,注册会计师对财务报表整体形成审计意见,而不对关键审计事项单独发表意见。

导致非无保留意见的事项、可能导致对被审计单位持续经营能力产生重大怀疑的事项或情况存在重大不确定性等,虽然符合关键审计事项的定义,但这些事项在审计报告中专门的部分披露,不在关键审计事项部分披露。

为帮助财务报表使用者了解注册会计师确定的关键审计事项,注册会计师应当在审计报告中逐项描述关键审计事项,并同时说明下列内容:

(1) 该事项被认定为审计中最为重要的事项之一,因而被确定为关键审计事项的原因;

(2) 该事项在审计中是如何应对的。注册会计师可以描述下列要素:① 审计应对措施或审计方法中,与该事项最为相关或对评估的重大错报风险最有针对性的方面;② 对已实施审计程序的简要概述;③ 实施审计程序的结果;④ 对该事项的主要看法。在描述时,注册会计师还应分别索引至财务报表的相关披露(如有),以使预期使用者能够进一步了解管理层在编制财务报表时如何应对这些事项。

注册会计师可能需要注意用于描述关键审计事项的语言,使之:① 不暗示注册会计师在对财务报表形成审计意见时尚未恰当解决该事项;② 将该事项直接联系到被审计单位的具体情况,避免使用一般化或标准化的语言;③ 能够体现出对该事项在相关财务报表披露（如有）中如何应对的考虑；④ 不对财务报表单一要素发表意见，也不暗示是对财务报表单一要素单独发表意见。在描述关键审计事项时，注册会计师需要避免不恰当地提供与被审计单位相关的原始信息。对关键审计事项的描述本身通常不构成有关被审计单位的原始信息，这是由于对关键审计事项的描述是在对财务报表进行审计的背景下进行的。

（四）不在审计报告中沟通关键审计事项的情形

一般而言，在审计报告中沟通关键审计事项有助于提高审计的透明度，是符合公众利益的。但是，在罕见的情况下，关键审计事项可能涉及某些"敏感信息"，沟通这些信息可能会给被审计单位带来较为严重的负面影响。在某些情况下，法律法规也可能禁止公开披露某事项。例如，公开披露某事项可能妨碍司法机关对某项违法行为或疑似违法行为的调查。因此，除非法律法规禁止公开披露某事项，或者在极其罕见的情况下，合理预期在审计报告中沟通某事项造成的负面后果超过产生的公众利益方面的益处，注册会计师应在审计报告中逐项描述关键审计事项。

（五）就关键事项与治理层沟通

注册会计师就下列方面与治理层沟通：
（1）注册会计师确定的关键审计事项；
（2）根据被审计单位和审计业务的具体情况，注册会计师确定不存在需要在审计报告中沟通的关键审计事项（如适用）。

注意，就关键审计事项与治理层沟通，能够使治理层了解注册会计师就关键审计事项，作出的审计决策的基础以及这些事项将如何在审计报告中进行描述，也能够使治理层考虑鉴于这些事项将在审计报告中沟通作出新的披露或提高披露质量是否有用。此外，注册会计师可以在讨论计划的审计范围和时间安排时沟通有关关键审计事项的初步看法，也可以在沟通审计发现时进一步讨论这些事项。

二维码 10-1
如何查找
某上市公司
审计报告？
（语音）

第二节　审计意见与审计报告类型

 一、审计报告类型

审计报告类型的区分如图 10-2 所示。

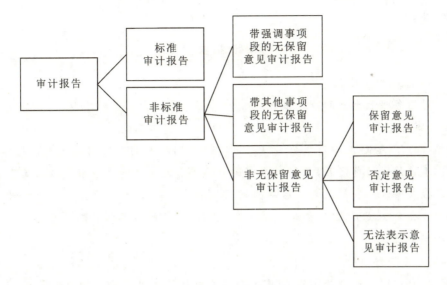

图 10-2 审计报告类型的区分

从大类上看,审计报告可以分为标准审计报告和非标准审计报告。

(一) 标准审计报告

标准审计报告是指不含有说明段、强调事项段、其他事项段或其他任何修饰性用语的无保留意见的审计报告。其中,无保留意见是指当注册会计师认为财务报表在所有重大方面按照适用的财务报告编制基础编制并实现公允反映时发表的审计意见。包含其他报告责任段,但不含有强调事项段或其他事项段的无保留意见的审计报告也被视为标准审计报告。强调事项段和其他事项段的目的都是提醒相关财务报表的使用人,去关注财务报表中已披露的事项(对阅读财务报表十分重要)和财务报表中未披露的事项(该事项能够帮助财务报表的使用人理解审计工作、注册会计师的责任和其他事项等)。

(二) 非标准审计报告

非标准审计报告是指含有强调事项段或其他事项段的无保留意见的审计报告,以及非无保留意见的审计报告。非无保留意见的审计报告包括保留意见的审计报告、否定意见的审计报告和无法表示意见的审计报告。

 ## 二、无保留意见审计报告

如果认为财务报表在所有重大方面按照适用的财务报告编制基础的规定编制并实现公允反映,注册会计师应当发表无保留意见。具体而言,在得出结论时(前),注册会计师应当考虑下列方面:是否获取了充分、适当的证据;未更正错报单独或汇总起来是否构成重大错报。

无保留意见审计报告的格式可以参考例 10-1。

【例10-1】

审计报告

ABC股份有限公司全体股东：

一、对财务报表出具的审计报告

（一）审计意见

我们审计了ABC股份有限公司（以下简称"ABC公司"）财务报表，包括20×1年12月31日的资产负债表，20×1年度的利润表、现金流量表、股东权益变动表以及相关财务报表附注。我们认为，后附的财务报表在所有重大方面按照企业会计准则的规定编制，公允反映了ABC公司20×1年12月31日的财务状况以及20×1年度的经营成果和现金流量。

（二）形成审计意见的基础

我们按照中国注册会计师审计准则的规定执行了审计工作。审计报告的"注册会计师对财务报表审计的责任"部分进一步阐述了我们在这些准则下的责任。按照《中国注册会计师职业道德守则》，我们独立于ABC公司，并履行了职业道德方面的其他责任。我们相信，我们获取的审计证据是充分、适当的，为发表审计意见提供了基础。

（三）关键审计事项

关键审计事项是我们根据职业判断，认为对本期财务报表审计最为重要的事项。这些事项是在对财务报表整体进行审计并形成意见的背景下进行处理的，我们不对这些事项提供单独的意见。

［按照《中国注册会计师审计准则第1504号——在审计报告中沟通关键审计事项》的规定描述每一关键审计事项。］

（四）管理层和治理层对财务报表的责任

ABC公司管理层（以下简称管理层）负责按照企业会计准则的规定编制财务报表，使其实现公允反映，并设计、执行和维护必要的内部控制，以使财务报表不存在由于舞弊或错误导致的重大错报。在编制财务报表时，管理层负责评估ABC公司的持续经营能力，披露与持续经营相关的事项（如适用），并运用持续经营假设，除非管理层计划清算ABC公司、停止营运或别无其他现实的选择。治理层负责监督ABC公司的财务报告过程。

（五）注册会计师对财务报表审计的责任

我们的目标是对财务报表整体是否不存在由于舞弊或错误导致的重大错报获取合理保证，并出具包含审计意见的审计报告。合理保证是高水平的保证，但并不能保证按照审计准则执行的审计在某一重大错报存在时总能发现。错报可能由于舞弊或错误导致，如果合理预期错报单独或汇总起来可能影响财务报表使用者依据财务报表作出的经济决策，则通常认为错报是重大的。

在按照审计准则执行审计的过程中，我们运用职业判断，保持职业怀疑。同时，我们也执行以下工作：

（1）识别和评估由于舞弊或错误导致的财务报表重大错报风险，对这些风险有针对性地设计和实施审计程序，并获取充分、适当的审计证据，作为发表审计意见的基础。由于舞弊可能涉及串通、伪造、故意遗漏、虚假陈述或凌驾于内部控制之上，未能发现由于舞弊导致的重大错报的风险高于未能发现由于错误导致的重大错报的风险。

（2）了解与审计相关的内部控制，以设计恰当的审计程序，但目的并非对内部控制的有效性发表意见。

（3）评价管理层选用会计政策的恰当性和作出会计估计及相关披露的合理性。

（4）对管理层使用持续经营假设的恰当性得出结论。同时，根据获取的审计证据，就可能导致对 ABC 公司持续经营能力产生重大疑虑的事项或情况是否存在重大不确定性得出结论。如果我们得出结论认为存在重大不确定性，审计准则要求我们在审计报告中提请报表使用者注意财务报表中的相关披露；如果披露不充分，我们应当发表非无保留意见。我们的结论基于截至审计报告日可获得的信息。然而，未来的事项或情况可能导致 ABC 公司不能持续经营。

（5）评价财务报表的总体列报（包括披露）、结构和内容，并评价财务报表是否公允反映相关交易和事项。我们与治理层就计划的审计范围、时间安排和重大审计发现（包括我们在审计中识别出的值得关注的内部控制缺陷）等事项进行沟通。我们还就已遵守与独立性相关的职业道德要求向治理层提供声明，并就可能被合理认为影响我们独立性的所有关系和其他事项，以及相关的防范措施（如适用）与治理层进行沟通。从与治理层沟通的事项中，我们确定哪些事项对本期财务报表审计最为重要，因而构成关键审计事项。我们在审计报告中描述这些事项，除非法律法规禁止公开披露这些事项，或在极其罕见的情形下，如果合理预期在审计报告中沟通某事项造成的负面后果超过在公众利益方面产生的益处，我们确定不应在审计报告中沟通该事项。

二、按照相关法律法规的要求报告的事项

[本部分的格式和内容，取决于法律法规对其他报告责任的性质的规定。法律法规规范的事项（其他报告责任）应当在本部分处理，除非其他报告责任与审计准则所要求的报告责任涉及相同的主题。如果涉及相同的主题，其他报告责任可以在审计准则所要求的同一报告要素部分中列示。当其他报告责任和审计准则规定的报告责任涉及同一主题，并且审计报告中的措辞能够将其他报告责任与审计准则规定的责任予以清楚地区分（如差异存在）时，允许将两者合并列示（即包含在"对财务报表出具的审计报告"部分中，并使用适当的副标题）。]

×× 会计师事务所　　　　　　　中国注册会计师：×××
（盖章）　　　　　　　　　　　（签名并盖章）
　　　　　　　　　　　　　　　中国注册会计师：×××
　　　　　　　　　　　　　　　（签名并盖章）
中国××市　　　　　　　　　　20×2 年×月×日

三、非无保留意见审计报告

（一）非无保留意见的含义

非无保留意见是指对财务报表发表的保留意见、否定意见或无法表示意见。当存在下列情形之一时，注册会计师应当在审计报告中发表非无保留意见：

（1）根据获取的审计证据，得出财务报表整体存在重大错报的结论；

（2）无法获取充分、适当的审计证据，不能得出财务报表整体不存在重大错报的结论。如果注册会计师能够通过实施替代程序获取充分、适当的审计证据，则无法实施特定的程序并不构成对审计范围的限制。

下列情形可能导致注册会计师无法获取充分、适当的审计证据（也称为审计范围受到限制）：① 超出被审计单位控制的情形；② 与注册会计师工作的性质或时间安排相关的情形；③ 管理层对审计范围施加限制的情形。

（二）确定非无保留意见的类型

注册会计师确定哪种非无保留意见类型，取决于下列事项：

（1）导致非无保留意见的事项的性质，是财务报表存在重大错报，还是在无法获取充分、适当的审计证据的情况下，财务报表可能存在重大错报；

（2）注册会计师就导致非无保留意见的事项对财务报表产生或可能产生影响的广泛性作出的判断。

根据注册会计师的判断，对财务报表的影响具有广泛性的情形包括：① 不限于对财务报表的特定要素、账户或项目产生影响；② 虽然仅对财务报表的特定要素、账户或项目产生影响，但这些要素、账户或项目是或可能是财务报表的主要组成部分；③ 当与披露相关时，产生的影响对财务报表使用者理解财务报表至关重要。

非无保留意见的选择依据矩阵如表 10-1 所示。

表 10-1 非无保留意见的选择依据矩阵

导致发表非无保留意见的事项的性质	这些事项对财务报表产生或可能产生影响的广泛性	
	重大但不具有广泛性	重大且具有广泛性
财务报表存在重大错报	保留意见	否定意见
无法获取充分、适当的审计证据	保留意见	无法表示意见

(三) 非无保留意见的审计报告的格式和内容

1. 导致非无保留意见的事项段

如果对财务报表发表非无保留意见，注册会计师应当直接在审计意见段之后增加一个部分，并使用恰当的标题，如"形成保留意见的基础""形成否定意见的基础""形成无法表示意见的基础"，说明导致发表非无保留意见的事项。

2. 审计意见段

1) 发表保留意见

当由于财务报表存在重大错报而发表保留意见时，注册会计师应当根据适用的财务报告编制基础在审计意见段中说明："注册会计师认为，除了形成保留意见的基础部分所述事项产生的影响外，财务报表在所有重大方面按照适用的财务报告编制基础编制，并实现公允反映。"

当无法获取充分、适当的审计证据而导致发表保留意见时，注册会计师应当在审计意见段中使用"除……可能产生的影响外"等措辞。

发表保留意见的审计报告的格式可以参考例10-2。

【例10-2】

审计报告

ABC 股份有限公司全体股东：

一、对财务报表出具的审计报告

（一）保留意见

我们审计了 ABC 股份有限公司（以下简称"ABC 公司"）财务报表，包括20×1年12月31日的资产负债表，20×1年度的利润表、现金流量表、股东权益变动表以及相关财务报表附注。我们认为，除"形成保留意见的基础"部分所述事项产生的影响外，后附的财务报表在所有重大方面按照企业会计准则的规定编制，公允反映了 ABC 公司20×1年12月31日的财务状况以及20×1年度的经营成果和现金流量。

（二）形成保留意见的基础

ABC 公司20×1年12月31日资产负债表中存货的列示金额为×元。管理层根据成本对存货进行计量，而没有根据成本与可变现净值孰低的原则进行计量，这不符合企业会计准则的规定。ABC 公司的会计记录显示，如果管理层以成本与可变现净值孰低来计量存货，存货列示金额将减少×元。相应地，资产减值损失将增加×元，所得税、净利润和股东权益将分别减少×元、×元和×元。我们按照中国注册会计师审计准则的规定执行了审计工作。审计报告的"注册会计师对财务报表审计的责任"部分进一步阐述了我们在这些准则下的责任。按照《中国注册会计师职业道德守则》，我们独立于 ABC 公司，并履行了职业道德方面的其他责任。我们相信，我们获取的审计证据是充分、适当的，为发表保留意见提供了基础。

2）发表否定意见

当发表否定意见时，注册会计师应当根据适用的财务报告编制基础在审计意见段中说明："注册会计师认为，由于形成否定意见的基础部分所述事项的重要性，财务报表没有在所有重大方面按照适用的财务报告编制基础编制，未能实现公允反映。"

发表否定意见的审计报告的格式可以参考例 10-3。

【例 10-3】

审计报告

ABC 股份有限公司全体股东：

一、对财务报表出具的审计报告

（一）否定意见

我们审计了 ABC 股份有限公司（以下简称"ABC 公司"）财务报表，包括 20×1 年 12 月 31 日的资产负债表，20×1 年度的利润表、现金流量表、股东权益变动表以及相关财务报表附注。我们认为，由于"形成否定意见的基础"部分所述事项的重要性，后附的财务报表没有在所有重大方面按照企业会计准则的规定编制，未能公允反映 ABC 公司 20×1 年 12 月 31 日的财务状况以及 20×1 年度的经营成果和现金流量。

（二）形成否定意见的基础

如财务报表附注×所述，20×1 年 ABC 公司通过非同一控制下的企业合并获得对 XYZ 公司的控制权，因未能取得购买日 XYZ 公司某些重要资产和负债的公允价值，故未将 XYZ 公司纳入合并财务报表的范围，而是按成本法核算对 XYZ 公司的股权投资。ABC 公司的这项会计处理不符合企业会计准则的规定。如果将 XYZ 公司纳入合并财务报表的范围，ABC 公司合并财务报表的多个报表项目将受到重大影响。但我们无法确定未将 XYZ 公司纳入合并范围对财务报表产生的影响。

二维码 10-2
我国证券市场上第一份否定意见的审计报告

我们按照中国注册会计师审计准则的规定执行了审计工作。审计报告的"注册会计师对财务报表审计的责任"部分进一步阐述了我们在这些准则下的责任。按照《中国注册会计师职业道德守则》，我们独立于 ABC 公司，并履行了职业道德方面的其他责任。我们相信，我们获取的审计证据是充分、适当的，为发表否定意见提供了基础。

3）发表无法表示意见。

当由于无法获取充分、适当的审计证据而发表无法表示意见时，注册会计师应当在审计意见段中说明："由于形成无法表示意见的基础部分所述事项的重要性，注册会计师无法获取充分、适当的审计证据以为发表审计意见提供基础，因此，注册会计师不对这些财务报表发表审计意见。"

发表无法表示意见的审计报告的格式可以参考例 10-4。

【例 10-4】

审计报告

ABC 股份有限公司全体股东：

一、对财务报表出具的审计报告

（一）无法表示意见

我们接受委托，审计 ABC 股份有限公司（以下简称"ABC 公司"）财务报表，包括 20×1 年 12 月 31 日的资产负债表、20×1 年度的利润表、现金流量表、股东权益变动表以及相关财务报表附注。我们不对后附的 ABC 公司财务报表发表审计意见。由于"形成无法表示意见的基础"部分所述事项的重要性，我们无法获取充分、适当的审计证据以作为财务报表发表审计意见的基础。

（二）形成无法表示意见的基础

我们于 20×2 年 1 月接受 ABC 公司的审计委托，因而未能对 ABC 公司 20×1 年年初金额为×元的存货和年末金额为×元的存货实施监盘程序。此外，我们也无法实施替代审计程序获取充分、适当的审计证据。并且，ABC 公司于 20×1 年 9 月采用新的应收账款电算化系统，由于存在系统缺陷导致应收账款出现大量错误。截至报告日，管理层仍在纠正系统缺陷并更正错误，我们也无法实施替代审计程序，以对截至 20×1 年 12 月 31 日的应收账款总额×元获取充分、适当的审计证据。因此，我们无法确定是否有必要对存货、应收账款以及财务报表其他项目作出调整，也无法确定应调整的金额。

（三）管理层和治理层对财务报表的责任（略）

（四）注册会计师对财务报表审计的责任

我们的责任是按照中国注册会计师审计准则的规定，对 ABC 公司的财务报表执行审计工作，以出具审计报告。但由于"形成无法表示意见的基础"部分所述的事项，我们无法获取充分、适当的审计证据以作为发表审计意见的基础。按照《中国注册会计师职业道德守则》，我们独立于 ABC 公司，并履行了职业道德方面的其他责任。我们相信，我们获取的审计证据是充分、适当的，为发表无法表示意见提供了基础。

二维码 10-3
我国证券市场上
第一份无法表示
意见的审计报告

四、带强调事项段和其他事项段的审计报告

（一）审计报告的强调事项段

1. 强调事项段的含义

审计报告的强调事项段是指审计报告中含有的一个段落，该段落提及已在财务报表中恰当列报或披露的事项，且根据注册会计师的职业判断，该事项对财务报表使用者理解财务报表至关重要。

2. 需要增加强调事项段的情形

如果认为有必要提醒财务报表使用者关注已在财务报表中列报或披露，且根据职业判断认为对财务报表使用者理解财务报表至关重要的事项，在同时满足下列条件时，注册会计师应当在审计报告中增加强调事项段：该事项不会导致注册会计师发表非无保留意见；该事项未被确定为在审计报告中沟通的关键审计事项。审计准则对注册会计师在特定情况下在审计报告中增加强调事项段提出了具体要求。这些情形包括：

(1) 法律法规规定的财务报告编制基础不可接受，但其是基于法律法规作出的规定；

(2) 提醒财务报表使用者注意财务报表按照特殊目的编制基础编制；

(3) 注册会计师在审计报告日后知悉了某些事实（即期后事项），且出具了新的审计报告或修改了审计报告。

除上述审计准则要求增加强调事项的情形外，注册会计师可能认为需要增加强调事项段的情形举例如下：① 异常诉讼或监管行动的未来结果存在不确定性；② 提前应用（在允许的情况下）对财务报表有广泛影响的新会计准则；③ 存在已经或持续对被审计单位财务状况产生重大影响的特大灾难。

强调事项段的过多使用会降低注册会计师沟通所强调事项的有效性。强调事项段应当仅提及已在财务报表中列报或披露的信息。

3. 在审计报告中包含强调事项段时注册会计师应采取的措施

如果在审计报告中包含强调事项段，注册会计师应当采取下列措施：

(1) 将强调事项段作为单独的一部分置于审计报告中，并使用含有"强调事项"这一术语的适当标题；

(2) 明确提及被强调事项以及相关披露的位置，以便能够在财务报表中找到对该事项的详细描述；

(3) 指出审计意见没有因该强调事项段而改变。

4. 强调事项段的示例

强调事项段可参考例 10-5。

【例 10-5】

审计报告示例（强调事项段）

（一）强调事项——火灾的影响

我们提醒财务报表使用者关注，财务报表附注×描述了火灾对 ABC 公司的生产设备造成的影响。本段内容不影响已发表的审计意见。

（二）强调事项——未决诉讼的影响

我们提醒财务报表使用者关注，如财务报表附注×所述，截至财务报表批准日，XYZ 公司对 ABC 公司提出的诉讼尚在审理当中，其结果具有不确定性。本段内容不影响已发表的审计意见。

（二）审计报告的其他事项段

1. 其他事项段的含义

其他事项段是指审计报告中含有的一个段落，该段落提及未在财务报表中列报或披露的事项，且根据注册会计师的职业判断，该事项与财务报表使用者理解审计工作、注册会计师的责任或审计报告相关。

2. 可能需要增加其他事项段的情形

对于未在财务报表中列报或披露，但根据职业判断认为与财务报表使用者理解审计工作、注册会计师的责任或审计报告相关的事项，在同时满足下列条件时，注册会计师应当在审计报告中增加其他事项段：

（1）未被法律法规禁止；

（2）该事项未被确定为在审计报告中沟通的关键审计事项。

注册会计师应当将该段落作为单独的一部分，并使用"其他事项"或其他适当标题。可能需要在审计报告中增加其他事项段的情形包括以下四种：

（1）与使用者理解审计工作相关的情形；

（2）与使用者理解注册会计师的责任或审计报告相关的情形；

（3）对两套以上财务报表出具审计报告的情形；

（4）限制审计报告分发和使用的情形。

如果拟在审计报告中增加强调事项段或其他事项段，注册会计师应当就该事项和拟使用的措辞与治理层沟通。

3. 其他事项段的示例

其他事项段可参考例 10-6。

【例 10-6】

审计报告示例（其他事项段）

（三）其他事项

2019 年 12 月 31 日的资产负债表，2019 年度的利润表、现金流量表和所有者权益变动表以及财务报表附注由其他会计师事务所审计，并于 2020 年 3 月 31 日发表了无保留意见。

二维码 10-4
审计报告中强调事项段与其他事项段的区别（语音）

本章测试

简答题

ABC 会计师事务所的 A 注册会计师负责审计多家上市公司 2019 年度财务报表，遇到下列与审计报告相关的事项。

（1）A 注册会计师在审计报告日后获取并阅读了甲公司 2019 年年度报告的最终版本，发现其他信息存在重大错报，经与管理层和治理层沟通后，该错报未得到更正。A 注册会计师拟在甲公司股东大会上通报该事项，但不重新出具审计报告。

（2）受新冠肺炎疫情影响，A 注册会计师无法对乙公司某海外重要子公司执行审计工作，拟对乙公司财务报表发表无法表示意见，管理层在财务报表中充分披露了乙公司持续经营能力存在的重大不确定性和未来应对计划，A 注册会计师拟在无法表示意见的审计报告中增加与持续经营相关的重大不确定性部分，以提醒报表使用者关注这一情况。

（3）丙公司管理层以无法作出准确估计为由，未对 2019 年末的长期股权投资、固定资产和无形资产计提减值准备，A 注册会计师实施审计程序获取充分、适当的审计证据后，认为上述事项导致的错报对财务报表具有重大且广泛的影响，拟对财务报表发表无法表示意见。

（4）丁公司 2019 年度营业收入和毛利率均大幅增长，A 注册会计师评估后认为存在较高的舞弊风险，将收入确认作为审计中最为重要的事项与治理层进行了沟通，A 注册会计师实施审计程序后，未发现收入确认存在重大错报，拟将收入确认作为审计报告中的关键审计事项，并在审计应对部分说明丁公司的收入确认符合企业会计准则的规定，在所有重大方面公允反映了丁公司 2019 年度的营业收入。

（5）戊公司管理层在 2019 年度财务报表附注中，充分披露了与持续经营相关的多项重大不确定性，因无法判断管理层采用持续经营假设编制财务报表是否恰当，A 注册会计师拟发表无法表示意见，并在审计报告中增加强调事项段提醒报表使用者，关注戊公司因连续亏损已触发证券交易所退市标准的风险提示报告。

要求：针对上述（1）—（5）项，明确 A 注册会计师应分别出具何种类型的审计报告，并说明理由。

第十一章
内部控制审计

✈ 知识目标

1. 了解内部控制审计的定义、整合审计的定义;
2. 掌握内部控制审计的步骤、内部控制审计报告类型以及判断标准。

✈ 技能目标

能运用内部控制审计相关理论编制内部控制审计报告。

✈ 本章引例

内部控制:上市公司的质量"根基"

在上市公司财务报告质量日益受到关注的当下,内部控制制度作为上市公司财务报告质量的"根基",越发受到投资者关注。实践也表明,内部控制越健全且有效实施的企业,其经营业绩和发展质量越容易向好。反之,内部控制制度出现缺陷,则可能会引发一系列问题。近年来,上市公司关联方资金占用、违规对外提供担保、对外投资子公司"失控"、上市公司账面资金"不翼而飞"等情况,往往是内部控制"失灵"所致。

加加食品集团股份有限公司(以下简称"加加食品公司")创建于1996年,是一家专注于调味品,以酱油为核心,产品涵盖食醋、鸡精、蚝油、料酒、味精等,集研发、生产、营销于一体的大型调味食品上市企业(股票代码:002650)。2017年经审计发现,加加食品公司的财务报告内部控制存在如下重大缺陷:公司存在未履行正常内部审批决策流程就以公司的名义对外开具商业承兑汇票、对外提供担保的情形。其中,2017年度公司未履行正常内部审批决策流程对外开具商业承兑汇票金额为 55 010.00 万元,截至 2017 年

12月31日，上述商业承兑汇票未通过公司已承兑金额26 000.00万元，尚未承兑金额29 010.00万元；截至财务报表批准报出日，根据相关经办人员及实际控制人提供的说明，截至2017年12月31日，未履行正常内部审批决策流程以公司名义对外提供担保金额约8 800万元；截至2018年4月26日，公司未履行正常内部审批决策流程对外开具商业承兑汇票总金额为69 380.00万元，未通过公司已承兑金额33 200.00万元，尚未承兑金额36 180.00万元，未履行正常内部审批决策流程以公司名义对外提供担保金额约15 300.00万元。

上述商业承兑汇票及对外担保违反了加加食品公司筹资管理内部控制制度、对外担保内部控制制度、关联交易内部控制制度及其他相关规定。

有效的内部控制能够为财务报告及相关信息的真实完整提供合理保证，而上述重大缺陷使加加食品公司内部控制失去了这一功能。

第一节 内部控制审计的概念

一、内部控制的概念和目标

内部控制，是指由企业董事会、监事会、管理层和全体员工实施的旨在实现控制目标的过程。内部控制的目标是合理保证企业经营管理合法合规、资产安全、财务报告及相关信息真实完整，提高经营效率和效果，促进企业实现发展战略。

内部控制审计是指会计师事务所接受委托，对特定基准日内部控制设计与运行的有效性进行审计。注册会计师按照《内部控制审计指引》的要求，在实施审计工作的基础上对内部控制的有效性发表意见，是注册会计师的责任。注册会计师执行内部控制审计工作，应当获取充分、适当的证据，为发表内部控制审计意见提供合理保证。

二维码11-1
内部控制审计与
财务报表审计的
主要联系与区别

注册会计师应当对财务报告内部控制的有效性发表意见，并对内部控制审计过程中注意到的非财务报告内部控制的重大缺陷，在内部控制审计报告中增加"非财务报告内部控制重大缺陷描述段"予以披露。

二、整合审计

整合审计并不是一种新的审计方式，只是由同一家会计师事务所整合对被审计单位进行的财务报表审计和内部控制审计。

在整合审计中，注册会计师应当对内部控制设计与运行的有效性进行测试，以同时实现下列目标：

（1）获取充分、适当的证据，支持其在内部控制审计中对内部控制有效性发表的意见；

（2）获取充分、适当的证据，支持其在财务报表审计中对控制风险的评估结果。

 ## 三、内部控制审计基准日

内部控制审计基准日，是指注册会计师评价内部控制在某一时日是否有效所涉及的基准日，也是被审计单位评价基准日，即最近一个会计期间截止日。

注册会计师不可能对企业内部控制在某个时间段（如一年）内每天的运行情况进行描述，然后发表审计意见，这样做不切实际，并且无法向信息使用者提供准确清晰的信息（考虑到期间对内部控制缺陷的纠正），甚至会误导信息使用者。

注册会计师对特定基准日内部控制的有效性发表意见，并不意味着注册会计师只测试基准日这一天的内部控制，而是需要考察足够长一段时间内部控制设计和运行的情况。对控制有效性的测试涵盖的期间越长，提供的控制有效性的审计证据越多。单就内部控制审计业务而言，注册会计师应当获取内部控制在基准日之前一段足够长的期间内有效运行的审计证据。在整合审计中，控制测试所涵盖的期间应当尽量与财务报表审计中拟信赖内部控制的期间保持一致。

> 【学习本节收获】
> 　　内部控制审计是对特定基准日内部控制设计与运行的有效性进行审计，与财务报表审计的目标不同。

第二节　内部控制审计的主要步骤

2010年4月，财政部等五部委发布《企业内部控制审计指引》指出，我国的内部控制审计工作包括计划审计工作、实施审计工作、评价控制缺陷、完成审计工作、出具审计报告和记录审计工作等步骤。本节主要讲解内部控制审计从计划到完成的几个步骤，有关内部控制审计报告的内容将在下一节展开。

一、计划审计工作

（一）总体要求

注册会计师应当恰当地计划内部控制审计工作，配备具有专业胜任能力的项目组，并对助理人员进行适当的督导。

在计划审计工作时，注册会计师应当评价下列事项对内部控制、财务报表以及审计工作的影响：

(1) 与企业相关的风险；
(2) 相关法律法规和行业概况；
(3) 企业组织结构、经营特点和资本结构等相关重要事项；
(4) 企业内部控制最近发生变化的程度；
(5) 与企业沟通过的内部控制缺陷；
(6) 重要性、风险等与确定内部控制重大缺陷相关的因素；
(7) 对内部控制有效性的初步判断；
(8) 可获取的、与内部控制有效性相关的证据的类型和范围。

（二）以风险评估为基础

注册会计师应当以风险评估为基础，选择拟测试的控制，确定测试所需收集的证据。内部控制的特定领域存在重大缺陷的风险越高，给予该领域的审计关注就越多。

（三）总体审计策略和具体审计计划

内部控制审计计划分为总体审计策略和具体审计计划两个层次。注册会计师应当在总体审计策略中体现下列内容：

(1) 确定审计业务的特征，以界定审计范围；
(2) 明确审计业务的报告目标，以计划审计的时间安排和所需沟通的性质；
(3) 根据职业判断，考虑用以指导项目组工作方向的重要因素；
(4) 考虑初步业务活动的结果，并考虑对被审计单位执行其他业务时获得的经验是否与内部控制审计业务相关；
(5) 确定执行业务所需资源的性质、时间安排和范围。

注册会计师应当在具体审计计划中体现下列内容：

(1) 了解和识别内部控制的程序的性质、时间安排和范围；
(2) 测试控制设计有效性的程序的性质、时间安排和范围；
(3) 测试控制运行有效性的程序的性质、时间安排和范围。

（四）对应对舞弊风险的考虑

在计划和实施内部控制审计工作时，注册会计师应当考虑财务报表审计中对舞弊

第十一章 内部控制审计

风险的评估结果。在识别和测试企业层面控制以及选择其他控制进行测试时,注册会计师应当评价被审计单位的内部控制是否足以应对识别出的、由于舞弊导致的重大错报风险,并评价为应对管理层和治理层凌驾于控制之上的风险而设计的控制。

如果在内部控制审计中识别出旨在防止或发现并纠正舞弊的控制存在缺陷,注册会计师应当在财务报表审计中制定重大错报风险的应对方案时考虑这些缺陷。

二、实施审计工作

(一) 总体要求

注册会计师应当采用自上而下的方法选择拟测试的控制。自上而下的方法始于财务报表层次,从注册会计师对财务报告内部控制整体风险的了解开始,然后,将关注重点放在企业层面的控制上,并将工作逐渐下移至重要账户、列报及其相关认定。随后,确认其对被审计单位的业务流程中风险的了解,并选择能足以应对评估的每个相关认定的重大错报风险的控制进行测试。

(二) 识别、了解和测试企业层面控制

企业的内部控制分为企业层面控制和业务流程、应用系统或交易层面的控制两个层面。企业层面的控制通常为应对企业财务报表整体层面的风险而设计,或作为其他控制运行的"基础设施",通常在比业务流程更高的层面上乃至整个企业范围内运行,其作用比较广泛,通常不局限于某个具体认定。

不同企业层面控制在性质和精确度上存在差异;某些企业层面控制对重大错报是否能够被及时防止或发现的可能性有重要影响,尽管这种影响是间接的,例如某些与控制环境相关的控制;某些企业层面控制能够监督其他控制的有效性,例如被审计单位的财务总监定期审阅经营收入的详细月度分析报告;某些企业层面控制本身能精确到足以及时防止或发现一个或多个相关认定中存在的重大错报,例如被审计单位制定了银行存款余额调节表的监督审阅流程。

正是由于企业层面控制的上述作用,注册会计师应当识别、了解和测试对内部控制有效性结论有重要影响的企业层面控制。注册会计师对企业层面控制的评价,可能增加或减少本应对其他控制所进行的测试。此外,由于对企业层面控制的评价结果将影响注册会计师测试其他控制的性质、时间安排及范围,所以注册会计师可以考虑在执行业务的早期阶段对企业层面控制进行测试。在完成对企业层面控制的测试后,注册会计师可以根据测试结果评价被审计单位的企业层面控制是否有效,并且计划需要测试的其他控制及对其他控制所执行程序的性质、时间安排和范围。

(三) 识别重要账户、列报及其相关认定

在内部控制审计中,注册会计师在识别重要账户、列报及其相关认定时应当评价

的风险因素，与财务报表审计中考虑的因素相同。因此，在这两种审计中识别的重要账户、列报及其相关认定应当相同。例如，被审计单位本年度发生管理费用总额为5 000万元。注册会计师确定的财务报表整体的重要性为1 000万元。由于管理费用的核算较为简单，由于错误或舞弊导致管理费用发生重大错报的固有风险很低，以前年度审计中从未发现管理费用存在错报，也从未发现过相关控制缺陷，因此，注册会计师确定管理费用账户属于重要账户，并确定"发生"和"完整性"认定为相关认定，因为只有这两项认定可能存在导致财务报表发生重大错报的风险。

（四）选择拟测试的控制

1. 基本要求

注册会计师应当针对每一相关认定获取控制有效性的审计证据，以便对内部控制整体的有效性发表意见，但没有责任对单项控制的有效性发表意见。

注册会计师应当对被审计单位的控制是否足以应对评估的每个相关认定的错报风险形成结论。因此，注册会计师应当选择对形成这一评价结论具有重要影响的控制进行测试。

对特定的相关认定而言，可能有多项控制用以应对评估的错报风险；反之，一项控制也可能应对评估的多项相关认定的错报风险。注册会计师没有必要测试与某项相关认定有关的所有控制。

在确定是否测试某项控制时，注册会计师应当考虑该项控制单独或连同其他控制，是否足以应对评估的某项相关认定的错报风险，而不论该项控制的分类和名称如何。

2. 选择拟测试的控制的参考因素

注册会计师在选取拟测试的控制时，通常不会选取整个流程中的所有控制，而是选择关键控制，既能够为一个或多个重要账户或列报的一个或多个相关认定提供最有效果或最有效率的证据的控制。每个重要账户、认定和/或重大错报风险至少应当有一个对应的关键控制。在选择关键控制时，注册会计师需要考虑：

（1）哪些控制是不可缺少的？

（2）哪些控制直接针对相关认定？

（3）哪些控制可以应对错误或舞弊导致的重大错报风险？

（4）控制的运行是否足够精确？

选取关键控制，需要注册会计师作出职业判断。注册会计师无须测试那些即使有缺陷也合理预期不会导致财务报表重大错报的控制。

在采用自上而下的方法执行内部控制审计时，如果识别并选取了能够充分应对重大错报风险的控制，则不需要再测试针对同样认定的其他控制。注册会计师在考虑是否有必要测试业务流程、应用系统或交易层面的控制之前，首先要考虑测试那些与重要账户的认定相关的企业层面控制的有效性。如果企业层面控制是有效的且得到精确执行，能够及时防止或发现并纠正影响一个或多个认定的重大错报，注册会计师可能不必就所有流程、交易或应用层面的控制的运行有效性获取审计证据。

注册会计师需要选择测试那些对形成内部控制审计意见有重大影响的控制。对于与所有重要账户和列报相关的所有相关认定，注册会计师都需要取得关于控制设计和运行是否有效的证据。如果存在多个控制均应对相关认定的重大错报风险，注册会计师通常会选择那个（些）能够以最有效的方式予以测试的控制。

（五）测试控制的有效性

内部控制的有效性包括内部控制设计的有效性和内部控制运行的有效性。在财务报告内部控制中，如果某项控制由拥有有效执行控制所需的授权和专业胜任能力的人员按规定的程序和要求执行，能够实现控制目标，从而有效地防止或发现并纠正可能导致财务报表发生重大错报的错误或舞弊，则表明该项控制的设计是有效的。在非财务报告内部控制中，如果某项控制正在按照设计运行、执行人员拥有有效执行控制所需的授权和专业胜任能力，能够实现控制目标，则表明该项控制的运行是有效的。

注册会计师应当测试控制设计的有效性和控制运行的有效性。注册会计师获取的有关控制运行有效性的审计证据包括：

（1）控制在所审计期间的相关时点是如何运行的；

（2）控制是否得到一贯执行；

（3）控制由谁或以何种方式执行。

1. 控制测试的性质

内部控制测试的程序和应用见表 11-1。

表 11-1 内部控制测试的程序和应用

主要程序	具体内容
询问	（1）注册会计师通过与被审计单位有关人员进行讨论以取得与内部控制有关的信息 （2）仅实施询问程序不能为某一特定控制的有效性提供充分、适当的证据，必须与其他测试手段结合使用才能发挥作用
观察	（1）观察是测试运行不留下书面记录的控制的有效方法 （2）观察也可运用于测试对实物的控制
检查	（1）检查记录和文件可以提供可靠程度不同的审计证据，审计证据的可靠性取决于记录或文件的性质和来源，而在检查内部记录和文件时，其可靠性取决于生成该记录或文件的内部控制的有效性 （2）存在书面证据并不一定表明控制一定有效
重新执行	（1）只有在综合运用询问、观察、检查三种程序仍无法获取充分、适当的证据时，注册会计师才会考虑实施重新执行程序 （2）重新执行的目的是评价控制的有效性，而不是测试特定交易或余额的存在或准确性，即定性而非定量，因此一般不必选取大量的项目，也不必特意选取金额重大的项目进行测试

2. 控制测试的时间安排

对控制有效性的测试涵盖的期间越长,提供的控制有效性的审计证据越多。单就内部控制审计业务而言,注册会计师应当获取内部控制在基准日之前一段足够长的期间内有效运行的审计证据。在整合审计中,注册会计师控制测试所涵盖的期间应尽量与财务报表审计中拟信赖内部控制的期间保持一致。对控制有效性测试的实施时间越接近基准日,提供的控制有效性的审计证据越有力。为了获取充分、适当的审计证据,注册会计师应当在下列两个因素之间作出平衡,以确定测试的时间:

(1) 尽量在接近基准日实施测试;
(2) 实施的测试需要涵盖足够长的期间。

1)期中测试的两种方法

在整合审计中测试控制在整个会计年度的运行有效性时,注册会计师可以按照既定的样本规模进行期中测试,然后对剩余期间实施前推测试;或者将样本分成两个部分,一部分在期中测试,另一部分在临近年末的期间测试。

二维码 11-2
什么是前推测试?(语音)

2)是否测试被取代的控制

如果被审计单位为了提高控制效果和效率或整改控制缺陷而对控制作出改变,注册会计师应当考虑这些变化并适当予以记录。如果注册会计师认为新的控制能够满足控制的相关目标,而且新控制已运行足够长的时间,足以使注册会计师通过实施控制测试评估其设计和运行的有效性,则注册会计师不再需要测试被取代的控制的设计和运行有效性。但是如果被取代的控制的运行有效性对注册会计师执行财务报表审计时的控制风险评估具有重要影响,注册会计师应当适当地测试这些被取代的控制的设计和运行的有效性。

3)以前审计获取的有关控制运行有效性的审计证据

对于财务报表审计,注册会计师可以在某些方面利用以前审计中获取的有关控制运行有效性的审计证据。对于内部控制审计,除考虑对自动应用控制实施与基准相比较的策略外,注册会计师不能利用以前审计中获取的有关控制运行有效性的审计证据,而是需要每年获取有关控制有效性的审计证据。

3. 控制测试的范围

注册会计师在测试控制的运行有效性时,应当在考虑与控制相关的风险的基础上,确定测试的范围(样本规模)。注册会计师确定的测试范围,应当足以使其能够获取充分、适当的审计证据,为基准日内部控制是否不存在重大缺陷提供合理保证。

信息技术处理具有内在一贯性,除非系统发生变动,一项自动应用控制应当一贯运行。对于一项自动应用控制,一旦确定被审计单位正在执行该控制,注册会计师通常无须扩大控制测试的范围。在信息技术一般控制有效的前提下,除非系统发生变动,注册会计师或其专家可能只需要对某项自动应用控制的每一相关属性进行一次系统查询以检查其系统设置,即可得出所测试自动应用控制是否运行有效的结论。在测试人工控制时，如果采用检查或重新执行程序，注册会计师测试的最小样本规模区间参见表 11-2。

表 11-2　测试人工控制的最小样本规模区间

控制运行频率	控制运行的总次数	测试的最小样本规模区间
每年 1 次	1	1
每季 1 次	4	2
每月 1 次	12	2～5
每周 1 次	52	5～15
每天 1 次	250	20～40
每天多次	＞250	25～60

4. 发现偏差时的处理

评价控制偏差的影响需要注册会计师运用职业判断，并受到控制的性质和所发现偏差数量的影响。如果发现的控制偏差是系统性偏差或人为有意造成的偏差，注册会计师应当考虑舞弊的可能迹象以及对审计方案的影响。

在评价控制测试中所发现的某项控制偏差是否为控制缺陷时，注册会计师可以考虑的因素包括如下几个方面。

（1）该偏差是如何被发现的。例如，如果某项控制偏差是被另外一项控制所发现的，则可能意味着被审计单位存在有效的检查性控制。

（2）该偏差是与某一特定的地点、流程或应用系统相关，还是对被审计单位有广泛影响。

（3）就被审计单位的内部政策而言，该控制出现偏差的严重程度。例如，某项控制在执行上晚于被审计单位政策要求的时间，但仍在编制财务报表之前得以执行，还是该项控制根本没有得以执行。

（4）与控制运行频率相比，偏差发生的频率高低。

由于有效的内部控制不能为实现控制目标提供绝对保证，单项控制并非一定要毫无偏差地运行，才被认为有效。在按照表 11-2 所列示的样本规模进行测试的情况下，如果发现控制偏差，注册会计师应当考虑偏差的原因及性质，并考虑采用扩大样本规模等适当的应对措施以判断该偏差是否对总体不具有代表性。例如，对每日发生多次的控制，如果初始样本规模为 25 个，当测试发现一项控制偏差，且该偏差不是系统性偏差时，注册会计师可以扩大样本规模进行测试。如果测试后再次发现偏差，则注册会计师可以得出该控制无效的结论。如果扩大样本规模没有再次发现偏差，则注册会计师可以得出控制有效的结论。

三、评价控制缺陷

内部控制缺陷按其成因分为设计缺陷和运行缺陷。设计缺陷是指企业缺少为实现控制目标所必需的控制，或现有控制设计不适当，即使正常运行也难以实现预期的控制目标。设计缺陷分为系统的缺陷和手工的缺陷。例如，"未建立定期的存货盘点程序"就属于控制设计问题。运行缺陷是指现存设计适当的控制没有按设计意图运行，或执行人员没有获得必要授权或缺乏胜任能力，无法有效地实施内部控制。例如，"物资采购供应商未列示在供应商清单里，却未向上级申请增加供应商而直接进行了采购"。

内部控制缺陷按其影响程度分为重大缺陷、重要缺陷和一般缺陷。重大缺陷也称实质性漏洞，是指一个或多个控制缺陷的组合，可能严重影响内部整体控制的有效性，进而导致企业无法及时防范或发现严重偏离整体控制目标的情形。例如，有关漏洞为企业带来重大的损失或造成企业财务报表重大的错报、漏报。重要缺陷是指一个或多个一般缺陷的组合，其严重程度低于重大缺陷，但导致企业无法及时防范或发现严重偏离整体控制目标的严重程度依然重大，需引起管理层关注。例如，有关缺陷造成的负面影响在部分区域流传，给公司声誉带来损害。一般缺陷是指除重要缺陷、重大缺陷外的其他缺陷。

注册会计师应当评价其识别的各项内部控制缺陷的严重程度，以确定这些缺陷单独或组合起来是否构成重大缺陷。在确定一项内部控制缺陷或多项内部控制缺陷的组合是否构成重大缺陷时，注册会计师应当评价补偿性控制（替代性控制）的影响。企业执行的补偿性控制应当具有同样的效果。

若出现下列迹象，则表明内部控制可能存在重大缺陷：
（1）注册会计师发现董事、监事和高级管理人员舞弊；
（2）企业更正已经公布的财务报表；
（3）注册会计师发现当期财务报表存在重大错报，而内部控制在运行过程中未能发现该错报；
（4）企业审计委员会和内部审计机构对内部控制的监督无效。

控制缺陷的评价步骤如图 11-1 所示。

四、完成审计工作

（一）形成内部控制审计意见

注册会计师应当评价从各种来源获取的审计证据，包括对控制的测试结果、财务报表审计中发现的错报以及已识别的所有控制缺陷，形成对内部控制有效性的意见。在评价审计证据时，注册会计师应当查阅本年度涉及内部控制的内部审计报告或类似报告，并评价这些报告中指出的控制缺陷。在对内部控制的有效性形成意见后，注册会计师应当评价企业内部控制评价报告对相关法律法规规定的要素的列报是否完整和恰当。

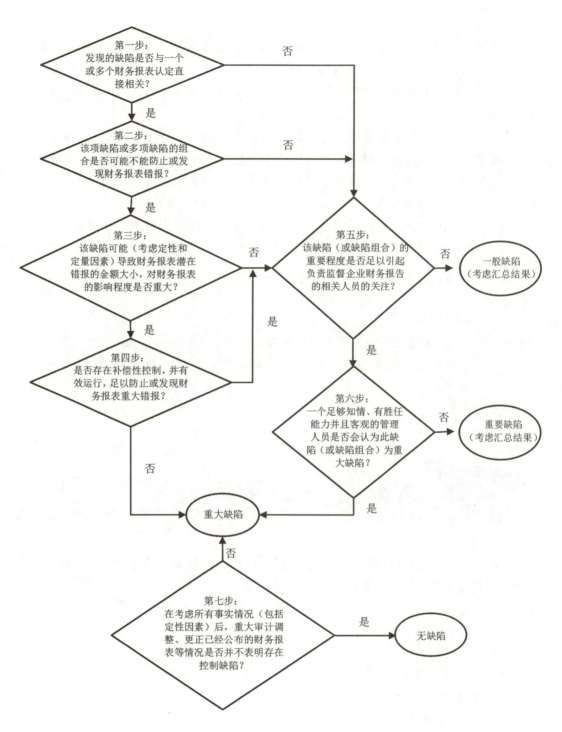

图 11-1　控制缺陷的评价步骤

（二）沟通相关事项

对于重大缺陷和重要缺陷，注册会计师应当以书面形式与管理层和治理层沟通。书面沟通应当在注册会计师出具内部控制审计报告之前进行。注册会计师应当以书面形式与管理层沟通其在审计过程中识别的所有其他内部控制缺陷，并在沟通完成后告知治理层。

虽然并不要求注册会计师执行足以识别所有控制缺陷的程序，但是，注册会计师应当沟通其注意到的内部控制的所有缺陷。内部控制审计不能保证注册会计师能够发现严重程度低于重大缺陷的所有控制缺陷。注册会计师不应在内部控制审计报告中声明，在审计过程中没有发现严重程度低于重大缺陷的控制缺陷。

如果发现被审计单位存在或可能存在舞弊或违反法律法规行为，注册会计师应当按照相关审计准则的规定，确定并履行自身的责任。

【学习本节收获】
　　内部控制审计工作包括计划审计工作、实施审计工作、评价控制缺陷、完成审计工作、出具审计报告和记录审计工作等步骤。

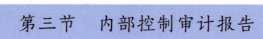

第三节 内部控制审计报告

注册会计师在完成内部控制审计工作后，应当出具内部控制审计报告。标准内部控制审计报告应当包括以下要素：

（1）标题；
（2）收件人；
（3）引言段；
（4）企业对内部控制的责任段；
（5）注册会计师的责任段；
（6）内部控制固有限制性的说明段；
（7）财务报告内部控制审计意见段；
（8）非财务报告内部控制重大缺陷描述段（仅限重大缺陷）；
（9）注册会计师的签名和盖章；

（10）会计师事务所的名称、地址及盖章；
（11）报告日期。

一、内部控制审计报告的意见类型

（一）无保留意见

如果符合下列所有条件，注册会计师应当对财务报告内部控制出具无保留意见的内部控制审计报告：

（1）在基准日，被审计单位按照适用的内部控制标准的要求，在所有重大方面保持了有效的内部控制；

（2）注册会计师已经按照《企业内部控制审计指引》的要求计划和实施审计工作，在审计过程中未受到限制。

（二）非无保留意见

1. 财务报告内部控制存在重大缺陷时的处理

如果认为财务报告内部控制存在一项或多项重大缺陷，除非审计范围受到限制，注册会计师应当对财务报告内部控制发表否定意见。否定意见的内部控制审计报告还应当包括重大缺陷的定义、重大缺陷的性质及其对内部控制的影响程度。

如果财务报告内部控制存在的重大缺陷尚未包含在企业内部控制评价报告中，注册会计师应当在内部控制审计报告中说明重大缺陷已经识别、但没有包含在企业内部控制评价报告中。如果企业内部控制评价报告中包含了重大缺陷，但注册会计师认为这些重大缺陷未在所有重大方面得到公允反映，注册会计师应当在内部控制审计报告中说明这一结论，并公允表达有关重大缺陷的必要信息。

如果对财务报告内部控制的有效性发表否定意见，注册会计师应当确定该意见对财务报表审计意见的影响，并在内部控制审计报告中予以说明。例如，如果对财务报表发表的审计意见受到影响，注册会计师应当在内部控制审计报告的导致否定意见的事项段中增加以下类似说明："在××公司××年财务报表审计中，我们已经考虑了上述重大缺陷对审计程序的性质、时间安排和范围的影响。"

2. 审计范围受到限制时的处理

注册会计师只有实施了必要的审计程序，才能对内部控制的有效性发表意见。如果审计范围受到限制，注册会计师应当解除业务约定或出具无法表示意见的内部控制审计报告。

在出具无法表示意见的内部控制审计报告时，注册会计师应当在内部控制审计报告中指明审计范围受到限制，无法对内部控制的有效性发表意见，并单设段落说明无法表示意见的实质性理由。注册会计师不应在内部控制审计报告中指明所执行的程序，也不应描述内部控制审计的特征,以避免对无法表示意见的误解。如果在已执行的有限程序中发现内部控制存在重大缺陷,注册会计师应当在内部控制审计报告中对重大缺陷作出详细说明。

只要认为审计范围受到限制将导致无法获取发表审计意见所需的充分、适当的审计证据,注册会计师不必执行任何其他工作即可对内部控制出具无法表示意见的内部控制审计报告。在这种情况下,内部控制审计报告的日期应为注册会计师已就该报告中陈述的内容获取充分、适当的审计证据的日期。

(三) 强调事项

如果认为内部控制虽然不存在重大缺陷,但仍有一项或多项重大事项需要提请内部控制审计报告使用者注意,注册会计师应当在内部控制审计报告中增加强调事项段予以说明。注册会计师应当在强调事项段中指明,该段内容仅用于提醒内部控制审计报告使用者关注,并不影响对内部控制发表的审计意见。

如果确定企业内部控制评价报告对要素的列报不完整或不恰当,注册会计师应当在内部控制审计报告中增加强调事项段,说明这一情况并解释得出该结论的理由。

(四) 非财务报告内部控制重大缺陷

如果在审计过程中注意到存在非财务报告内部控制缺陷,注册会计师应当区分具体情况予以处理:

(1) 如果认为非财务报告内部控制缺陷为一般缺陷,注册会计师应当与企业进行沟通,提醒企业加以改进,但无须在内部控制审计报告中说明;

(2) 如果认为非财务报告内部控制缺陷为重要缺陷,注册会计师应当以书面形式与企业董事会和管理层沟通,提醒企业加以改进,但无须在内部控制审计报告中说明;

(3) 如果认为非财务报告内部控制缺陷为重大缺陷,注册会计师应当以书面形式与企业董事会和管理层沟通,提醒企业加以改进;同时应当在内部控制审计报告中增加非财务报告内部控制重大缺陷描述段,对重大缺陷的性质及其对实现相关控制目标的影响程度进行披露,提示内部控制审计报告使用者注意相关风险,但无须对其发表审计意见。

 ## 二、内部控制审计报告类型

内部控制审计报告类型分为标准内部控制审计报告与非标准内部控制审计报告,参考格式分别见例 11-1、11-2、11-3、11-4、11-5。

无保留意见内部控制审计报告参见例 11-1。

【例 11-1】

内部控制审计报告

××股份有限公司全体股东：

按照《企业内部控制审计指引》及中国注册会计师执业准则的相关要求，我们审计了××股份有限公司（以下简称"××公司"）××年×月×日的财务报告内部控制的有效性。

一、企业对内部控制的责任

按照《企业内部控制基本规范》《企业内部控制应用指引》《企业内部控制评价指引》的规定，建立健全和有效实施内部控制，并评价其有效性是××公司董事会的责任。

二、注册会计师的责任

我们的责任是在实施审计工作的基础上，对财务报告内部控制的有效性发表审计意见，并对注意到的非财务报告内部控制的重大缺陷进行披露。

三、内部控制的固有局限性

内部控制具有固有局限性，存在不能防止和发现错报的可能性。此外，由于情况的变化可能导致内部控制变得不恰当，或对控制政策和程序遵循的程度降低，根据内部控制审计结果推测未来内部控制的有效性具有一定风险。

四、财务报告内部控制审计意见

我们认为，××公司于××年×月×日按照《企业内部控制基本规范》和相关规定在所有重大方面保持了有效的财务报告内部控制。

××会计师事务所	中国注册会计师：×××
（盖章）	（签名并盖章）
	中国注册会计师：×××
	（签名并盖章）
中国××市	××年×月×日

带强调事项段的无保留意见内部控制审计报告参见例 11-2。

【例 11-2】

内部控制审计报告

××股份有限公司全体股东：

按照《企业内部控制审计指引》及中国注册会计师执业准则的相关要求，我们审计了××股份有限公司（以下简称"××公司"）××年×月×日的财务报告内部控制的有效性。

五、强调事项

我们提醒内部控制审计报告使用者关注，[描述强调事项的性质及其对内部控制的重大影响。]本段内容不影响已对财务报告内部控制发表的审计意见。

××会计师事务所	中国注册会计师：×××
（盖章）	（签名并盖章）
	中国注册会计师：×××
	（签名并盖章）
中国××市	××年×月×日

否定意见内部控制审计报告参见例11-3。

【例11-3】

内部控制审计报告

××股份有限公司全体股东：

按照《企业内部控制审计指引》及中国注册会计师执业准则的相关要求，我们审计了××股份有限公司（以下简称"××公司"）××年×月×日的财务报告内部控制的有效性。

四、导致否定意见的事项

重大缺陷是内部控制中存在的、可能导致不能及时防止或发现并纠正财务报表出现重大错报的一项控制缺陷或多项控制缺陷的组合。

[指出注册会计师已识别出的重大缺陷，并说明重大缺陷的性质及其对财务报告内部控制的影响程度。]

有效的内部控制能够为财务报告及相关信息的真实完整提供合理保证，而上述重大缺陷使××公司内部控制失去这一功能。

××公司管理层已识别出上述重大缺陷，并将其包含在企业内部控制评价报告中。上述缺陷在所有重大方面得到公允反映。

在××公司××年财务报表审计中，我们已经考虑了上述重大缺陷对审计程序的性质、时间安排和范围的影响。本报告并未对我们在××年×月×日对××公司××年财务报表出具的审计报告产生影响。

五、财务报告内部控制审计意见

我们认为，由于存在上述重大缺陷及其对实现控制目标的影响，××公司于××年×月×日未能按照《企业内部控制基本规范》和相关规定在所有重大方面保持有效的财务报告内部控制。

××会计师事务所	中国注册会计师：×××
（盖章）	（签名并盖章）
	中国注册会计师：×××
	（签名并盖章）
中国××市	××年×月×日

无法表示意见内部控制审计报告参见例11-4。

【例11-4】

内部控制审计报告

××股份有限公司全体股东：

我们接受委托，对××股份有限公司（以下简称"××公司"）××年×月×日的财务报告内部控制进行审计。

［删除注册会计师的责任段，"一、企业对内部控制的责任"和"二、内部控制的固有局限性"参见标准内部控制审计报告相关段落表述。］

三、导致无法表示意见的事项

［描述审计范围受到限制的具体情况。］

四、财务报告内部控制审计意见

由于审计范围受到上述限制，我们未能实施必要的审计程序以获取发表意见所需的充分、适当证据，因此，我们无法对××公司财务报告内部控制的有效性发表意见。

五、识别的财务报告内部控制重大缺陷

［如在审计范围受到限制前，执行有限程序未能识别出重大缺陷，则应删除本段。］

重大缺陷是内部控制中存在的、可能导致不能及时防止或发现并纠正财务报表出现重大错报的一项控制缺陷或多项控制缺陷的组合。

尽管我们无法对××公司财务报告内部控制的有效性发表意见，但在我们实施的有限程序的过程中，发现了以下重大缺陷：

［指出注册会计师已识别出的重大缺陷，并说明重大缺陷的性质及其对财务报告内部控制的影响程度。］

有效的内部控制能够为财务报告及相关信息的真实完整提供合理保证，而上述重大缺陷使××公司内部控制失去这一功能。

××会计师事务所	中国注册会计师：×××
（盖章）	（签名并盖章）
	中国注册会计师：×××
	（签名并盖章）
中国××市	××年×月×日

非财务报告重大缺陷的内部控制审计报告参见例 11-5。

【例 11-5】

内部控制审计报告

××股份有限公司全体股东：

按照《企业内部控制审计指引》及中国注册会计师执业准则的相关要求，我们审计了××股份有限公司（以下简称"××公司"）××年×月×日的财务报告内部控制的有效性。

["一、企业对内部控制的责任"至"四、财务报告内部控制审计意见"参见标准内部控制审计报告相关段落表述。]

五、非财务报告内部控制重大缺陷

在内部控制审计过程中，我们注意到××公司的非财务报告内部控制存在重大缺陷[描述该缺陷的性质及其对实现相关控制目标的影响程度]。由于存在上述重大缺陷，我们提醒本报告使用者注意相关风险。需要指出的是，我们并不对××公司的非财务报告内部控制发表意见或提供保证。本段内容不影响对财务报告内部控制有效性发表的审计意见。

××会计师事务所	中国注册会计师：×××
（盖章）	（签名并盖章）
	中国注册会计师：×××
	（签名并盖章）
中国××市	××年×月×日

> 【学习本节收获】
> 　　内部控制审计报告也分为标准内部控制审计报告和非标准内部控制审计报告，其中非标准内部控制审计报告包括带强调事项段的内部控制审计报告、否定意见的内部控制审计报告和无法表示意见的内部控制审计报告。

 本章测试

一、单项选择题

1. 下列有关内部控制审计和财务报表审计的说法中，错误的是（　　）。
　　A. 对于同一财务报表，在内部控制审计和财务报表审计中运用的重要性水平应

当相同

 B. 在财务报表审计和内部控制审计中，注册会计师都需要了解并测试与审计相关的内部控制

 C. 在整合审计中，控制测试的时间安排尽量同时满足内部控制审计和财务报表审计的要求

 D. 实施内部控制审计时，注册会计师需要重点考虑财务报表审计中发现的财务报表错报，考虑这些错报对评价内控有效性的影响

2. 下列有关控制测试的时间安排的说法中，错误的是（   ）。

 A. 对控制有效性测试的实施时间越接近基准日，提供的控制有效性的审计证据越有力

 B. 如果被审计单位对控制作出改变，注册会计师认为新的控制能够满足控制的相关目标，则不再需要测试被取代的控制的设计和运行有效性

 C. 将期中测试结果前推至基准日时，拟对相关控制取得的保证程度越高，针对剩余期间需获取的补充审计证据越多

 D. 在整合审计中，注册会计师控制测试所涵盖的期间应尽量与财务报表审计中拟信赖内部控制的期间保持一致

3. 下列与企业层面控制相关说法中，错误的有（   ）。

 A. 企业层面控制通常不局限于某个具体认定，因此无法及时防止或发现一个或多个相关认定中存在的重大错报

 B. 如果一项企业层面控制足以应对已评估的重大错报风险，注册会计师可能不必测试与该风险相关的其他控制

 C. 注册会计师无须考虑对重大错报是否能够被及时防止或发现的可能性有间接影响的企业层面控制

 D. 注册会计师对企业层面控制的评价，可能增加或减少本应对其他控制所进行的测试

4. 注册会计师执行内部控制审计时，下列有关识别重要账户、列报及其相关认定的说法中，错误的是（   ）。

 A. 注册会计师应当从定性和定量两个方面识别重要账户、列报及其相关认定

 B. 在识别重要账户、列报及其相关认定时，注册会计师应当确定重大错报的可能来源

 C. 注册会计师通常将超过财务报表整体重要性的账户认定为重要账户

 D. 在识别重要账户、列报及其相关认定时，注册会计师应当考虑控制的影响

5. 在执行内部控制审计时，下列有关注册会计师选择拟测试的控制的说法中，错误的是（   ）。

 A. 注册会计师应当选择测试对形成内部控制审计意见有重大影响的控制

 B. 注册会计师无须测试即使有缺陷也合理预期不会导致财务报表重大错报的控制

C. 注册会计师选择拟测试的控制，应当涵盖企业管理层在执行内部控制自我评价时测试的控制

D. 注册会计师通常选择能够为一个或多个重要账户或列报的一个或多个相关认定提供最有效果或最有效率的证据进行测试

6. 注册会计师执行内部控制审计时，下列有关评价控制缺陷的说法中，错误的是（   ）。

A. 如果一项控制缺陷存在补偿性控制，注册会计师不应将该控制缺陷评价为重大缺陷

B. 注册会计师评价控制缺陷的严重程度时，无须考虑错报是否已经发生

C. 注册会计师评价控制缺陷是否可能导致错报时，无须量化错报发生的概率

D. 注册会计师评价控制缺陷导致的潜在错报的金额大小时，应当考虑本期或未来期间受控制缺陷影响的账户余额或各类交易涉及的交易量

二、多项选择题

1. 下列有关内部控制审计的说法中，错误的有（   ）。

A. 实施内部控制审计时，注册会计师对企业内部控制评价报告发表审计意见

B. 注册会计师通常仅测试基准日的内部控制，以对特定基准日内部控制的有效性发表意见

C. 注册会计师应当对财务报告内部控制的有效性发表审计意见，而无须考虑除财务报告内部控制之外的其他控制

D. 建立健全和有效实施内部控制，评价内部控制的有效性是企业董事会的责任

2. 下列有关财务报表审计与内部控制审计的共同点的说法中，正确的有（   ）。

A. 两者识别的重要账户、列报及其相关认定相同

B. 两者的审计报告意见类型相同

C. 两者了解和测试内部控制设计和运行有效性的审计程序类型相同

D. 两者测试内部控制运行有效性的范围相同

3. 下列各项中，属于与控制相关的风险的影响因素的有（   ）。

A. 该项控制是人工控制还是自动化控制

B. 自上次审计以来控制或流程是否发生变化

C. 该项控制在运行过程中依赖判断的程度

D. 该项控制的性质及其执行频率

4. 计划内部控制审计工作时，注册会计师需要了解的企业内部控制的变化包括（   ）。

A. 新增的业务流程

B. 原有业务流程的更新

C. 内部控制执行人的变更

D. 风险评估结果的变化

5. 对于内部控制可能存在重大缺陷的领域，注册会计师可能采取的措施包括（　　）。

   A. 对相关的内部控制利用内部审计的工作

   B. 在接近内部控制评价基准日的时间测试内部控制

   C. 选择更多的子公司或业务部门进行测试

   D. 增加相关内部控制的控制测试量

6. 下列有关注册会计师识别重要账户、列报及其相关认定的说法中，正确的有（　　）。

   A. 注册会计师应当将超过财务报表整体重要性的账户认定为重要账户

   B. 识别重要账户、列报及其相关认定时，注册会计师不应考虑控制的影响

   C. 在财务报表审计和内部控制审计中识别的重要账户、列报及其相关认定应当相同

   D. 以前年度审计中识别的错报会影响注册会计师对某账户是否属于重要账户的评估

7. 下列各项中，属于内部控制运行缺陷的有（　　）。

   A. 缺少为实现控制目标所必需的控制

   B. 设计适当的控制没有按设计意图运行

   C. 执行人员没有获得必要授权

   D. 执行人员缺乏胜任能力

第十二章
航空制造类企业审计实务

知识目标

1. 了解航空类企业的经营特点；
2. 掌握审计航空类企业重点项目、重点账户的操作流程。

技能目标

能做到举一反三，运用所学的审计相关理论审计企业对财务收支及其有关的经济管理活动。

本章引例

帅！国产大飞机 C919 在广西试飞成功

光明网报道：2022 年 7 月 8 日，中国首款完全按照国际先进适航标准研制的单通道大型干线客机，具有完全自主知识产权的国产大飞机 C919（照片如图 12-1 所示）来到了八桂大地，先后在桂林机场、北海机场执行功能和可靠性试飞任务。

7 月 8 日 11 时 50 分，国产大飞机 C919 平稳地降落在桂林机场。在桂林机场机组和地面保障单位两个小时的精心"呵护"和精准操作下，13 时 48 分，飞机承载着满满的祝福与自豪顺利起飞，标志着国产大飞机 C919 在桂林机场的首次试飞任务圆满结束。当天 14 时 45 分，国产大飞机 C919 在北海机场成功着陆，其极具辨识度的绿色垂尾在蓝天白云的衬托下格外明显。16 时 58 分，C919 飞机顺利从北海机场起飞，20 时 02 分在山东省东营机场平稳降落，标志着国产大飞机 C919 在北海机场的首次试飞任务圆满结束。

图 12-1　国产大飞机 C919 照片

此次桂林、北海机场顺利完成保障国产大飞机 C919 功能和可靠性试飞任务，加快了国产大飞机取得适航证、早日投产的步伐。

国产大飞机 C919 "造壳"分工如图 12-2 所示。

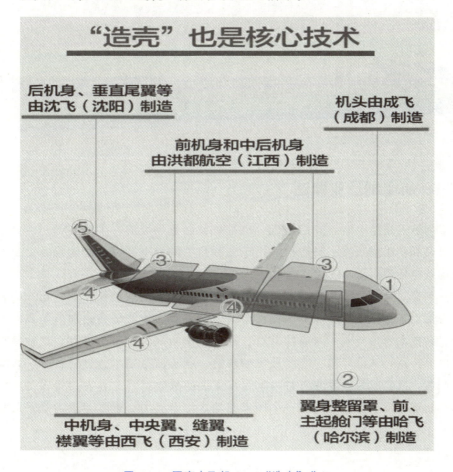

图 12-2　国产大飞机 C919 "造壳"分工

审计学：理论与实务

国产大飞机 C919，你了解多少？

先从名字说起。C919，全称是"COMAC919"。"C"是 COMAC（中国商用飞机有限责任公司英文名称的简写）的第一个字母，也是中国的英文名称 China 的第一个字母。相比于空客（Airbus）的首字母 A 和波音（Boeing）首字母 B，"C"也被赋予了竞逐蓝天之心。除了字母，C919 中的第一个数字"9"，则寓意天长地久、经久不衰，而"19"代表最大载客量是 190 座。当然，最了不起的，还是 C919 的技术，不论是外形还是内部布局，都是中国自主设计完成的。

有业内人士评价说，与目前航线上运营的同类型波音 737 客机、空客 A320 相比，C919 丝毫不逊色。

国产大飞机，加油！

（资料来源：https：//m.gmw.cn/baijia/2022-07-11/1303038887.html）

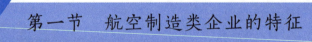

第一节　航空制造类企业的特征

 一、航空制造业概述

航空制造业是整个航空业的基础，也是机械制造领域的一个重要部门。其发展目的在于研究和使用最新技术制造出适用于各种目的的航空器以及配套设备，供军事航空、民用航空使用。

航空制造业是对国际政治与军事格局存在重要影响的战略性产业，集知识密集型与技术密集型于一体，具有高资本投入与高风险并存、价值链高附加值与高产业关联度共存、高技术密集与人才专有性共存、寡头竞争与高进入壁垒并存、产业集群集聚现象突出等特点，其设计和制造涉及机械制造、电子信息技术、材料科学、自动控制等众多产业，已经成为世界各主要国家重点发展的战略型产业和着力抢占的经济制高点。航空制造业发展快慢是影响一个国家和地区综合实力、国际竞争力水平的关键性因素之一。

二、航空制造业详情

(一)航空制造业分类

航空制造业分为军用航空制造和民用航空制造两大类(航空器的下游应用领域,一般包括军用航空、民用航空)。

军用航空是指用于执行作战、侦察、运输、警戒、训练和联络救生等军事任务的飞行活动。

民用航空指使用各类航空器从事非军事性质的所有航空活动,包括商业航空和通用航空:

(1)商业航空主要用于旅客或者货物运输,又称公共航空;

(2)通用航空是指使用民用航空器从事公共航空运输以外的民用航空活动,包括从事工业、农业、林业等行业的作业飞行。

航空业分类如图 12-3 所示。

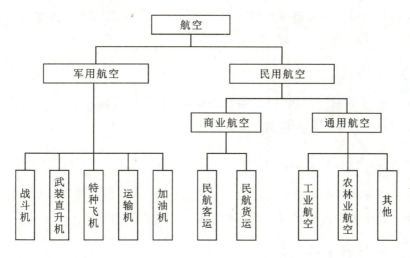

图 12-3 航空制造业分类

(二)航空制造业企业

在军用飞机领域,欧美国家的主要制造企业包括美国的波音公司、洛克希德·马丁公司、欧洲的空客公司、法国索达公司、英国 BAE 系统公司等,俄罗斯主要军用飞机制造商为俄罗斯联合航空制造集团公司,中国主要军用飞机制造商为中国航空工业集团有限公司,其"四飞"——沈飞、哈飞、西飞、成飞最为有名,还有中航哈飞、中航昌飞、南昌洪都飞机制造公司等。

在民用飞机领域,中国商用飞机有限责任公司(简称中国商飞),是我国实施国家大型飞机重大专项中大型客机项目的主体,也是统筹干线飞机和支线飞机发展、实现我国民用飞机产业化的主要载体。

三、国内知名航空制造企业

国内知名航空制造企业大致包括：

（一）洪都航空工业集团

洪都航空工业集团是以江西洪都航空工业集团有限责任公司（以下简称"洪都航空"）为核心企业组建的大型企业集团。其前身是南昌飞机制造公司，曾用名国营洪都机械厂，创建于1951年，是国家"一五"计划156项重点工程之一；是中国教练飞机、强击机、农林飞机、海防产品、片梭织机、摩托车及发动机的生产基地；是集航空产品和机电产品科研、生产、经营一体化的高科技企业集团。

（二）航空工业昌河飞机工业（集团）有限责任公司

航空工业昌河飞机工业（集团）有限责任公司始建于1969年，坐落在闻名中外的瓷都景德镇，隶属于中国航空工业集团公司，是我国直升机科研生产基地和航空工业的骨干企业，具备研制和批量生产多品种、多系列、多型号直升机和航空零部件转包生产的能力。

（三）成都飞机工业公司

成都飞机工业公司即"成飞"，原名"国营132厂"，创建于1958年，是我国设计、研制和成批生产现代歼击机的重要基地。

（四）沈阳飞机工业集团有限公司

沈阳飞机工业集团有限公司即"沈飞"，是以航空产品制造为主业的大型现代化飞机制造企业，是中国歼击机研制生产基地，被誉为歼击机的摇篮。

（五）西安飞机工业公司

西安飞机工业公司即"西飞"，是科研、生产一体化的特大型航空工业企业，是我国大中型军民用飞机的研制生产基地。

（六）哈尔滨飞机工业集团有限责任公司

哈尔滨飞机工业集团有限责任公司即"哈飞"，成立于1952年4月，是国家"一五"期间156项重点工程之一。

（七）陕西飞机工业（集团）有限公司

陕西飞机工业（集团）有限公司即"陕飞"，位于陕西省汉中市，是我国唯一研制、生产大、中型军民用运输机的大型国有军工企业。

第二节 洪都航空审计案例

一、洪都航空公司简介

江西洪都航空工业股份有限公司创建于 1951 年 4 月 23 日,是新中国第一架飞机、第一枚海防导弹的诞生地。

洪都航空是集科研、生产和经营为一体,拥有完备的飞机、导弹研制生产能力的专业航空研发制造企业,兼具"厂所合一、机弹合一、战训合一"特点,拥有一个国家级企业技术中心和博士后工作站,特别是强五飞机总设计师陆孝彭、K8 飞机总设计师石屏先后当选中国工程院院士,为新中国航空事业发展作出了杰出贡献,培养造就了大批优秀人才,现有员工万余人。自建厂以来,洪都航空先后研制生产了 5 大系列 20 多种型号飞机,交付飞机 5 000 余架。经过 70 多年的深耕细作,公司已经拥有以初教六、K8、L15 等为代表的初、中、高级全谱系教练机产品。

70 多年来,洪都航空始终坚持自主创新,为新中国航空工业事业发展积极贡献力量:试制成功新中国第一架飞机——初教五(雅克-18),第一架多用途民用飞机——安 2(运 5)运输机,第一辆军用边三轮摩托车——长江 750,自行设计制造的第一架初级教练机——初教六,自行设计制造的第一架超音速喷气式飞机——强五,第一枚海防导弹——上游一号,第一架全过程按国际适航标准研制的新型农林专用飞机——农 5,第一个通过自筹资金、国际合作、全新研制的基础教练机——K8,自主设计制造的最新一代比肩一流、拥有自主知识产权的高级教练机——"猎鹰"L15,等等。值得一提的是,K8 系列飞机已出口至 10 余个国家,一度达到国际市场同类飞机 70% 的份额(峰值达 75%),并成功输出 3 条生产线、3 条大修线,是中国第一个成套出口飞机生产线和对外输出飞机设计和制造技术的飞机型号,被国际航空界誉为"亚洲明星"。

二、洪都航空审计流程

针对洪都航空 2021 年度财务报表的审计需遵循审计的一般流程,即:初步业务活动;风险评估;风险应对;完成审计工作,出具审计报告。下面详细述之。

(一)初步业务活动

洪都航空作为国家国有资产监督管理委员会的控股企业,其聘请的会计师事务所每年都是通过招投标方式决定的。大华会计师事务所通过投标后中标,被聘请对洪都航空集团 2021 年度的财务报表进行审计。作为对洪都航空集团首次进行审计的会计师事务所，大华会计师事务所在接受委托前应当在取得洪都航空集团的同意后主动与其前任会计师事务所——信永中和会计师事务所进行沟通（信永中和会计师事务所对洪都航空集团 2020 年度财务报表进行审计并出具了无保留意见审计报告）。沟通的内容包括：

（1）洪都航空集团管理层是否存在诚信等方面的疑虑；

（2）与洪都航空集团是否存在重大的意见分歧；

（3）是否发现洪都航空集团重大舞弊行为。

大华会计师事务所只有在得到信永中和会计师事务所的答复后才可以接受委托进行审计。

二维码 12-1
信永中和会计师事务所对洪都航空 2020 年度财务报表出具的审计报告

大华会计师事务所除了通过与前任会计师事务所沟通了解洪都航空集团以外，需考量自身的独立性以及会计师事务所的质量准则等有无违反之处，另外还需考虑自身的时间资源、对航空制造业审计的胜任能力等因素能否支持其完成此次审计任务。大华会计师事务所在考量对方、打量自身后，如未发现与被审计单位存在分歧与误解之处，便可以签订审计业务约定书，正式开启洪都航空集团 2021 年度的财务报表审计工作了。

（二）风险评估

在风险评估阶段，大华会计师事务所应全面了解洪都航空工业公司及其环境和它的内部控制制度。

1. 洪都航空的性质

江西洪都航空工业股份有限公司（简称洪都航空）实属国有控股公司，于 1999 年 12 月由江西洪都航空工业集团有限责任公司、南昌长江机械工业公司、宜春第一机械厂、江西爱民机械厂以及江西第二机床厂共同发起设立，性质为股份有限公司。洪都航空设立时总股本为 8 000 万元，于 2000 年 12 月在上海证券交易所发行了 6 000 万股普通股 A 股，并在上海证券交易所挂牌交易。随后，洪都航空进行了几次转增、送股，截至 2021 年 12 月 31 日，洪都航空累计发行股本总数为 71 711.4512 万股，注册资本为 71 711.4512 万元，注册地址为江西省南昌市南昌高新技术产业开发区航空城，母公司为中国航空科技工业股份有限公司，集团最终控制人为中国航空工业集团有限公司。

洪都航空主要从事教练机系列产品的设计、研制、生产、销售、维修及服务保障等。洪都航空是国内主要的教练机研发生产基地，是国内唯一同时具备初、中、高级教练机全谱系产品的研制开发和生产制造能力的企业。

1）教练机

洪都航空当前主要产品为 CJ6 初级教练机、K8 基础教练机、L15 高级教练机。初教 6 已经取得 TC/PC 证，按照市场需求，公司正在对其进行改型改良，增强其适应民用市场能力和竞争力，传承航空文化，延续经典传奇；K8 基础教练机曾经占有全球

70%的市场份额,目前正在开展新基教研制,以抢占和筛选基础教练机市场;L15新一代高级教练机在研制过程中,已经充分考虑并权衡了现代战争对飞行员技能训练的各种需求,实现了低成本复现先进战斗机的性能和系统功能,除具备高级教练功能之外,还可满足用户一机多用途的要求。公司以 L15 高级教练机为核心,将传统意义上的教练机业务内涵进行延伸,不断探索、构建"技术训练、战术训练、战法训练"三位一体的训练效能体系,由单一的飞机系统向综合训练系统拓展,由销售教练机向销售集成系统和服务保障发展,将为客户提供集飞行员训练、地勤人员培训、训练保障为一体的一揽子训练解决方案。

洪都航空基本构建形成了"集中筛选、基础通训、专业分轨"的教练机装备体系,将传统意义上的教练机业务内涵进行延伸,由单一的飞机系统向综合训练系统拓展,由销售教练机向销售集成系统和服务保障发展,将为客户提供集飞行员训练、地勤人员培训、训练保障为一体的一揽子训练解决方案。

2)防务产品

防务产品包括直升机抗坠毁座椅、驾驶员座椅、乘员座椅等航空座椅类产品,直升机防护装甲、运输机防护装甲等客舱设备类产品,等等。洪都航空是国内重要的防务产品研制生产基地之一。

2. 洪都航空的经营模式

洪都航空为典型的制造业企业,遵循着严格的供、产、销循环:

1)基础材料采购

公司所需基础材料主要包括金属原材料、非金属原材料、电子元器件、成附件、外协加工等多个种类。通常由物资采购部门根据需求计划通过招标、询价等方式实施采购。公司制定有物资采购管理制度及合格供应商名录。

2)产品生产

航空产品主要采用研发式、合同订单和多方协议等方式组织产品生产。公司建立有完善的科研生产指挥调度体系,利用信息化手段下达生产计划指令,并协调质量检验人员、工艺人员、生产人员之间的协作配合,严格按照产品、技术、质量、进度要求落实产品研制与生产,确保所承担科研生产任务保质保量并按时交付。

3)产品销售

与客户洽谈、签订销售订单,按照合同预收部分产品销售款项。

3. 洪都航空财务业绩

洪都航空 2021 年年报显示其资产总额为 179 亿元,负债总额为 126.6 亿元,所有者权益总额为 52.4 亿元;2021 年总收入为 72.14 亿元,净利润为 1.5 亿元。近三年主要的会计数据和财务指标如表 12-1、12-2 所示。

表 12-1 洪都航空近三年主要会计数据 单位:万元

主要会计数据	2021 年	2020 年	2019 年
营业收入	721 428.13	506 859.76	441 972.21

续表

主要会计数据	2021年	2020年	2019年
归属于上市公司股东的净利润	15 140.82	13 261.01	8 286.82
归属于上市公司股东的扣除非经常性损益的净利润	4 258.74	3 186.84	720.81
经营活动产生的现金流量净额	22 064.99	−14 208.08	2 512.97
	2021年末	2020年末	2019年末
归属于上市公司股东的净资产	523 988.61	511 275.96	496 426.36
总资产	1 790 067.37	967 232.60	843 643.17

表 12-2　洪都航空近三年主要财务指标　　　　　　　单位：万元

主要财务指标	2021年	2020年	2019年
基本每股收益（元/股）	0.211	0.1849	0.1156
稀释每股收益（元/股）	0.211	0.1849	0.1156
扣除非经常性损益后的基本每股收益（元/股）	0.0594	0.0444	0.0101
加权平均净资产收益率（%）	2.93	2.64	1.35
扣除非经常性损益后的加权平均净资产收益率（%）	0.83	0.64	0.12

从表格的数据可以看出，洪都航空工业公司的经营状况与盈利能力逐年上升，稳步向好，这与我国的宏观经济发展背景和重视、鼓励与大力发展航空产业的政策是一致的。

4. 洪都航空所处行业状况

1）行业趋势

洪都航空隶属于航空产业，是典型的高科技、新技术、产业链集成型行业。被审计单位是目前国内唯一的同时具备初、中、高级教练机产品独立研制及生产能力的系统供应商。其自主研制的L15高级教练机各项性能已达到世界先进水平，能充分满足第三代战斗机训练需求，并可根据客户需求定制生产销售教练机产品并提供全方位训练保障服务。2019年，公司实施资产置换，也是从注重规模扩张到注重质量效益的转型之举。随着资产置换的完成，公司成功切入防务产品领域，产品结构更趋合理，产品谱系更加广泛。公司将在教练机及防务产品方面继续加大研发力度，推进技术改造，提升生产能力，确保在各自行业领域的排头兵地位。

2）竞争格局

洪都航空当前主要面对着国外对手的竞争和挑战。在国际市场上，中、高级教练机的主要生产商包括俄罗斯联合航空制造集团公司、意大利阿莱尼亚马基公司和韩国航空工业公司（与美国联合设立），但教练机多作为这些大型航空整机制造企业的系列产品之一，所占比重较轻，且设计与制造分离，技术力量相对其主产品来说较为薄弱。而洪都航空几十年专注教练机领域，独立研发制造了初教6、K8、L15等多个型号系列的教练机，积累了丰富的研制生产经验，实现了设计与制造相结合，能够快捷有效地贴近市场和用户。

3）产业链上下游

教练机（飞行培训）产业链体量庞大，涉及面广，链条长，与现行工业体系均存在一定的关联性和牵引性。上游的研发涉及电子、材料、强度、物理等多学科技术，与科研院所关系紧密；生产涉及的主要是材料（含金属材料和复合材料）、标准件、制造（机械加工、钣金、焊接等）产业，表面/热处理产业，发动机/航电/机电/飞控等机载系统，风洞/强度/试飞等基础试验条件；公司的下游产业则是航校、飞机进出口公司、运输公司、维修保障体系和航空教育等。

教练机研发生产是产业链的关键环节，处于飞行培训产业链的中游，也是产业链的集成与牵引端。由于航空产业属于高科技产业，我国积极开展基础条件建设和原材料、机载系统的国产化工作，基本能够保障装备自主可控。公司教练机研发技术在国际上达到了先进水平，已经可以和世界一流企业同台竞技。

4）发展方向

洪都航空面向产业发展，将整机设计、制造、总装集成、销售和服务融为一体，同时积极向维修、服务保障等下游产业拓展，确保公司教练机产品实现全价值链、全生命周期管理；利用"厂所合一"优势，加强上下游企业合作开发，做优做强做大产业链；并依托航空城建设及江西航空发展策略，促进上下游产业在航空城落地、成长、壮大，实现产业链的集聚效应。

5. 洪都航空可能面对的风险

洪都航空可能面对的风险主要包括：

1）市场竞争激烈

主要是航空产品国际市场竞争对手众多，竞争压力较大。高级教练机的竞争对手主要有俄罗斯的雅克-130、意大利马基公司的M-346、美国洛马/韩国KAI的T-50等，每个国家有自己的传统势力范围；K-8的竞争对手则主要有捷克沃多霍迪的L-159B、意大利马基公司的MB-339、英国BAE的鹰100等。

2）外部环境严峻多变

公司当前教练机外贸市场多数是亚非拉等第三世界中小国家，一方面，这些国家订单有限，对公司产品批量滚动生产带来不利因素。另一方面，这些国家存在政治不稳定因素，可能带来市场风险。我们在国际上选择的供应商，也可能会因政治因素而影响成附件供应进度，进而引发产品交付拖期的风险。

3）经济下行压力加大，宏观经济存在不确定性

当前宏观经济存在的不确定性可能对公司供应链上游的配套厂商产生一些冲击，如原材料供应、成附件配套不及时，物流速度趋缓等。

4) 后续发展压力巨大

国家作出大力支持民营企业、小微企业的战略部署，随着优势民营企业的不断进入，未来市场竞争将更加激烈。

5) 法律风险

作为上市公司，公司面对越来越严格的监管要求，如果公司未能充分识别相关法律法规等合规方面信息，存在合规信息盲区，会使公司产生法律方面的风险。

6. 实施分析程序，评估重大错报风险

注册会计师对洪都航空 2020 年度资产负债表、利润表、现金流量表的主要项目采用分析程序，并针对变化情况询问管理层，获取管理层解释，汇总见表 12-3、表 12-4、表 12-5 所示。

表 12-3 资产负债表主要项目分析及管理层解释　　　　　　　　　　　单位：元

项目名称	本期期末数	本期期末数占总资产的比例（%）	上期期末数	上期期末数占总资产的比例（%）	本期期末金额较上期期末变动比例（%）	管理层解释
应收账款	2 869 889 036.67	16.03	755 580 819.30	7.81	279.83	主要随着收入增加而增加
预付款项	6 690 099 409.70	37.37	136 246 656.31	1.41	4 810.29	主要系公司本期预付材料采购款增加
其他应收款	1 942 591.45	0.01	4 804 590.60	0.05	−59.57	主要系公司本期合并财务报表范围发生变更，部分其他应收款不再纳入期末合并财务报表
在建工程	40 514 102.53	0.23	241 684 903.75	2.50	−83.24	主要系公司本期部分在建工程转固定资产

续表

项目名称	本期期末数	本期期末数占总资产的比例（%）	上期期末数	上期期末数占总资产的比例（%）	本期期末金额较上期期末变动比例（%）	管理层解释
使用权资产	—	—	11 390 075.98	0.12	−100.00	主要系子公司购入租赁资产
其他非流动资产	12 706 938.07	0.07	20 958 155.74	0.22	−39.37	主要系公司本期核销部分预付长期资产款
应付账款	4 614 113 975.63	25.78	2 896 476 921.01	29.95	59.30	主要系公司本期材料结算增加
合同负债	6 848 235 946.54	38.26	17 448 517.06	0.18	39 148.24	主要系公司本期预收货款增加
应付职工薪酬	128 993 252.80	0.72	86 196 794.81	0.89	49.65	主要系公司本期计提工资增加
一年内到期的非流动负债	50 000 000.00	0.28	1 771 787.05	0.02	2 722.01	主要系公司长期借款将于一年内到期偿付，由长期借款重分类至一年内到期的非流动负债
长期借款	—	—	550 000 000.00	5.69	−100.00	主要系公司本期偿还50 000万元长期借款，同时剩余长期借款将于一年内到期偿付，由长期借款重分类至一年内到期的非流动负债

续表

项目名称	本期期末数	本期期末数占总资产的比例（%）	上期期末数	上期期末数占总资产的比例（%）	本期期末金额较上期期末变动比例（%）	管理层解释
租赁负债	—	—	3 630 245.54	0.04	−100.00	主要系子公司购入租赁资产
长期应付款	10 021 488.78	0.06	445 570.73	0.00	2 149.14	主要系公司本期收到科研项目来款

表 12-4 利润表主要项目分析及管理层解释　　　　　　　　　　　　　　　　　　　单位：元

科目	本期数	上年同期数	变动比例（%）	管理层解释
营业收入	7 214 281 276.61	5 068 597 571.87	42.33	主要系公司本期产品交付数量增加
营业成本	7 017 607 060.89	4 883 735 050.85	43.69	主要随着收入增加而增加
销售费用	15 650 109.75	13 542 733.01	15.56	主要系公司本期商保期外场服务费增加
管理费用	62 545 942.64	70 423 584.05	−11.19	主要系公司本期合并范围发生变化，国际机电 2021 年 6—12 月管理费用不再纳入公司合并报表
财务费用	−8 397 442.05	14 832 872.58	不适用	主要系公司本期利息收入增加
研发费用	84 313 732.18	58 851 439.33	43.27	主要系公司本期研发投入增加

表 12-5 现金流量表主要项目分析及管理层解释　　　　　　　　　　　　　　　　　单位：元

科目	本期数	上年同期数	变动比例（%）	管理层解释
经营活动产生的现金流量净额	220 649 908.69	−142 080 849.55	不适用	主要系公司本期销售商品收到的现金增加
投资活动产生的现金流量净额	43 993 615.55	902 053 404.04	−95.12	主要系公司上期收到部分资产置换对价款，本期无

续表

科目	本期数	上年同期数	变动比例（%）	管理层解释
筹资活动产生的现金流量净额	−550 822 784.45	−125 979 706.57	不适用	主要系公司本期偿还 50 000 万元长期借款

注册会计师实施分析程序后可知，报表数据的变化及管理层解释尚处于合理范围内，但还需在风险应对环节实施细节测试以进一步验证，为财务报表不存在重大错报获取合理保证。

7. 风险评估结论

注册会计师采用询问、检查、观察以及分析程序并经过项目组讨论，可得出以下结论。

（1）洪都航空内部控制健全并得到执行，该被审计单位不存在报表层次的重大错报风险。

（2）按照审计准则假设洪都航空的销售收入存在舞弊假定。洪都航空的销售收入主要来源于航空产品等商品销售以及提供劳务收入两大块。洪都航空在合同生效日对合同进行评估，判断合同履约义务是否满足"某一时段内履行"的条件，对于满足"某一时段内履行"条件的，洪都航空按照履约进度来进行确认，履约进度采用工作量法，按累计实际发生的工作量占合同预计总工作量的比例来确定；对于不满足"某一时段内履行"条件的，洪都航空在航空产品等商品完工交付时或在客户确认后根据实际完成工作量确认收入。营业收入是洪都航空的关键业绩指标之一，存在被操纵以达到预期目标的特别风险。

（3）2021 年度资产处置损益项目金额重大且事项特殊，重大错报风险高。

（三）风险应对

1. 控制测试

由于洪都航空聘请大华会计师事务所对 2021 年度财务报表与内部控制进行整合审计，大华会计师事务所对洪都航空 2021 年度的内部控制审计出具了无保留意见审计报告，由此可以看出，洪都航空与财务报告相关的内部控制值得注册会计师信赖，因此应选择综合性审计方案。

二维码 12-2
洪都航空
2021 年度内部
控制评价报告

2. 实质性程序

1）营业收入

洪都航空 2021 年度营业收入为 721 428.13 万元，主要来源于教练机、其他航空产品和非航空产品的交付。注册会计师审计时应采取如下措施：

(1) 对与收入确认相关的内部控制的设计和运行有效性进行了解、测试及评价；

(2) 对营业收入及毛利率按月度、产品等实施实质性分析程序，识别是否存在重大或异常波动，复核收入的合理性；

(3) 采取抽样的方式，向主要客户发函询证应收账款余额及本期交易发生额；

(4) 对资产负债表日前后确认的营业收入实施截止测试，以评估营业收入是否在恰当的会计期间确认；

(5) 采用抽样的方式检查与营业收入确认相关的支持性文件，包括销售合同、交接单、发票、记账凭证等。

2）资产处置损益

洪都航空2021年度资产处置损益为7 423.95万元，该收益占洪都航空当年度利润总额的42.98%。南昌市政府对洪都航空公司厂区部分土地进行整体收储，洪都航空位于该项目内的房屋建筑物被列入拆迁征收范围。2021年，洪都航空公司与南昌市青云谱国有土地上房屋征收与补偿办公室签订了《南昌市国有土地上房屋征收补偿协议书》，共征收洪都航空公司15号厂房、26号厂房、80号厂房等15项房屋建筑物，上述房屋建筑物在2021年完成了拆迁并收到搬迁补偿款8 076.48万元，扣除相关房屋建筑物账面价值后形成资产处置损益7 423.95万元。注册会计师审计时应采取如下措施：

(1) 取得并查阅相关会议记录、征收补偿协议书等，落实补偿事项的实施原因、补偿标准及补偿标准的确定依据；

(2) 检查补偿款来源的原始凭证，以确定适用的会计准则；

(3) 复核补偿款的金额是否与补偿协议的约定相符；

(4) 实地查看被征收房产是否已经完成移交，并检查移交的相关资料；

(5) 复核资产处置明细与补偿协议明细是否一致；

(6) 复核资产处置损益的计算是否正确，处置事项的披露是否完整。

（四）完成审计工作，出具审计报告

注册会计师经过主体审计流程完成审计工作后，进入到审计工作的尾声——审计复核阶段及最后出具审计报告。

洪都航空公司作为国有控股上市公司，其报表的重大错报风险整体水平较低，大华会计师事务所对其几个重大错报风险相对较高的报表项目（例如营业收入、资产处置损益等）实施重点审计后并未发现重大错报。因此，注册会计师根据所获取的审计证据，可以针对洪都航空工业公司2021年度财务报表出具无保留意见审计报告。

二维码12-3
洪都航空2021
年度审计报告

参考文献

[1] 蔡维灿，林克明．审计——基础与实务［M］．北京：北京理工大学出版社，2020．

[2] 陈汉文．审计［M］．北京：中国人民大学出版社，2020．

[3] 何文琴，刘樱花，韩静．审计学（微课版）［M］．北京：北京理工大学出版社，2021．

[4] 秦荣生，卢春泉．审计学［M］．北京：中国人民大学出版社，2019．

[5] 孙含晖，王苏颖，阎歌．让数字说话——审计，就这么简单［M］．北京：机械工业出版社，2016．

[6] 王伟，王静，林文．审计信息化［M］．北京：北京理工大学出版社，2020．

[7] 中国注册会计师协会．审计［M］．北京：中国财政经济出版社，2022．

[8] 阿尔文·阿伦斯，兰德尔·埃尔德，马克·比斯利，克里斯·霍根．审计学——一种整合方法［M］．李璐，张龙平，译．北京：中国人民大学出版社，2016．

后 记

本书为普通高等教育新文科经济管理与航空复合型创新人才培养数字化精品教材系列中的一种。作为审计学教材，本书以某航空制造业企业财务年报审计为例，内容涵盖了注册会计师审计理论与实务、航空制造业的产业特点及对航空制造业企业财务报表审计的要点，同时紧密结合数字化背景下高等教育的学习成果导向理念，具有较强的针对性和时效性。

本书由梅晓文副教授和黄智讲师担任主编。本书除了第八章由黄智编写外，其余章节皆由梅晓文编写，研究生张曦月，本科生吕佳鑫、邬颖霞、刘旭、肖文茜、薛城、欧阳春红等做了大量的资料搜集整理工作，全书由梅晓文总纂定稿。在编写过程中，本书编者参考了国内外大量有关资料，由于篇幅原因未能一一列出，在此，向学界先行者们致以衷心的感谢！

因编者水平有限，书中内容如有偏颇，望读者不吝指教。

编　者
2022 年 11 月

与本书配套的二维码资源使用说明

　　本书部分课程及与纸质教材配套数字资源以二维码链接的形式呈现。利用手机微信扫码成功后提示微信登录，授权后进入注册页面，填写注册信息。按照提示输入手机号码，点击获取手机验证码，稍等片刻收到4位数的验证码短信，在提示位置输入验证码成功，再设置密码，选择相应专业，点击"立即注册"，注册成功。（若手机已经注册，则在"注册"页面底部选择"已有账号？立即注册"，进入"账号绑定"页面，直接输入手机号和密码登录。）接着提示输入学习码，需刮开教材封面防伪涂层，输入13位学习码（正版图书拥有的一次性使用学习码），输入正确后提示绑定成功，即可查看二维码数字资源。手机第一次登录查看资源成功以后，再次使用二维码资源时，只需在微信端扫码即可登录进入查看。